재정은
어떻게
내 삶을
바꾸는가

How Local Government
Can Change Our Life

이제는 알아야 할 지방재정 이야기

재정은 어떻게 내 삶을 바꾸는가

김태일 · 좋은예산센터 지음

How Local Government
Can Change Our Life

코난북스

'지하철 9호선 지하철 요금 기습 인상 논란'

'0~2세 무상보육 사업 중단 위기'

'경전철 때문에… 용인시 예산 350억 강제 감축'

나는 2013년 초《국가는 내 돈을 어떻게 쓰는가》라는 정부 재정에 관한 책을 썼다. 앞의 세 문장은 그 책 1장 첫머리에 실었던 기사 제목들이다. 재정이 우리 생활과 얼마나 밀접한가를 보이려고 집필하던 당시 일주일치 신문에서 발췌한 것들이었다.

그런데 그때 미처 의식하지 못했던 사실이 있다. 공교롭게도 이 세 가지 모두 중앙정부가 아닌 지방정부의 재정 사업이라는 점이다. 우연이었을까. 그럴 수도 있겠다. 하필이면 집필 당시 주요 재정 이슈들이 죄다 지방정부 사업이었을 수 있다. 따지고 보면 중앙정부 재정 사업 중에도 주요 이슈가 되었던 것들이 많다. 지금 이 책을 쓰고 있는 시점에서 봐도 얼마 전까지 '4대강 사업의 효과와 비리', '기초연금 지급 대상과 기준' 같은 중앙정부 재정 사업으로 시끄러웠다. 하지만 우연이든 아니든 일주일치 신문기사에서 발췌한 제목들이 모두 지방정부 재정 사업이었다는 것은 그만큼 지방정부 재정이 우리의 일상과 밀접하게 연결되어 있음을 보여준다.

지방재정,
우리 삶에 가깝기에 개선하기도 좀 더 쉽다

나는 정부 예산을 감시하는 시민단체인 좋은예산센터에서 활동하고 있다. 좋은예산센터에서는 정부 사업 중에 대표적인 예산 낭비 사업을 골라 '밑 빠진 독 상(賞)'을 수여했다. 2000년부터 2011년까지 약 50건에 수여했다. 그중 지방정부 사업이 중앙정부 사업보다 많았다. 왜 지방정부 사업이 주로 선정되었을까? 지방정부에서 하는 사업이 더 많아서? 그렇지는 않다. 두 가지 설명이 가능하다. 하나는 지방정부가 중앙정부보다 예산 낭비가 더 심하기 때문에 그렇다는 설명이다. 다른 하나는 지방정부의 예산 낭비가 중앙정부 예산 낭비보다 더 눈에 잘 띄기 때문이라는 설명이다.

두 번째 설명부터 보자. 우리나라 정부는 매년 국방에 엄청난 돈을 쓴다. 다양한 용도의 국방예산 중에도 낭비가 있을 것이다. 또 같은 돈을 A 대신 B에 사용한다면 국방이라는 목적을 달성하는 데 더 효과적인 경우도 있을 것이다. 하지만 심증이 있어도 물증을 얻기는 어렵다. 숱한 논란 끝에 공군의 차세대전투기 기종으로 미국 록히드 사의 F35가 결정되었다. 우리는 F35가 최선의 선택이라고 믿는다. 하지만 F35가 다른 기종보다 얼마나 어떻게 영공 방위에 효과적인지, F35의 가격과 계약 조건이 최선을 다한 협상의 결과였는지 알기 어렵다. 국방뿐 아니다. 외교, 통일, 경제 부문에서도 여기에 쓴 건 잘한 것이고 저기에 쓴 것은 잘못한 것이라고 시비를 가리기가 쉽지 않다. 이에 비해 지방정부가 수행하는 사업, 이를테면 근린공원 조성이나 보도블록 교체는 얼마나 필요한 사업이었는지 비용은 적정했는지 따지기가 용이하다.

다음은 첫 번째 설명. 중앙정부 사업과 지방정부 사업은 감시를 받는 강도가 다르다. 중앙정부 사업은 언론, 국회, 감사원 등 보는 눈이 많다. 그러니 노골적으로 낭비하거나 부정을 저지르기 힘들다. 그러나 지방정부 사업은 상대적으로 보는 눈이 적다. 지켜보는 눈이 적으면 독단적이거나 느슨하기가, 혹은 일탈하기가 쉽다.

하는 일은 시비를 가리기 용이하고, 하는 사람은 방심하기 쉽다면? 제대로 지켜보는 눈만 있어도 상당히 개선할 수 있다. 실제로 '밑 빠진 독 상'을 수여하고 나서 유형이 같은 다른 사업을 폐지하는 쪽으로 이어져서 예산 낭비를 막은 경우가 제법 된다.

'우리 생활과 밀접하고, 개선의 여지가 좀 더 많다.' 이것이 지방 재정에 관한 책을 쓰게 된 첫 번째 이유다. 전작인 《국가는 내 돈을 어떻게 쓰는가》에서는 국가재정에 대한 이해를 높이는 데 주력했다. 국민의 이해를 높임으로써 간접적으로 더 좋은 국가재정을 만드는 데 일조하기를 바랐다. 이 책의 목적도 마찬가지다. 그 목적에 적극성을 더

했다. 즉 지방재정에 대한 이해를 높이는 것뿐 아니라 개선안을 제시하는 데도 더 신경을 썼다.[1]

스무 살 지방자치, 어떻게 바꿀 수 있을까

"김 교수, 대체 지방자치를 해서 좋아진 게 뭐 있어?"

작년 초 대학 은사님과 식사하던 중에 받았던 질문이다. 그분은 베스트셀러 경제학 저서로, 이명박 정부 때는 날선 비판적인 칼럼으로 널리 알려진 재정학자다. 내 생각에 공정하게 사회문제를 진단하고 발언하는, 우리 사회에 그리 많지 않은 전문가 중 한 명이다. 그런데도 지방자치에 매우 부정적인 견해를 갖고 계셔서 놀랐다. 그런데 그보다 더 충격이었던 것은 그분의 질문에 마땅히 대답할 거리가 없었다는 점이다.

그분이 원론적인 지방자치의 가치나 장점을 몰라서 그렇게 물었을 리는 없다. 아마 이런 뜻이었으리라 여겼다. 우리의 현실 지방자치가 흔히 지방자치의 장점이라고 여겨지는 지역의 민주주의 구현이나 주민 선호를 반영한 공공서비스 제공을 과연 얼마나 잘하고 있는가. 또 과연 지방자치를 하지 않았다고 가정했을 때에 비해서 지방자치를 하고 있는 지금이 더 낫다고, 지방자치 덕에 민주주의가 더 신장되고 지방행정의 질이 더 좋아졌다고 할 수 있는가. 나아가 이제까지는 지방자치가 정착하는 과정에서 겪은 시행착오였다고 쳐도 앞으로 지금보다 더 나아지겠는가. 그날 은사님의 질문은 이 책을 쓰게 된 중요한 계기가 되었다.

1991년부터 지방의회 의원을 뽑기 시작했으니 지방자치가 실시된 지도 20년이 지났다(자치단체장 선출은 1995년부터 이루어졌지만 통상 단체장 선출이 아니라 지방의회 구성으로 지방자치 여부를 판단한다). 아니, 정확히 말하면 부활된 지 20년이 지났다. 지방자치는 대한민국 정부 수립 이후 1952년에 처음 실시되었으나 5.16쿠데타로 중단되었다가 1987년 민주화 이후 부활되었다.

단체장은 지방정부 업무를 수행하는 책임자이고, 지방의원은 주민 의사를 대변하여 주요 정책을 결정하고 단체장의 업무 수행을 감시하는 역할을 맡는다. 그래서 지방정부가 일을 잘하고 못하는 데는 단체장과 지방의원이 제 역할을 잘하는지가 결정적이다.

지방자치를 해서 좋아진 게 뭐냐는 은사의 질문은 우리나라 국민 다수의 정서와 다르지 않다. '지방자치를 해서 지방의회를 구성하고 단체장을 선출했더니, 선출된 단체장과 의원이 제 역할을 제대로 못하더라, 그래서 지방행정이 더 나빠졌다.' 다수 국민이 지방자치에 대해 이렇게 생각할 것이다.

허시먼(Albert O. Hirschman)이라는 학자는 사회관계에서 당면한 문제에 사람들이 대응하는 방식을 세 가지로 구분했다. 탈출(exit), 항의(voice), 순종(loyalty)이다. 탈출은 문제로부터 아예 벗어나는 것이다. 항의는 문제를 지적해서 고치도록 만드는 것이다. 순종은 불만이 있어도 참고 견디는 것이다. 연인의 행동이 마음에 들지 않을 때 어떻게 할 것인가. 정 싫으면 헤어지는 수밖에 없다. 고칠 수만 있다면 구슬려서든 잔소리를 해서든 고치려고 할 것이다. 헤어질 수도 없고 고칠 수도 없다면 팔자려니 하고 참고 지낼 수밖에 없다.

지방자치에 불만이 있다면 어떻게 해야 할까. 아무리 불만이 많더라도 폐지할 수는 없는 노릇이다. 항의해서 고치거나, 참고 지내야 한다. 지방자치가 부활하고도 강산이 두 번 바뀌었으니 정착 단계를 지나 이제는 성숙 단계라 할 만하다. 시행착오를 인정하고 기다리는 것은 정착 단계일 때 할 일이다. 성숙 단계라면 고치고 바꿔서 발전시켜야 할 때다.

이제는 좀 더 많은 사람들이 지방자치가 어떻게 작동되며 문제가 무엇인지 이해하고 개선을 요구해 더 나은 지방자치로 만들 때다. 보다 많은 사람이 함께 더 나은 지방자치를 고민해보자. 이것이 이 책을 쓰게 된 두 번째 목적이다.

이 책에서 다루는 내용을 정리하면

지방정부는 무엇이고 왜 지방자치를 하는가

재정은 정부가 일할 수 있도록 재원을 마련하고 공급하는 것이다. 그래서 지방재정을 제대로 이해하려면 지방정부가 하는 일을 알아야 한다. 우리의 지방정부 운영 방식은 지방자치가 기본이다. 그러니 지방재정을 제대로 이해하려면 지방정부가 하는 일과 지방자치를 알아야 한다. 그래서 1장과 2장에서는 지방정부가 하는 일과 지방자치에 대한 기초지식을 제공한다.

정부를 중앙과 지방으로 구분할 때 중앙은 큰 일, 전국 공통의 업무를 맡는다. 국방·외교·통일은 중앙정부 일이다. 경제성장과 물가 안정도 중앙정부 책임이다. 법률을 제정하고 주요 정책을 입안하는 것 역시 중앙정부 몫이다. 이에 비해 지방정부는 국민과 접점에서 정책을 수행하고 서비스를 전달한다. 각종 인·허가 법률은 중앙정부에서 만들지만 실무는 대개 지방정부에서 담당한다. 기초연금이나 무상보육 정책도 중앙정부에서 만들지만 국민들에게 전달하는 일은 지방정부 역할이다. 전기는 공기업인 한전에서 공급하지만 쓰레기 수거와 상·하수도 공급은 지방정부 책임이다. 지방정부가 하는 일, 중앙과 지방이 어떻게 업무를 배분하는지 등이 1장에서 다루는 내용이다.

"이 헌법에 의한 지방의회는 조국통일이 이루어질 때까지 구성하지 아니한다." 이 문구는 지방자치가 중단되었던 1972년 제정된 유신헌법 부칙 10조다. 이를 보면 당시 정권이 지방자치를 어떻게 생각하고 있었는지 짐작할 수 있다. 지방자치는 혼란을 초래하고 비효율을 낳는다고 생각했을 것이다. 온 국민이 '총화단결'해서 선진조국 창조에 '일로매진'해야 할 판에 지방자치로 단결을 훼손하고 심력을 허비할 수 없다고 여겼을 것이다. 왜 그렇게 생각했을까. 지방이 '자치'를 하기 때문이다. 머리끝부터 발끝까지 온 나라가 일사불란하게 움직여야 하는데 지방이 자치를 한답시고 중앙의 명령과 지시에 순응하지 않으면 곤란하기 때문이다.

세월은 흘러서 민주화가 이루어졌고 중단되었던 지방자치도 재개되었다. 그런데 지방자치가 부활된 지 20년이 지난 지금, 많은 국민은 지방자치가 혼란까지는 아니더라도 비효율을 가져온다고 생각한다.

왜 지방자치는 비효율을 가져올까?

중앙의 명령과 지시를 따르는 대신 자치를 하기 때문이라는 것은 전혀 이유가 되지 않는다. 경제 이론에 따르면 지방의 공공업무는 지방 스스로 결정하고 집행하는 것이 오히려 더 효율적임이 증명된다. 문제는 이론이 성립하기 위한 전제가 충족되지 않기 때문이다. 지방자치가 더 효율적인 이유를 이론에서는 중앙정부보다 지방정부가 지역 주민의 선호를 더 잘 파악해서 그에 부응하는 서비스를 제공할 수 있기 때문이라고 설명한다. 그러나 우리의 자치는 그렇지 못하다. 지방의회와 단체장이 주민 선호를 더 잘 파악하는지도 의문이지만, 그에 부응하는 서비스를 제공하려고 노력하는지도 의문이다. 절대 후한 점수를 줄 수 없다. 지방자치의 의의와 장단점, 우리나라 현실 지방자치의 문제점 등이 2장에서 다루는 내용이다.

지방재정은 무슨 돈으로 어떻게 쓰이고 있는가

지방정부는 자체수입만으로 지출을 모두 충당하지 못한다. 부족분은 중앙정부에서 지원해준다. 이 특성이 지방정치의 문제와 함께 지방재정의 낭비와 비효율을 낳는 핵심 요인이다.

재정 의존이 왜 낭비와 비효율을 낳는지는 부모에게 용돈을 타 쓰는 자식을 생각하면 된다. 부모들은 자식들이 용돈을 헤프게 쓴다고 생각한다. 쓸 만큼 매달 주는데도 교재 산다, MT 간다, 갖은 명목으로 용돈을 더 달라고 조른다. 아쉬운 소리 하면 돈이 나오는데 알뜰살뜰 아껴 쓸 기특한 자식이 얼마나 있겠는가.

모자라면 보태주는 중앙정부가 있기에 지방재정에는 예산 제약이 엄격하게 적용되지 않는다. 정해진 예산 안에서 모든 지출을 충당해야 하고 모자라도 절대 추가 지원을 기대할 수 없다면 애당초 감당 못할 사업은 벌이지 못한다.

3장에서는 지방정부 자체수입에 대해 논의한다. 왜 지방재정은 중앙재정의 지원을 받는 구조인지, 자체수입 규모는 얼마나 되며 재원은 무엇인지, 자체수입을 높여야 한다면 얼마나 어떻게 할지, 그때 발생할 문제점은 무엇일지 등을 다룬다. 4장에서는 지방정부 의존수입에 대해 논의한다. 중앙정부 재정 지원에는 어떤 것들이 있는지, 각각 목적은 무엇인지, 재정 지원에 따르는 지방정부의 도덕적 해이는 어떤 모습인지 등을 다룬다.

지방정부는 어떻게 돈을 함부로 쓰고 있는가

지방자치를 해서 달라진 것은 무엇일까. 가장 눈에 띄는 것은 대형 개발사업이 많아졌다는 것이다. 서울만 봐도 청계천 복원, 동대문 디자인플라자, 뉴타운 개발 등은 (이에 대한 찬반은 별개 문제로 하더라도) 지방자치가 아니었다면 이루어지기 힘들었을 사업들이다. 선출직 단체장은 재선을 위해서든 권한을 만끽하기 위해서든 눈에 보이는 성과를 남기고 싶어 한다. 단체장의 의욕이 긍정적으로 발현되면 살기 좋은 지역 공동체 건설과 건실한 지방재정이 가능하다. 그러나 부정적으로 발휘되면 소수만 이득을 보는 피폐한 공동체와 휘청대는 지방재정을 만들기 십상이다.

금년 초 지방정부 파산 제도를 도입하느냐를 두고 논란이 있었다. 재정이 힘든 상태를 넘어 위기에 처한 지자체들이 여럿 생겼고, 이에 대한 대책이 필요하다는 여론이 일었기 때문이다. 이 지방정부들은 왜 재정 위기를 맞게 되었는지, 지방정부가 파산한다는 것이 무슨 의미인지, 파산 제도 도입이 필요한지 등을 5장에서 다룬다.

단체장은 선심성 개발사업에 관심을 가질 수밖에 없다. 개발사업에는 돈이 많이 든다. 자체 예산만으로는 크게 벌이기 힘들다. 그런데 예산 제약을 피할 방도가 있다면? 당연히 할 수만 있다면 적극 활용하려고 할 것이다. 그 결과가 방만한 재정 운용과 재정난이다. 6장에서는 예산 제약을 피하는 세 가지 수단별로 방만한 재정 운영 사례를 들여다본다. 국제대회 보조금 지원, 넘쳐나는 SOC 민자사업, 빚더미에 앉은 도시개발공사 문제다.

무모한 개발사업은 큰 낭비다. 큰 낭비는 지자체라고 다 할 수 있는 게 아니다. 재정 여건이 웬만큼은 되어야 할 수 있다. 자체수입으로 인건비도 해결하지 못하는 빈약한 재정으로는(이런 지자체가 생각보다 많다) 예산 제약을 피하는 묘수가 있다 한들 대규모 개발사업을 벌이기 힘들다. 그렇다면 가난한 지자체들이 허리띠 졸라매고 빡빡하게 재정을 운용할까. 그럴 리 없다. 작은 예산 낭비는 대다수 지자체에서, 일상적으로 벌어진다. 7장에서는 이 문제를 다룬다. 지방정부의 낭비 사례로 흔히 지목되는 지역 축제, 청사 건립, 허위 수당 문제를 짚는다.

변화한 시대에 지방정부는 어떤 역할을 해야 하는가

상·하수도 관리, 쓰레기 처리 등 생활서비스를 제공하는 역할을 제외하면 지방정부 업무는 두 영역으로 구분된다. 복지정책, 개발정책이다. 이 두 영역의 업무를 어떻게 수행하는가에 따라 지방정부가 제 역할을 잘하는지 못하는지가 결정된다. 복지정책에는 기초단체의 역할이, 개발정책에는 광역단체의 역할이 상대적으로 더 중요하다.

복지 역할에 대한 이슈는 두 가지다. 서비스 전달과 재원 조달이다. 중앙정부에서 만든 복지정책도 실제 집행은 주민과 대면하는 지방정부에서 담당한다. 모든 정책이 그렇듯 복지정책도 실시한다고 다가 아니다. 애초 목표대로 국민들 삶의 질이 높아져야 한다. 복지가 제대로 전달되려면 대상자를 선정하고 서비스 질을 관리하는 일이 중요하다. 중앙정부에서 복지정책을 만들어놓고, 집행은 물론이고 재원 일부까지 맡으라고 하니 지방정부 입장에서는 불만이다. 불만에서 끝나지 않는다. 분담금을 마련하느라 몹시 힘들다. 특히 최근에 급속히 확대된 무상보육과 기초연금으로 분담금 액수가 늘어 더욱 힘들다. 8장에서는 대상자 선정과 서비스 질 관리를 위한 지방정부의 역할, 중앙과 지방의 재정 분담 문제를 다룬다.

복지에서 지방정부의 역할이 매우 중요하다지만 대부분은 중앙정부에서 만든 사업을 집행만 할 뿐이다. 못하면 욕먹고 잘해도 생색이 나지 않는다. 지방정부에서 생색낼 수 있는 분야는 역시 대규모 개발사업이다. 그러나 대규모 개발사업은 십중팔구 지방재정을 위태롭게하며 대개는 소수에게 이득이 집중된다. 지역주민 대다수에게 이득이되면서 생색도 나는 사업은 없을까? 내가 제안하는 것은 두 가지다. 하나는 교육을 단체장의 업무로 하자는 것이다. 또 하나는 지역개발의 패러다임을 바꾸자는 것이다. 9장에서는 이에 대해 논의한다.

지방자치를 왜곡하는 요인은 다양하다. 그중에 핵심으로 지목되는 것이 지역 유지들, 소위 지방토호 문제다. 많은 사람들이 이 문제를 해결하지 않고는 제대로 된 지방자치는 요원하다고 의견을 모은다. '지방토호-지역 정치인-공무원'의 카르텔을 일거에 허물 묘수는 없다. 그러나 서서히 약화시키고 폐해를 줄이는 것은 가능하며 또 해야 한다. 마지막 장인 10장에서 이 문제를 다룬다.

10장 뒤에는 '나가는 글'과 '보론'을 덧붙였다. '나가는 글'은 이 책을 마치면서 독자들에게 하고 싶은 말을 가볍게 적었다. 영화, 드라마, 책을 인용하면서 바람직한 행정과 지방자치에 대한 생각을 담았다. '보론'에는 그동안 정치권이나 중앙정부에서 진행된 지방행정 체계 개편 논의를 정리했다. 지방행정 체계 개편은 매우 중요한 정치행정 이슈다. 그럼에도 소수 전문가와 정치인 중심으로만 논의가 이루어졌고 대다수 국민들은 잘 모른다. 그동안 어떤 논의가 있었고, 그것을 어떻게 봐야 할지 간략히 정리했다.

* * *

늘 그렇듯이 이 책을 쓰면서도 여러 사람의 도움을 받았다. 그중 몇 명은 꼭 언급할 필요가 있다. 먼저 내가 활동하는 시민단체인 좋은예산센터 상근자들이다. 최인욱 사무국장에게서는 단순히 도움을 받은 정도가 아니다. 사실상 공저자다. 3장부터 7장까지는 나와 최인욱 사무국장이 공동 집필했다. 채연하 팀장에게서도 큰 도움을 받았다. 특히 3장에 들어간 '지방세 일기'는 채연하 팀장의 글이다. 최승우 씨와 김희정 씨에게도 자료 수집에 많은 도움을 받았다. 나와 좋은예산센터 상근자 네 명은 3개월 이상 매주 미팅을 갖고 책에 대해 의견을 나누었다.

다음은 이 책을 만든 이정규 편집자다. 작년 가을에 집필을 제안한 덕에 지금 이 책이 나올 수 있었다(사실 그때 나는 다른 책 집필을 먼저 고려하고 있었다). 이후 책을 쓰는 과정에서 수차례 미팅을 하면서 함께 체계를 잡아나갔다. 초고에 대해 의견을 받아 퇴고하면서 내용이 훨씬 좋아졌다. 좋은예산센터 상근자들과 편집자께 깊이 감사드린다.

마지막으로 나와 같은 과에 재직하고 있는 윤견수, 이용숙, 임현, 최영준 교수께도 감사드린다. 이 분들은 책 내용과 관련된 내 질문에 유용한 답변과 조언을 해주었다. 궁금할 때 물어볼 수 있는 동료가 있다는 것은 학자로서 복이다.

집필 과정은 힘들면서도 즐거웠다. 이 책을 읽은 많은 사람들이 지방행정을 좀 더 잘 이해하고, 지방행정이 조금이라도 나아지는 데 기여할 수 있다면 저자로서 큰 보람을 느낄 것이다.

1부

지방정부,
이렇게 움직인다

1장

지방정부는
무슨 일을 하는가

:

정부 간 업무 분담

Q: 자치구와 행정구의 차이점에 대해서 설명 좀 해주세요ㅠㅠ 부탁드립니다.

A: 구(區)에는 자치구와 행정구가 있는데, 자치구란 지방자치단체로서 법인격이 주어지고 일정한 한도 내에서 자치권이 인정되는 구이며, 행정구란 행정사무의 처리상 편의를 위하여 설치되는, 단지 행정구획에 지나지 않는 구를 말한다.

A: 현재 중국에는 5개 자치구(티베트자치구·신장위구르자치구·광서장족자치구·내몽고자치구·영화회족자치구)가 설치되어 있는데요. 여기서 자치구는 소수민족이 거주하는 지역에 자치를 위해 만든 성(省)급에 해당하는 행정 단위입니다.

위의 글은 네이버 지식iN에 실제로 올라온 '자치구와 행정구의 차이점'에 대한 문답이다. 첫 번째 답변은 맞기는 한데 무슨 말인지 잘 모르겠다. 학교 선생 입장에서 보자면 참 좋지 않은 답변이다. 두 번째 답변은 아예 동문서답이다.

대학에서 행정학을 가르치면서 느끼는 건데 학생들이 정부 기능과 역할을 정말 모른다. 매일 접하는 뉴스가 정부가 하는 일이고, 본인 일상에도 정부가 깊숙이 개입되어 있는데도 불만을 품고 불평은 해도 대체 왜 그런지 알려고 하지는 않는다.

'서울시 성북구 안암동 ○○아파트'처럼 주소를 적는 일은 수시로 발생한다. 그런데 서울시는 성남시와 뭐가 다른지, 왜 서울은 '특별'시고 부산은 '광역'시인지, 성북구는 분당구와 어떻게 다른지, 성북구는 무슨 일을 하고 또 안암동은 무슨 일을 하는지는 잘 모른다. 사실 이것도 내가 글의 전개상 만들어낸 질문이지 아예 이런 의문조차 갖지 않는 사람이 대부분이다.[1]

물론 정부가 하는 일은 재미있는 것도 아니고 매력적인 것도 아니다. 더구나 대다수 사람들은 이를 몰라도 사는 데 별 지장이 없다. 그러니 정부에 무지한 것이 당연할 수도 있다. 학자들은 이런 무관심 현상에조차 '합리적 무지(rational ignorance)'라는 고상한 용어를 갖다 붙인다. 어차피 나 하나 따진다고 바뀔 게 없으니 애써 알려 하지 않고 모르는 채 넘어가는 게 개인 입장에서는 합리적인 선택이라는 말이다.

다수에게는 맞는 설명이나 그렇지 않은 소수도 있다. 그리고 이 책을 선택한 사람이라면 그렇지 않은 소수에 해당할 게 틀림없다. 합리적 무지 이론은 그 때문에 정치·행정의 무사안일과 부정부패가 가

1부 지방정부, 이렇게 움직인다

능하다고 설명한다. 이를 뒤집으면 정치·행정에 무슨 일이 벌어지고 있는지 관심 가지는 사람이 많아질수록 좋은 정치·행정이 이루어진다는 얘기가 된다.

이렇게까지 거창하게 의미 부여할 필요는 없겠지만 이 책은 내내 지방의 정치·행정에 대해 매우 '유용한' 지식을 전하고 있다. 그러니 찬찬히 읽어줬으면 좋겠다. 일단 지방정부에 대한 기초 지식을 갖추는 것부터 시작하자.

지방정부는 어떻게 구성되어 있나

정부를 중앙정부와 지방정부로 구분해보자. 중앙정부는 삼권분립 원칙에 따라 입법, 사법, 행정부로 구성되어 있다. 이와 달리 지방정부는 입법부(지방의회)와 행정부(집행기관)로만 구성되어 있다. 이권분립인 셈이다.

지방자치법 2조는 지방정부의 유형을 광역자치단체와 기초자치단체로 구분한다. 광역자치단체는 시와 도, 기초자치단체는 시·군·구를 말한다. 광역자치단체에 포함되는 시는 특별시와 광역시, 특별자치시다. 특별시는 서울 한 곳, 광역시는 부산·대구·인천·광주·대전·울산 여섯 곳, 특별자치시는 세종 한 곳이다. 도 중에서 제주도는 특별자치도라고 해서 경기도나 강원도 같은 일반도 여덟 곳과 따로 구분한다. 이렇게 광역자치단체는 모두 17개가 있다.

기초자치단체로 분류되는 시는 도의 하부 행정구역이다. 보통 시라고 할 때는 기초자치단체인 시를 말한다. 광역자치단체로 분류되는 시와 구별하는 의미에서 이를 자치시라고 부르기도 한다. 기초자치단체인 구는 특별시와 광역시의 하부 행정구역이다. 그런데 기초자치단체인 자치시도 규모가 크면 구를 둘 수 있다. 성남시 분당구나 수원시 팔달구가 그 예다. 그래서 이들을 구분하기 위해 기초자치단체인 구는 자치구라고 부르고, 자치시 관할의 구는 일반구 혹은 행정구라고 부른다. 행정구에는 자치권이 없으므로 자치단체가 아니다. 그래서 행정구에는 지방의회가 없을뿐더러 구청장도 선거로 뽑지 않고 임명한다. 예를 들어 광역자치단체인 서울특별시의 성북구는 자치구이므로 구청장과 지방의회 의원들을 주민이 선출한다. 반면 기초자치단체인 성남시의 분당구는 행정구이기 때문에 구청장을 성남시장이 임명하고 구의회가 없다.

구 아래의 읍·면·동은 기초자치단체와 행정시의 하부 행정기관이다. 읍·면·동에는 자치권이 없기 때문에 자치단체가 아니다. 재미있는 사실은 처음 지방자치를 실시했다가 중단되었던 1949년부터 1961년까지는 기초자치단체가 지금처럼 군이 아니라 읍·면이었다는 점이다. 당시에 군은 광역과 기초를 연계하는 '행정기관'이었다. 일본의 예를 그대로 따랐기 때문인 것 같지만 군보다는 읍·면이 '기초'의 의미에 더 충실한 것은 분명하다.

정리하면 우리나라 지방정부는 광역자치단체로 1특별시, 6광역시, 8도, 1특별자치도, 1특별자치시를 두고 있다. 기초자치단체로는 74시, 84군, 69자치구를 두고 있다. 그리고 그 하부 행정기관으로 216읍, 1198면, 2071동을 두고 있다.

원래 광역자치단체에는 특별시, 광역시, 도만 있었다가 최근 특별자치시와 특별자치도가 생겼다. 세종특별자치시와 제주특별자치도다.

세종시는 충청남도 연기군 일부 지역이었다가 다 아는 바와 같이 우여곡절 끝에 행정복합도시로 건설되었다. 그런데 중앙행정부처 대부분이 위치한 지역을 충청남도 관할로 두자니 중앙부처 관료들의 자존심이 허락하지 않았나 보다. 그렇다고 군의 일부이고 2013년 기준으로 인구가 10만 명에 불과한 지역을 광역시로 만들 수는 없으니 특별자치시라는 것을 새로 만들어서 이를 광역자치단체에 집어넣었다 (그럼 기존에 정부종합청사가 있던 과천시는 왜 그냥 경기도 관할 자치시였을까? 과천시는 서울 바로 옆이라서 서울이나 다름없다고 여겼기 때문인 듯하다. 참고로 과천시의 전화 지역번호는 서울과 같은 '02'다).

제주도는 일반도였다가 2006년부터 특별자치도로 바뀌었다. 명칭에서 짐작할 수 있듯이 특별자치도에는 일반도에 비해 더 강한 자치권이 부여된다. 다른 말로 하면 중앙정부의 통제가 약하다. 왜 제주도만 특별 대우를 할까. 가장 큰 이유는 국제화 개발을 위해서다. 각종 개발에 '걸림돌'이 되는 규제를 풀어줌으로써 투자를 활성화하고 국제적인 관광·휴양지로 키우려는 목적에서였다. 행정의 효율성을 높이기 위해 행정 체계도 개편해 기초자치단체를 폐지했다. 원래 제주도는 2시(제주, 서귀포)와 2군(북제주, 남제주)으로 되어 있었다. 그런데 특별자치도가 되면서 북제주군이 제주시에, 남제주군이 서귀포시에 편입되었다. 그리고 제주시와 서귀포시는 자치시에서 행정시로 전환되었다. 즉 시장을 선거로 뽑는 대신 도지사가 임명하고 기초지방의회도 없어졌다. 사실 제주도를 특별자치도로 만든 것은 단지 국제적인 지역으로 키우기 위해서만은 아니다. 지방자치의 발전과 관련해서 더 특별한 의미도 있다(이에 대해서는 마지막의 보론에서 상세히 설명한다).

:: 서울은 뭐가 특별해서 특별시일까?

왜 다른 곳은 광역시인데 서울만 특별시라고 부를까? 서울이 대한민국의 수도라서? 특별시의 '특별'이라는 용어에 특별한 의미가 있는 것은 아니다. 순전히 우연의 산물이다.

서울은 수도를 뜻하는 일반명사다(어원은 신라의 '서라벌'에서 왔다는 설이 유력하다). 조선시대에는 서울을 한성부라고 불렀다. 한일합방 후 일제가 한성부를 경성부로 개칭하면서 일제강점기에는 경성으로 불렸다. 그러다가 1945년 광복 후 일제 잔재를 청산하자는 의미에서 경성부 한국인 직원들이 경성 대신 서울이라는 말을 쓰기 시작했다. 하지만 이는 공식 명칭은 아니었다. 당시 정부 역할을 담당했던 미군정청에서는 행정적으로 경성부라는 명칭을 계속 사용했기 때문이다.

이후 광복 1주년을 맞이해 미군정청은 경성부를 서울시로 개칭하고 경기도에서 분리해 자치를 실시한다고 발표했다. 이에 따른 영어 명칭이 'Seoul independent city'였다. 그런데 이 명칭을 우리말로 바꿔야 하는 한국인 직원은 당황했다. 직역하면 서울독립시가 되는데 도시에 '독립'이라는 말을 붙이기가 어색했던 것이다. 당시가 해방된 지 1년 지난 시점임을 상기하면 '독립'이 어떤 의미를 갖는지, 한국인 직원이 왜 그렇게 느꼈을지 이해가 간다.[2]

그는 고심 끝에 '독립'을 '특별자유'라고 의역했다(사실 'independent city'는 경기도가 아니라 중앙정부가 관할하는 독자적인 지방정부라는 의미이므로 '직할'로 번역하는 것이 맞았을 것이다). 번역 담당 직원의 노고 덕택에 갖게 된 서울특별자유시라는 명칭은 정부 수립 후 1949년 지방자치법에 따라 자유라는 단어도 떼어내고 '서울특별시'로 최종 변경되었다.[3]

특별한 의미는 전혀 없고 그저 우연의 산물일 뿐인 특별시라는 명칭에 서울 사람들은 으쓱해했고 다른 지역 사람들은 부러워했었나 보다. 부산 사람들은 서울에 '특별'시라는 명칭이 붙은 1946년부터 줄기차게 부산도 '특별'시로 해달라고 요구했다. 1946년에 '부산특별시승격기성회'라는 것을 만들어 요구했고, 6.25동란 중에 임시수도가 되자 또 요구했으며, 4.19 혁명 이후에 다시 요구했다. 최근에도 '부산해양특별시추진위원회'가 만들어졌고, 어느 대권 주자는 특별시 승격을 공약으로 내걸기도 했다. 그 밖에 경주문화특별시, 남해안해양특별시 등 특별시라는 명칭을 얻기 위한 다양한 시도가 있었다.

그럼 대체 특별시와 광역시의 차이는 뭘까? 둘 다 중앙정부 직할인 것은 매일반이다. 의전에서 서울시장은 장관급이고 광역시장은 차관급 대우를 받는다는 것을 제외하면 실질적인 차이는 별로 없다.[4] 특별시를 별도로 두어야 할 만한 특별한 이유도 없다. 그렇다면 서울도 그냥 광역시라고 하든지 아니면 원하는 광역시는 모두 특별시라고 불러주면 어떨까. 그렇게 해서 많은 광역시 주민들의 기분이 좋아진다면 마다할 특별한 이유도 없을 것 같다(참고로 북한에도 특별시가 있다. 그런데 북한의 특별시는 평양이 아니라 라선시와 남포시다. 수도인 평양은 직할시다).

법으로 정해진 지방정부 역할

공공 업무를 중앙정부와 지방정부 사이에 배분하는 기본 원칙은 서문에서 간략히 언급했다. 정책 효과가 전국적인 일은 중앙정부가 맡고 지역적인 일은 지방정부가 맡는다는 것이다. 효과가 전국적인 정책에는 두 가지 유형이 있다. 하나는 국방·외교·물가정책처럼 효과가 국민 전체에게 미치며 개인별로 분리할 수 없는 경우다. 이른바 순수공공재의 공급이 여기에 해당한다.

순수공공재는 효과가 일정 지역에 거주하는 사람 모두에게 동등하게 미치는 재화나 서비스를 가리킨다. 순수공공재의 특성은 특정인을 그 재화나 서비스의 소비에서 제외할 수 없고(비배제성), 다른 사람이 소비에 참여한다고 해서 기존 소비자의 혜택이 줄어들지 않는다(비경합성)는 점이다. 국방이 대표적이다. '국방'이라는 서비스의 효과는 외적의 침입으로부터 보호받는 것이다. 이러한 서비스는 대한민국 영토 내에 거주하면 누구나 동등하게 누린다. 또 서비스 제공의 대가라고 할 수 있는 세금을 내지 않는다고 해서 탈세자를 국외로 추방하지 않는 한 그가 누리는 국방 서비스 혜택을 빼앗을 수 없다. 또 어느 날 갑자기 백 가구가 대한민국으로 이민 온다고 해서 대한민국에서 이미 살고 있던 국민이 누리는 국방 서비스 혜택이 감소하지도 않는다.

효과가 전국적인 정책의 또 다른 유형은 국민연금이나 건강보험처럼 효과 자체는 개인별로 분리할 수 있지만 동일한 기준을 전국적으로 적용하는 경우다. 이 두 가지 유형에 속하지 않는 정책은 정책 효과가 지역적인 것이라 지방정부의 업무가 된다.

지방정부가 지역적인 정책을 담당한다는 것은 너무나 당연하다고 생각될 것이다. 궁금한 것은 지역적인 정책은 구체적으로 어떤 것들이고, 지방정부가 실제로 무엇을 얼마나 하고 있는가 하는 점이다.

　　정부가 무슨 일을 하는지 알려면 우선 두 가지를 찾아보는 게 좋다. 법규와 예산이다. 정부가 하는 행위는 법규에 근거해 이루어진다. 법규로써 어떤 행위를 할 수 있는 권한과 해야 할 의무가 정해진다. 그리고 정부든 기업이든 조직을 존속하기 위한 인력, 사무실을 유지하는 데 드는 기본 운영비, 조직의 목적을 실현하기 위한 사업비가 필요하다. 그러니 법규와 예산을 보면 지방정부가 할 수 있는 일 혹은 해야 할 일이 무엇인지, 실제로 어떤 일을 어느 정도 규모로 하는지 파악할 수 있다. 법규를 검토하고 예산을 따지는 것이 지루하기는 하지만 가장 효과적인 방법이니 조금만 인내심을 갖자.

　　지방정부의 권한과 의무를 규정한 기본 법규는 지방자치법이다. 지방자치법 9조 1항에는 "지방자치단체는 (관할 구역의) 자치사무와 법령에 따라 지방자치단체에 속하는 사무를 처리한다"라고 규정되어 있다. 그리고 다음 항에는 여섯 가지 분야 57개 자치사무가 열거되어 있다. 여섯 가지 분야는 ①지방자치단체의 구역, 조직, 행정관리 등에 관한 사무, ②주민의 복지증진에 관한 사무, ③농림·상공업 등 산업 진흥에 관한 사무, ④지역개발과 주민의 생활환경시설의 설치·관리에 관한 사무, ⑤교육·체육·문화·예술의 진흥에 관한 사무, ⑥지역민방위 및 지방소방에 관한 사무다.

　　여섯 가지 분야 중에서 ①분야는 조직 자체의 운영에 관한 것이고 나머지가 주민을 위한 업무다. ⑤분야의 핵심은 교육이다. 그런데 교육 업무의 대부분은 일반 지방행정기관(시·도, 시·군·구)이 아니라 지방교육청에서 따로 담당한다. 그리고 ⑥분야는 각 지역 소방본부와 산하 소방서에서 담당한다. 즉 교육과 소방은 다른 기관에서 수행하기 때문에 흔히 지방정부라고 할 때 떠올리는 시·도, 시·군·구청 업무와는 구별된다.[5] 따라서 지방정부의 주민 업무는 이를 뺀 주민복지 증진, 산업진흥, 지역개발로 정리할 수 있다. 한 가지 주의할 게 있다. 주민복지 증진 업무는 범위가 꽤 넓다. 여기에는 전형적인 복지 업무 외에도 보건, 화장장, 공중접객업소 위생지도, 청소·오물처리, 상·하수도 공급 등이 포함된다.

정리하면 법규상 지방정부 업무는 복지, 지역 산업진흥, 지역개발, 생활편의시설 공급이다. 그런데 이것들은 지방정부의 자체업무에 대한 것이다. 지방정부가 하는 일에는 자체업무 이외에 중앙정부 업무를 대행하는 것도 있다. 지방자치법 9조 1항에서 '법령에 따라 지방자치단체에 속하는 사무'라고 한 것이 그것이다. 공식적으로는 '위임사무'라고 부른다. 위임사무를 맡는 것은 중앙정부의 하위 집행기관 역할에 해당한다.

위임사무는 종류가 많다. 국가 전체에 공통으로 적용되는 일, 따라서 중앙정부 업무에 해당한다고 해도 실제로 각 지역에서 집행이 이루어져야 하는 일이 많기 때문이다. 앞에서 복지는 지방정부의 자체업무라고 했다. 그런데 지방정부의 복지 업무에는 자체업무 이외에 중앙정부 업무를 대행하는 위임사무도 있다. 실제로는 위임사무가 자체업무보다 훨씬 많다. 보육료 지원, 기초연금, 국민기초생활보장급여 등이 모두 위임사무다. 복지 업무만이 아니다. 각종 인·허가나 단속 업무 중에도 대행업무가 많다. 지방정부 업무 중에서 기준을 가짓수로 삼든 비용으로 삼든 위임사무는 적게 잡아도 전체 업무의 절반이 넘는다.

지방정부가 하는 일을 이해하는 데 자체업무와 대행업무를 구분하는 것이 왜 필요할까. 자체업무든 대행업무든 제대로 잘하기만 하면 무슨 상관이 있겠는가. 이 책에서 자체업무와 대행업무를 구분하는 이유는 여기에 있다. 자체든 대행이든 상관없이 일을 잘하는 것이 아니기 때문이다. 자체냐 대행이냐가 지방정부가 일하는 데 큰 영향을 미친다.

자체업무는 지방정부 책임 하에 지방정부 재원으로 한다. 대행업무는 중앙정부의 지시를 받고 사업 경비도 중앙정부로부터 지원받는다. 일하는 방식이 같을 수가 없다. 재정 측면에서는 지방정부가 재량을 가진 자체업무에 과욕을 부려 문제가 된다. 과도한 사회간접자본(SOC) 투자, 남발하는 지역 축제 등 6장과 7장에서 다루는 지방정부 낭비 사례는 모두 자체업무들이다.

지시대로 해야 하는 대행업무에서 불거지는 문제는 두 가지다. 하나는 지방정부가 자기 재량 없이 기계적으로 처리하니 적합성이 떨어진다는 점이다. 가령 A를 줄여서 B에 보태는 것이 더 좋아도 그렇게 하지 못한다. 정해진 만큼 A와 B를 해야 한다. 또 다른 문제는 중앙정부가 경비 일부를 지방정부에 떠넘긴다는 점이다. 이 때문에 지방정부 재정에 부담이 된다. 이런 대행업무의 문제점들은 복지 업무에서 두드러진다. '비효율적인 복지 전달 체계', '무상보육에 멍드는 지방재정' 등은 자주 들어서 이제는 익숙한 레퍼토리다. 복지 재정의 문제점은 8장에서 상세하게 다룬다.

이 책에서는 지방정부라는 용어를 빈번히 사용한다. 그러나 이는 공식 명칭이 아니다. 우리나라 헌법과 법률에는 지방정부라는 용어가 없다. 그 대신 지방자치단체라고 부른다. 즉 광역의 시·도, 기초의 시·군·구는 '정부'가 아니라 '단체'다. 또 '국가'와도 구별된다. 지방자치를 규정한 헌법 117조는 "지방자치단체는 주민의 복리에 관한 사무를 처리하고 재산을 관리하며"라는 문구로 시작된다. 그리고 지방자치법 1조는 "국가와 지방자치단체의 기본적 관계를 정함으로써"라고 법 제정 목적이 명시되어 있다. 또한 3조에는 "특별시, 광역시, 특별자치시, 도, 특별자치도(이하 "시·도"라 한다)는 정부의 직할로 두고"라고 규정되어 있다. 공무원도 중앙정부 소속은 국가공무원이라 하고 지방정부 소속은 지방공무원이라고 한다.

왜 '정부'라는 용어를 공식적으로 사용하지 않는지는 명확하지 않다. 어떤 사람은 지방정부는 사법이 빠진 입법과 행정만 있기 때문에 온전히 정부라고 할 수 없다고 주장하기도 한다. 혹은 일본의 예를 따랐기 때문일 수도 있다. 일본 역시 공식적으로는 지방정부라고 부르지 않고 지방공공단체라고 칭한다.

공식적으로 지방정부는 정부가 아니고 국가도 아닌 것으로 취급하는 것이 놀랍기는 하다. 하지만 일상적으로도 정부 혹은 국가라고 말할 때는 중앙정부를 지칭하는 경우가 많으니 새삼스런 일은 아니다. 공식 규정은 지방정부의 역할에 대한 정치인과 공무원, 일반 국민의 시각을 반영할 뿐이다. 이러한 시각을 정리하면 지방정부는 결국 '지역주민과 밀접한 행정업무를 처리하는 중앙정부의 하위 집행기관' 정도가 될 것 같다. 지방정부의 역할을 이 정도로 인식하는 한 제대로 된 자치가 이루어지기는 어렵다.

예산으로 본 지방정부 역할

법규에 정해진 권한과 의무는 당위적인 것이다. 지방정부의 역할이 무엇인지는 알 수 있다. 하지만 그래서 실제로 무엇을 얼마나 하고 있는지는 알 수 없다. 이를 알려면 사업별 예산 규모를 보는 것이 필요하다. 다음 쪽 그림을 보고 여기에 나타난 특징들을 정리해보자.

광역은 교육 비중이 높고 기초는 사회복지 비중이 높다

광역의 교육 지출은 대부분 그 지역 교육청에 대한 지원금이다. 시도별로 교육감을 뽑고 교육자치를 하므로 교육 지출은 광역 단위로 이루어지는 것이 당연하다. 하지만 경비만 지원하고 정책은 별도로 선출된 교육감이 집행하기 때문에 광역단체장 입장에서는 불만이 많다.

지방정부의 사회복지 업무 중에는 중앙정부가 만든 정책을 집행하는 것이 많다. 집행은 기초 단위로 이루어지므로 중앙정부의 사업경비도 기초단체로 간다. 그래서 기초단체의 지출 중 사회복지 지출이 차지하는 비중이 높다.

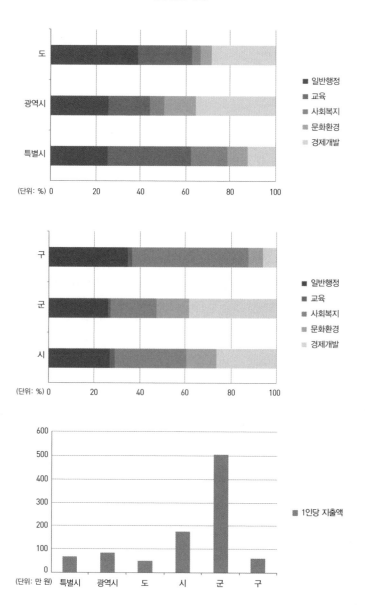

자치단체 사업별 예산 규모 / 1인당 지출액
(2013년 기준)

1부 지방정부, 이렇게 움직인다

서울특별시는 다른 시·도보다 부유하다. 그래서 다른 시·도에서는 교육청 경비와 기초단체가 대행하는 복지사업 경비의 대부분을 중앙정부가 부담하지만 서울특별시는 이 비용을 스스로 꽤 많이 부담한다. 그래서 다른 시·도보다 비중이 높다.

자치구 지출에서 사회복지비 비중은 전체의 절반에 육박한다. 자치구는 시·군에 비해 사회복지에 지출을 많이 해서 그럴까? 아니다. 자치구 예산 규모가 작기 때문에 발생하는 착시현상일 뿐이다. 지출액을 주민 수로 나눈 1인당 총지출액으로 비교하면 자치구는 군의 15%, 시의 38% 수준이다. 1인당 총지출액이 워낙 적어서 복지비 비중이 높다고 해도 1인당 복지지출액은 시·군에 비해 오히려 적다. 복지지출은 중앙정부 사업이 많고 수급 요건에 해당하면 기계적으로 지급되므로 사는 지역이 다르다고 큰 차이가 날 이유는 별로 없다. 자치구 1인당 복지지출액이 시·군보다 적은 이유는 주로 전체 주민 대비 복지 대상자 규모가 작기 때문이다.

자치구 1인당 총지출액은 시·군에 비해 월등히 적다. 이는 자치구가 하는 일이 규모 면에서 시·군보다 훨씬 적다는 것을 보여준다. 복지 업무와 기본 행정 업무를 제외하면 자치구가 하는 사업은 많지 않다. 이는 같은 기초라도 자치구와 시·군은 특성이 다르기 때문이다.

시·군은 어느 정도 독립적인 행정 단위지만 자치구는 상대적으로 독립성이 떨어진다. 경기도 용인시에서는 경전철을 놓다가 문제가 됐다. 하지만 서울의 자치구 한 곳에서 독자적으로 경전철을 놓을 수 있을까. 인접한 자치구들과 공동으로 놓지 않는 한 불가능하다. 그래서 자치구를 통과하는 경전철은 상급 자치단체인 특별시나 광역시에서 담당한다. 마찬가지로 다른 업무 중에도 정책 효과가 개별 자치구 범위를 넘는 것이 많다. 이런 것들은 비록 법적으로는 자치구 사무라도 실제로는 광역이 담당한다.[6]

군의 1인당 지출 규모는 자치구뿐만 아니라 시에 비해서도 월등히 크다
주로 두 가지 이유 때문이다. 하나는 군은 시나 자치구에 비해 인구가 분산되어 있기 때문에 같은 서비스를 제공하려고 해도 비용이 더 많이 들어 단가가 높기 때문이다. 또 하나는 농어촌에 대한 지원이 많기 때문이다. 도시 지역인 자치구나 시와는 달리 군에서는 농어업을 진흥하고 농어촌을 보전하기 위한 지원을 받는다. 이는 물론 필요하다. 하지만 본래 취지에서 벗어나 낭비되는 측면이 꽤 있는 것도 사실이다.

이 정도 논의했으면 앞의 그림을 보고 광역과 기초 자치단체가 하는 일에 대해 감을 잡았을 것이다. 얼마나 이해했는지 보기 위해 문제를 하나 내겠다. '행정운영경비'는 인건비 등 기본적인 경비를 말한다. 전체 지출에서 행정운영경비가 차지하는 비중을 보면 광역에서는 '도'가 가장 높고, 기초에서는 '구'가 가장 높다. 왜 그럴까. 광역 중에

는 도가, 기초 중에는 구가 가장 방만하게 경비를 사용하기 때문이라고 답하는 독자는 없으리라고 믿는다. 인건비 등 행정운영경비는 표준단가가 정해져 있어서 어느 자치단체든 큰 차이가 없다. 따라서 행정운영경비가 전체 지출에서 차지하는 비중은 거의 다른 분야 지출액 규모에 따라 정해진다. 광역 중에서는 도가, 기초 중에서는 자치구가 여타 지방정부들에 비해 다른 분야에 쓰는 돈이 적기 때문에 이런 현상이 나타나는 것이다.

공급량이 많아질수록 단가가 싸지는 것을 규모의 경제(economy of scale)라고 한다. 규모의 경제는 민간 경제뿐 아니라 행정에도 적용된다. 지방선거를 앞두고 집집마다 선거 안내문을 돌려야 한다. 집배원 한 명이 하루에 돌릴 수 있는 양은 아파트가 밀집된 도시 지역이 더 많을까, 집들이 드문드문 떨어져 있는 농촌 지역이 더 많을까?

서울 자치구 중에는 주민 수가 50만 명이 넘는 곳(송파, 노원, 강서, 강남)이 꽤 있다. 경기도의 시 중에는 주민 수가 100만 명이 넘거나 그에 육박하는 곳도 몇 군데(수원, 성남, 고양, 용인) 있다. 반면에 전국의 군 중에는 주민 수가 2만 명 내외인 곳(강원도 화천·양구, 경상북도 군위·영양 등)도 많다. 주민 수가 50분의 1이라고 공무원 수도 50분의 1일 수는 없는 노릇이다. 그래서 같은 공공서비스를 제공하더라도 군은 자치구·시에 비해 행정비용이 더 많이 든다.

행정에서 이러한 규모의 경제를 십분 이해한다고 해도, 일부 군에서는 인구는 계속 감소하는데도 불구하고 공무원 정원과 예산 배정액은 관행대로 유지되어 운영이 상당히 비효율적으로 이루어지는 것도 사실이다.

:: 각종 규제도 지방정부의 중요한 업무다

이 책의 주제가 재정이라서 지방정부가 하는 일도 사업 예산을 써서 공공서비스를 제공하는 것들에 대해 주로 설명했다. 그런데 지방정부가 하는 일 중에는 주민 입장에서 중요한 것이 더 있다. 바로 신고, 등록, 검사, 인·허가 같은 각종 규제 업무다. 규제 업무는 인건비 같은 기본 경비를 제외하면 지방정부 재정이 직접 투입되지는 않는다. 하지만 당사자가 되는 주민들에게는 유·무형의 부담을 초래한다. 많은 이들이 지방정부 공무원과 대면해야 할 때는 공공서비스를 제공받기 위한 경우보다는 규제 업무 때문인 경우가 더 많다.

규제 업무는 이 책의 주제가 아니므로 상세한 논의는 생략하자. 하지만 주민 생활을 편하게 하는 데는 직접 재정이 투입되는 공공서비스 못지않게 규제 업무가 중요하다. 모든 규제는 사회적으로 필요하기 때문에 만들어진다. 즉 규제함으로써 달성하려는 사회적인 '이익'이 있게 마련이다. 그런데 규제는 이를 따르는 과정에서 유·무형의 '비용'도 발생시킨다. 따라서 규제가 정당성을 가지려면 적어도 달성하려는 이익이 그에 드는 비용보다 커야 한다. 즉 이익에서 비용을 차감한 순편익이 0보다 커야 한다. 그리고 기왕이면 가능한 대안들 중에서 가장 순편익이 큰 대안이어야 한다.

특정한 규제를 처음 시행할 때는 그 대안의 순편익이 0보다 크며 가능한 대안들 중에서 순편익이 가장 컸을 수 있다. 그러나 시간이 지나 상황이 변하면서 순편익이 더 큰 다른 대안이 나타나기도 하며 심지어는 기존 규제의 순편익이 0보다 작아지기도 한다. 그러면 당연히 그 규제는 폐지되거나 다른 대안으로 교체되어야 한다. 하지만 일단 생긴 규제는 여간해서는 없어지거나 수정되지 않는다. 이런 규제들이 주민들의 생활을 불편하게 하고 행정에 불만을 갖게 하는 주범이다. 아울러 인·허가를 받는 것이 일종의 특혜가 되는 규제들도 있다. 이런 규제가 공정하게 이루어지지 않으면 행정에 불신을 초래하고 비리를 유발한다. 좋은 규제 정책은 좋은 복지나 개발 정책 못지않게 주민 생활에 몹시 중요하다.

공교롭게 윗글을 쓰고 얼마 지나지 않아 규제 철폐가 주요 정책 현안으로 떠올랐다. 대통령이 '규제는 암 덩어리'라는 표현까지 쓰면서 직접 규제 철폐를 독려하고 나섰다. 그동안 행정학자로서 있는 규제를 없앤다는 게 얼마나 힘든지 익히 봐왔기 때문에 이런 조치는 환영한다. 그러나 다른 한편 너무 규제 '철폐'만 강조하는 것이 걱정스럽기도 하다.

앞서 말했듯이 규제는 애초에 사회적인 필요가 있어서 생긴 것이다. 사정이 바뀌어서 폐지하는 게 사회적 편익을 더 크게 하는 규제는 마땅히 없애야 한다. 그러나 이런 분위기에 휩쓸린 나머지 존치해야 할 규제마저 폐지해서는 안 된다. 과거에 강제 할당으로 규제를 없애게 한 적이 있다. 그러자 부처에 따라 정작 없애야 할 규제는 그대로 두고, 있어야 할 규제부터 폐지하기도 했다. 아울러 이런 분위기에 편승해 해야 할 규제를 하지 않으면 직무유기다. 불공정한 갑을 관계 시정, 중소상공인 보호, 비정규직 차별 금지 등 경제민주화를 위한 수단은 거의 전부 규제다. 우리 사회에는 여전히 불공정, 부당한 계약을 방지하기 위한 규제가 크게 미흡하다. 규제에 대한 정부와 사회의 관심이 좋은 규제 정책, 즉 해야 할 규제는 제대로 하고, 없애야 할 규제는 적극 폐지하는 것으로 이어져야 한다.

읍·면·동은 무슨 일을 하는가

이제 광역자치단체인 시·도와 기초자치단체인 시·군·구가 하는 일은 얼추 감을 잡았을 것 같다. 그런데 지방행정기관에는 시·군·구 밑에 읍·면·동이 있다. 그렇다면 읍·면·동은 무슨 일을 할까.

읍·면·동은 주민과 직접 접촉하는 가장 말단의 행정기관이다. 시·군·구 업무 중에서 주민과 직접 대면해서 해야 하는 일을 담당한다. 독자들은 무슨 일로 동주민센터(동사무소)에 가봤는지 떠올려보라. 동주민센터의 주요 업무는 주민등록 및 민원서류 발급, 복지서비스 전달이다. 또 하나 중요한 것이 있다. 주민자치센터를 통해 취미교실, 청소년공부방, 마을도서관 등 각종 문화·복지 프로그램을 제공하는 것이다. 읍·면사무소 업무에는 여기에 농어촌 지원 업무가 더해진다. 주민등록과 민원서류 발급만 제외하면(민원서류 발급 업무도 요새는 인터넷 발급이 많아져서 과거보다 많이 줄었다) 나머지는 주민에게 복지와 여가활동 프로그램을 제공하는 일이다. 참으로 주민 친화적이지 않은가! 그래서 동 행정기관 명칭마저 동사무소에서 동주민센터로 개명했다.

그런데 읍·면·동사무소가 원래부터 이렇게 주민 친화적이었던 것은 아니다. 과거에는 시·군·구 하부 행정기관으로서 지방세, 상·하수도, 보건위생, 교통 등 다양한 일선 행정업무를 수행했다. 그래서 직원들도 '권위적인' 행태를 많이 보였다. '면서기라도 되려면 논두렁 정기를 타고 나야 한다'라는 말이 있었을 정도였다. 농사꾼 아버지의 소원이 자기 자식은 공부시켜 면서기를 만드는 것이었을 만큼 그 옛날 면서기의 위상은 대단했다.

이후 경제·생활권 확대, 행정 정보화 등의 영향으로 2000년대 들어 행정 효율화 차원에서 많은 행정업무를 시·군·구로 이관했다. 그러고 나니 읍·면·동사무소에서 별로 할 일이 없어졌다. 여유 공간도 많이 생겼다. 인력을 해고하거나 공간을 없앨 수는 없으니 어떻게든 활용 방안을 마련해야 했다. 그래서 외국 사례도 참조하면서 궁리하다 나온 아이디어가 바로 주민자치센터다. 바야흐로 지방자치 시대니만큼 주민을 위한 문화·복지 프로그램을 운영하면 호응이 괜찮으리라고 여긴 것이다. 배경이야 어떻든 주민자치센터 설치 운영은 잘하는 일이다.[7]

정리하면 오늘날 읍·면·동사무소(주민센터)의 핵심 기능은 두 가지다. 복지서비스 제공과 주민자치센터 운영이다. 이 두 기능을 잘하려고 정부도 나름 노력 중이다. 읍·면·동사무소에 남아 있는 복지 외 업무를 더 줄이고 복지 기능을 강화하겠다고 한다. 그래서 복지, 고용, 교육 등을 통합해서 주민들에게 제공하는 복지허브로 만들겠다고 한다(8장 논의 참조). 복지와 관련한 다양한 서비스를 원스톱으로 제공하면 이용자 편의 증진에 상당히 기여할 수 있을 것이다.

원스톱 복지 서비스 제공 못지않게 관심이 가는 것은 주민자치센터 기능 개편이다. 주민자치센터는 주민자치위원회가 운영하고 읍·면·동사무소는 지원 기능을 한다. 주민자치위원회 위원은 주민들 중에서 공모를 거쳐서 읍·면·동장이 임명한다. 이 주민자치회는 과거와는 달리 주민자치센터 운영 기능뿐만 아니라 읍·면·동 차원의 지방의회 같은 기능을 갖게 하겠다는 계획이다. 그야말로 지방자치의 모토인 '풀뿌리 민주주의'를 구현하는 장이 만들어질지도 모르겠다.

현대사회의 특성상 아무리 애를 써도 어차피 일부 주민만 참여할 수밖에 없을 것이다. 그렇더라도 마을 공동체를 고민하는 '의식 있는' 주민들이 참여한다면 기존의 수동적인 주민자치위원회보다는 제법 진일보한 주민자치가 이루어질 법도 하다. 이 책의 독자들도 주민자치회에 관심을 가져보길 바란다.

정부 간 역할 분담 기준 다시 생각하기

지금까지 지방정부가 하는 일을 살펴봤다. 이 정도면 중앙과 지방의 업무에는 어떤 차이가 있는지, 지방정부 내에서도 상하위 정부 간 업무는 어떻게 다른지 대략 이해했으리라고 믿는다. 근본적인 것 하나만 같이 생각해보면서 마무리하자. 중앙과 지방정부, 상위와 하위 지방정부 간의 업무 배분 기준이다.

중앙과 지방정부 간의 업무 배분 기준은 이미 언급했다. 정책 효과가 전국적인 것은 중앙정부, 지역적인 것은 지방정부가 담당한다. 이는 업무를 배분하는 가장 기본적인 원칙이다. 이 기준은 상하위 지방정부 간 업무 배분에도 그대로 적용할 수 있다. 지역 내에서도 정책 효과가 개별 시·군·구에 한정되면 시·군·구에서 담당하고 개별 시·군·구 범위를 넘어서면 광역 시·도에서 담당한다.

이 기준을 세련되게 표현한 것이 '보충성의 원칙(principle of subsidiarity)'이다. 풀이하면 이렇다. '공공업무 배분은 우선 주민과 가장 밀착한 정부(시·군·구)로부터 시작하라.[8] 그곳에서 할 수 있는 일은 그곳에 맡겨라. 그곳에서 하기 힘든 일은 차상위 정부(광역 시·도)에 맡겨라. 그곳에서도 하기 힘든 일은 그 위의 정부(중앙정부)에 맡겨라.'

보충성의 원칙은 언뜻 지당한 이야기처럼 들린다. 하지만 사실은 어마어마한 의미가 담긴 개념이다. 지방분권 옹호론자들은 보충성의 원칙을 금과옥조로 여긴다. 이 원칙은 공공업무를 담당하는 정부는 작은 단위일수록 좋다는 의미를 함축하고 있다. 하위와 상위 지방정부가 둘 다 할 수 있으면 하위 지방정부가 해야 하고, 지방과 중앙정부가 둘 다 할 수 있으면 지방정부가 우선해야 한다는 말이기 때문이다. 상위 정부의 역할은 하위 정부를 '보충'하는 데 있다는 것이다.

사실 보충성의 원칙은 정부 간 업무 배분에만 적용되는 것이 아니다. 이는 사회를 구성하는 공동체 간의 역할 분담에 관한 원칙이다. 이 원칙은 1931년 로마 교황 비오 11세(Pius XI)의 선언문에 잘 나타나 있다. 대략 이런 내용이다. "더 작고 더 낮은 사회에 의하여 실효성 있게 수행할 수 있는 기능을 더 크고 더 높은 단체가 자기 것으로 하는 것은 불의이고 중대한 악이며 올바른 질서를 혼란시키는 것이다. 이는 사회철학의 흔들림 없는 근본 원리다. 모든 사회 활동의 진정한 목표는 사회 구성원을 돕는 데 있는 것이지 그들을 파괴하거나 흡수하는 데 있는 것이 결코 아니다."

보충성의 원칙은 유럽연합(EU)을 만들 때 유럽연합과 개별 회원국 간의 권한 배분 기준으로 적용되면서 널리 알려졌다. 개별 국가가 존재하면서 연합체를 만들 경우에는 이 원칙이 마땅해 보인다. 유럽연합을 만들었다고 해서 기존에 개별 국가가 수행해오던 일을 빼앗을 수는 없기 때문이다.[9] 하지만 이 원칙을 한 국가 내에서 상하위 정부 간

업무 배분에 엄격하게 적용하기는 힘들다. 엄격히 적용하자면 상하위 정부가 둘 다 할 수 있지만 상위 정부가 더 잘할 수 있는 경우에도 하위 정부에게 맡겨야 하기 때문이다. 그래서 효율성을 중시하는 사람들은 이보다는 완화된 기준을 제시한다. 둘 중에 더 잘할 수 있는 정부에게 맡기자는 것이다. 하위 정부가 더 잘할 수 있는 일은 하위 정부가 담당하고 상위 정부가 더 잘할 수 있는 일은 상위 정부가 담당하게 하자는 얘기다.

오츠(Wallace Oates)라는 재정학자는 이 완화된 보충성 원리의 근거를 다음과 같이 제시하고 이것이 옳음을 수학적으로 증명했다. 이는 '오츠의 분권화 정리'라고 불린다.

어떤 공공서비스가 다음과 같은 특징을 갖고 있다고 하자.
a. 서비스의 혜택은 특정 구역 내로 제한된다.
b. 특정 구역에만 공급하든 더 넓은 범위에 공급하든 서비스 단가는 동일하다.
이런 공공서비스는 해당 구역의 지방정부가 맡는 것이 더 넓은 지역을 담당하는 상위 정부가 맡는 것보다 효율적이다.

'정리(theorem)'라고 하니 대단해 보이지만 생각해보면 당연한 얘기다. 혜택이 특정 지역에 국한되고 공급 단가가 같다면 그 지역 정부가 상위 정부보다 지역주민의 수요와 선호를 더 잘 파악할 테니 거기에 부응하는 서비스 제공을 할 수 있다는 말이다. 이 정리를 역으로 풀이하면 혜택이 어느 한 지방정부 관할을 넘어서거나 더 많은 사람에게 공급할 때 단가가 내려간다면 상위 정부가 담당하는 것이 효율적이라는 말이 된다.

오츠의 분권화 정리는 경제 이론적인 효율성만을 따진 것이다. 하지만 현실의 효율성은 경제 이론적으로만 구성되지 않는다. 정치적인 혹은 행정적인 효율성도 존재한다. 가령 지방정부가 중앙정부보다 더 부패하거나 무능하다면 오츠의 분권화 정리는 성립하지 않는다. 즉 어느 정부가 지역주민의 수요와 선호를 더 잘 파악하는가 하는 것만이 아니라 어느 정부가 더 역량이 있는가도 현실의 효율성에는 중요하다.

보충성 원칙과 효율성 원칙을 비교하면 국민 입장에서는 효율성 원칙이 타당해 보인다. 즉 중앙이든 지방이든, 상위 정부든 하위 정부든 누가 하느냐보다는 누가 '잘'하느냐가 중요하다. 일부 '교조적인' 지방분권론자를 제외하면 국민들은 대부분 보충성 원칙보다는 효율성 원칙을 지지할 것 같다.

확실히 효율성 원칙은 중요하다. 행정의 제일 목적은 더 나은 공공서비스를 국민들에게 제공하는 것이기 때문이다. 그런데 효율성 원칙을 강조할 때는 이런 점도 한번 생각해보는 것이 좋다. 우리나라는 아직까지 제대로 된 지방분권과 지방자치를 해보지 않았다는 점이다.

우리는 고도의 중앙집권을 유지해오다가 1990년대 들어 지방분권과 지방자치를 시작했다. 그래서 중앙이 가졌던 권한을 지방에 넘겨주는 형식으로 분권과 자치가 이루어졌다. 보충성의 원칙과는 정반대였던 셈이다. 사정이 이러니 지방이 더 잘할 수 있는데도 여전히 중앙이 쥐고 있는 업무도 있을 것이다(일단 넘겨봐야 더 잘할지 못할지 알 수 있지 않겠는가). 업무는 넘겨받았지만 업무를 제대로 할 수 있는 인적·물적 기반을 갖추지 못한 경우도 있을 것이다(누가 더 잘할 수 있는지는 동일한 조건에서 따져야 공정하지 않겠는가).

3부에서 다루듯이 비효율적이고 예산 낭비가 심한 지방정부는 많다. 단체장과 지방의원들 중에는 개념 없고 비리로 얼룩진 인사들도 상당하다. 하지만 그 때문에 지방분권보다 중앙집권이 더 효율적이고, 지방자치를 해서 더 나빠지기만 했다고 단정한다면 지나치게 성급한 판단이다. 효율성 원칙은 행정의 존재 이유이기 때문에 이를 부정할 수는 없다. 하지만 왜 정부 간 역할 분담에서 보충성의 원칙이 중요하게 여겨지는지도 생각해보아야 한다.

지방행정은 지방자치를 기반으로 움직인다. 그래서 지방정부가 하는 일을 제대로 알려면 지방자치가 어떻게 작동하는지를 알아야 한다. 그런 뜻에서 이어지는 2장에서는 지방자치에 대한 기초 지식을 쌓기로 한다.

2장

왜
지방자치를 하나

:

지방자치의 의의와 한계

"뛰어난 구두수선공이 되려면 구두 만드는 법만 잘 알아서는 부족하다. 그보다 먼저 발에 대해 잘 알아야 한다."《작은 것이 아름답다 *Small is Beautiful*》의 저자인 슈마허(E. H. Schumacher)의 말이다.[1] 재정은 정부가 일을 하게 하는 동력이다. 따라서 정부가 일을 잘할 수 있게 뒷받침하는 것이 재정이 제 역할을 잘하는 것이다. 일을 할 때는 먼저 무엇을 할지 정한 다음(정책 결정), 정해진 일을 수행한다(정책 집행). 정책 결정은 주로 정치의 영역이고 집행은 거의 행정의 영역이다.[2] 그래서 정부가 일을 잘하도록 제대로 뒷받침하는 좋은 재정을 만들기 위해서는 정책을 결정하고 수행하는 정치와 행정의 역할을 잘 알고 있어야 한다.

이런 취지에서 1장에서 지방행정의 구조와 기능을 간략히 살펴보았듯이 이번에는 지방정치를 알아보자. 지방정치의 근간은 지방자치다. 그러니 지방자치에 대해 간략히 알아보자. 지방자치의 기능, 단체장과 지방의회의 역할, 지방자치로 달라진 점 등이다.

지방자치의 정치적·경제적 기능

'들어가는 글'에서 밝혔듯이 '지방자치를 해서 대체 좋아진 게 뭐냐'라는 질문이 이 책을 쓰게 된 이유 중 하나다. 지방자치를 해서 좋아진 것과 나빠진 것이 무엇인지 이야기하려면 먼저 지방자치의 기능을 따져야 한다. 이를 위해서 교과서에서 말하는 지방자치의 장단점이 무엇인지를 먼저 보고, 이에 비추어 우리의 현실 지방자치는 어떤가를 이야기하는 순서를 따르는 것이 좋겠다.

1장에서 정책 효과의 범위에 따라 중앙과 지방정부가 업무를 분담한다고 했다. 국방이나 외교처럼 대한민국 전체에 효과가 미치는 것은 중앙이, 지역개발이나 생활밀착 서비스처럼 효과가 지역적인 것은 지방이 담당한다고 했다. 이처럼 공공업무 성격에 따른 역할 분담은 지방자치의 기능을 어느 정도 설명해준다.

그런데 곰곰이 따져보면 중앙과 지방이 공공업무를 분담한다고 해서 반드시 지방자치를 할 필요는 없다. 지방자치를 실시하지 않았던 때도 지방정부(정확히는 지방행정기관)는 있었고 중앙과 지방은 업무를 분담했다.

그러니 공공업무 특성에 따른 역할 분담은 지방업무를 담당할 행정기관이 별도로 존재해야 하는 이유는 되지만 지방'자치'가 존재해야 할 이유는 아니다. 지방자치의 필요성을 이야기하려면 왜 지방행정을 중앙에서 파견한 사람이 아니라 지역주민이 선출한 사람이 담당해야 하는지, 왜 지방의회를 구성해서 주민 의사를 대변하게 해야 하는지를 설명해야 한다.

학자들은 지방자치의 필요성, 즉 지방자치의 기능을 두 가지로 구분해서 설명한다. 정치적 기능과 경제적(혹은 행정적) 기능이다. 정치적 기능은 지방자치를 함으로써 지역에서 주민들이 민주주의를 체험하고 구현하게 한다는 것이다. 지방자치를 풀뿌리 민주주의라고 부르는 것이 여기 해당한다. 경제적 기능은 지방자치가 공공서비스 제공의 효율성을 높인다는 말이다.

현실 지방자치가 과연 정치적 기능을 제대로 하는지와는 별개로 풀뿌리 민주주의 구현이 지방자치의 기능이라는 데는 대부분 동의할 것이다. 그 의미에 대해서도 대강은 알 것이다. 이에 비해 지방자치의 기능이 효율성을 높이는 데 있다는 말은 선뜻 와 닿지 않는다. 통상 민주성과 효율성은 상충하는 것이고, 효율성만 놓고 보자면 중앙집권이 지방자치보다 낫다고 생각하는 것이 일반적이다.

그런데 지방자치를 옹호하는 경제·행정학자들은 지방자치의 효율성을 중시한다. 경제·행정학자들은 세속적이라서(!) 아무리 가치가 숭고해도 실제로 도움이 되지 않는다면 그다지 지지하지 않는다. 이들이 지방자치가 효율성을 높인다고 생각하는 이유는 다음과 같다.

지방자치의 경제적 기능 – 공공서비스의 효율성을 높인다

지방자치가 공공서비스 제공의 효율성을 높인다는 주장의 근거는 무엇일까. 첫 번째는 주민들의 수요에 민감해진다는 점이다. 1장에서 오츠의 분권화 정리를 소개하면서 그 지역을 관할하는 지방정부가 중앙정부보다 주민의 수요를 더 잘 파악할 수 있어서 공공서비스 제공도 더 효율적으로 할 수 있다고 했다. 물론 지방자치를 하지 않아도, 중앙에서 임명한 단체장이라도 지역주민의 수요를 파악하기 위해 노력할 것이다. 하지만 지역주민이 선출한 단체장이 중앙에서 임명한 단체장보다는 지역주민의 수요에 더 민감할 것이다. 선출직은 단체장이 되기 전부터 선거에서 당선되려고 수요를 파악해 공약으로 만들며, 단체장이 된 후에는 재선을 위해 지역주민이 바라는 행정을 하려고 노력한다. 이에 비해 자신의 진퇴가 주민의 투표가 아니라 임명권자의 뜻에 따라 결정된다면 아무래도 주민의 수요를 파악하는 일을 등한시할 것임은 분명하다.

두 번째 근거는 지방정부 간에 경쟁이 존재한다는 점이다. 정부가 시장에 비해 비효율적인 이유 중 하나는 경쟁이 없다는 점이다. 시장에는 경쟁이 존재하기 때문에 판매자는 많은 물건 중에서 자기 것을 구매자에게 선택받으려고 애쓴다. 중앙정부는 하나뿐이라서 독점이다. 그러나 지방정부는 많다. 그래서 각 지방정부가 일을 얼마나 잘하는지 비교할 수 있다. 다른 지방정부보다 일을 못하는 지방정부의 단체장은 주민의 비난을 받고 다음 선거에서 떨어지기 십상이다. 뿐만 아니라 지방정부가 영 시원찮으면 주민이 다른 지역으로 옮겨갈 수도 있다. 제대로 된 경쟁은 독점보다 효율성을 높인다.

세 번째 근거는 정책의 실험과 전파가 가능하다는 점이다. 중앙정부 정책은 대한민국 전체에 영향을 미친다. 파급 범위가 크니 중앙정부는 새로운 정책을 시도하는 데 신중하다. 지방정부 정책은 파급 범위가 훨씬 작고, 설사 잘못되어도 파장이 작으니 부담이 적다. 그만큼 새로운 정책을 시도하기가 쉽다. 또 주민 선호에 민감하고 지방정부 간에 경쟁이 존재한다는 앞의 두 가지 특성은 단체장으로 하여금 보다 참신한 정책을 고민하게 만든다. 게다가 정책의 파급 범위도 작으니 지방정부마다 다양한 정책을 시도할 수 있고(정책 실험) 그중에서 성공한 정책은 다른 지방정부가 배워갈 수 있다(정책 전파). 반면 임명직 단체장은 새로운 정책을 고민하거나 실행할 만한 유인이 적다. 단체장 자리가 임명권자 손에 좌우되는 상황이고 실패하면 잘릴 수 있는데 구태여 위험을 자초할 이유가 없다.

지금까지 설명한 지방자치의 정치적·경제적 기능은 이론적인 것이다. 현실에서 이런 기능을 얼마나 잘하고 있는가는 또 다른 문제다. 이에 대해 독자들은 어떻게 생각하는가. 우리나라에서 지방자치를 함으로써 지역에서 민주주의가 더 잘 구현되고 있다고 생각하는 사람은 많지 않을 것이다. 마찬가지로 지방자치 덕분에 공공서비스가 더 효과적으로 제공된다고 생각하는 사람도 별로 없을 것이다. 왜 그럴까.

지방자치의 정치적 기능 – 민주주의를 구현한다

지방자치가 정치적으로 제대로 기능하는가를 얘기하려면 먼저 지역에서 민주주의를 구현한다는 것이 어떤 의미인지부터 명확히 해야 한다. 우리나라 지방자치 역사는 20년 남짓 되었다.[3] 1991년 치러진 지방의회 의원 선거와 1995년 단체장 선거를 기준으로 따진 것이다. 주민 의사를 대변하는 의회를 구성하고 지방정부 책임자를 주민들이 선출하는 것은 지방자치의 중요한 요소다. 하지만 이는 지방자치의 특성 중 절반에만 해당한다.

학자들은 지방자치를 두 가지 유형으로 구분한다. 단체자치와 주민자치다. 단체장을 선거로 선출하고 지방의회를 구성하는 것이 단체자치, 주민 스스로 지역의 공공사무를 결정하는 것이 주민자치라고 정의된다.

초중등 시절 지방자치는 풀뿌리 민주주의라고 배울 때 선생님이 어떻게 설명하셨는지 기억을 더듬어보자. "풀뿌리는 지역주민을 의미한다. 풀뿌리 민주주의는 의회제에 의한 간접민주주의에 대비되는 말로서, 지역주민이 직접 공공업무에 참여하는 직접민주주의를 말한다." 대략 이런 내용이었을 것이다.

이처럼 풀뿌리 민주주의라는 지방자치는 단체자치가 아니라 주민 참여를 의미한다. 주민자치는 본래 근대화 이전 주민끼리 서로서로 잘 알고 지내는 작은 마을을 염두에 둔 것이다. 마을 공회에 주민들이 모여서 대소사를 논의하는 것이 본래 의미의 주민자치다. 우리 지방자치는 이런 주민자치를 하지 않고 있을뿐더러 실행하기도 힘들다. 무엇보다 현대사회는 인구 대부분이 도시에 거주하고 이동이 빈번한 탓에 '우리 마을'이라는 의식이 별로 없다. 뿐만 아니라 기초자치단체인 시·군·구는 규모가 너무 커서 주민들이 다 같이 모이는 회의를 연다는 것이 원천적으로 불가능하다.

요새는 인터넷이 발달해서 주민들이 굳이 한 장소에 모이지 않아도 인터넷을 통해 토론하고 의사결정을 할 수 있다는 주장도 가능하다. 그러나 인터넷 상에서 벌어지는 각종 토론이나 투표 행태를 보면 인터넷이 주민자치의 본래 취지를 구현하기에 그리 좋은 수단이 아님은 분명하다.

우리의 지방자치에도 부분적으로 주민자치적인 성격이 가미되어 있기는 하다. 주민투표, 주민소환, 주민소송, 주민참여예산 같은 제도들이다. 이 제도들은 도입된 지 얼마 지나지 않았고 예외적인 경우에만 적용(주민투표, 주민소환, 주민소송)되거나 소수의 주민만 참여(주민참여예산)하는 한계가 있다. 그래도 잘만 발전하면 어느 정도 주민자치의 취지를 살릴 수는 있다. 아울러 꼭 지방자치 때문은 아니겠지만 다양한 공동체 모임이 활성화된 지역들도 제법 있다. 그럼에도 불구하고 우리의 지방자치가 주민자치, 즉 풀뿌리 민주주의 기능을 제대로 못하고 있는 것은 맞다.

우리의 지방자치에 주민자치 요소를 강화하는 것은 필요하고 또 중요하다(이에 대해서는 10장에서 좀 더 논의한다). 그러나 주민자치가 오늘날의 지방자치에서 일반화되기는 어렵다는 점도 분명하다. 오늘날의 지방자치는 단체자치, 즉 주민의 대표를 통해서 수행하는 것이 중심이 될 수밖에 없다. 통상 사람들에게 지방자치가 민주주의 구현이라는 기능을 잘하는가를 물었을 때 염두에 두는 것도 단체장과 지방의원이 지역주민의 뜻을 잘 반영하는지 여부이지, 정책을 결정하는 과정에 지역주민의 참여가 얼마나 보장되는지는 아닐 것이다.

단체장과 지방의원이 지역주민의 뜻을 제대로 반영하는 것은 지방자치의 정치적 기능뿐만 아니라 경제적 기능에도 매우 중요하다. 지방자치가 공공서비스를 더 효율적으로 제공할 수 있는 가장 중요한 이유가 주민 수요를 잘 반영한다는 데 있기 때문이다.

지방자치가 효율적이지 못한 이유

많은 사람들이 단체장과 지방의원이 지역주민의 뜻을 제대로 반영하지 못한다고 여긴다면 이는 지방자치의 정치적 기능뿐만 아니라 경제적 기능도 부정적으로 보는 것이 된다. 왜 그렇게 생각하는지에 대해, 그리고 주민 선호 반영과 공공서비스 제공의 효율성의 관계에 대해 좀 더 따져보자.

첫째, 대리인은 주인 이익을 위해서만 일하지 않는다

지방자치(혹은 지방분권)가 중앙집권에 비해 효율적이라는 주장의 근거는 시장이 정부보다 효율적인 이유와 유사한 측면이 있다. 시장이 정부보다 효율적인 이유는 여러 가지가 있다. 그중 두 가지가 구매자의 선호를 시장이 더 잘 반영한다는 것과 시장에는 판매자 간에 경쟁이 존재한다는 것이다. 시장에서는 소비자 본인이 무엇을 살지 결정한다. 그러니 자신이 가장 선호하는 것을 필요한 만큼 구매한다. 또 다수의 공급자가 존재하기 때문에 자기 물건을 소비자에게 선택받기 위해 치열하게 경쟁한다.

시장보다야 덜하겠지만 앞에서 봤듯이 분명히 지방자치는 소비자(주민) 선호를 더 잘 반영하고 공급자(지방정부) 간에 경쟁을 유도하는 측면이 있다. 그렇다면 지방자치는 지역의 공공서비스 제공을 더 잘하게 해야 하는데 현실이 과연 그런가에 동의하는 사람은 많지 않다. 왜 그럴까.

시장에서 소비자는 직접 마음에 드는 재화와 서비스를 구매한다. 마음에 안 들면 안 산다. 그러니 소비자 선호가 구매에 반영되는 것이 당연하다. 공공에서는 필요한 공공서비스를 주민이 직접 구매하지 않는다. 본인 대신 결정해줄 사람, 즉 대리인을 뽑을 뿐이다. 그래서 주민이 뽑은 대리인이 주민 선호를 제대로 반영해서 구매(정책 결정)를 해야만 지방자치가 효율적으로 공공서비스를 제공한다고 말할 수 있다. 어떤 때 대리인이 자신을 뽑아준 주민의 선호를 제대로 반영할까?

대리인 문제는 본래 경영학에서 회사 주주와 전문경영인의 관계를 설명하기 위해 나왔다. 회사의 주인은 주주다. 전문경영인은 주주 대신 회사를 운영하는 대리인이다. 그런데 대리인인 전문경영인이 반드시 주인인 주주의 이익을 위해 최선을 다하리라는 보장은 없다. 이 상황에서 어떻게 하면 전문경영인이 주인을 위해 최선을 다하게 만들 것인가를 논의한 것이 '주인-대리인 이론(principal-agent theory)'이다.

대리인의 행위를 주인이 낱낱이 파악할 수 있으면 문제는 간단하다. 딴짓을 하면 해고하기로 계약만 맺으면 감히 딴짓을 하지 못할 것이기 때문이다. 대부분의 대리인 문제는 주인이 대리인의 행위를 모두 알 수 없기 때문에 발생한다. 이럴 때는 어떻게 해야 할까. 처방 중에 대표적인 것 두 가지만 소개한다. 하나는 기존 평판 등을 고려해서 괜찮은 사람, 즉 주인을 위해 열심히 일할 만한 사람을 대리인으로 선임하라는 것이다. 다른 하나는 주인을 위해 일하는 것이 대리인 본인에게도 이익이 되게 하라는 것이다. 전문경영인에게 스톡옵션을 지급하는 것은 이 때문이다. 전문경영인이 회사 주식을 소유하면 주주의 이익이 곧 자신의 이익이 되기 때문이다.

그럼 주민과 지역정치인(단체장, 지방의원)의 주인-대리인 관계를 따져보자. 먼저 주민과 지방의원의 관계. 주인인 주민들은 대리인인 지방의원이 무슨 일을 하는지 아는가? 누가 누군지도 모르는데 무슨 일을 하고 있는지 알 리 없다. 주민들은 지방의원 역할을 잘하리라고 평판이 자자한 사람을 뽑는가? 깜깜이 선거판이니 전혀 그러지 못한다. 지방의원 역할을 잘하는 것이 지방의원 본인에게 이익이 되는가? 일 잘한다고 수당을 더 주지도 않으니 제 역할을 제대로 하는 데 따르는 보상은 다음 선거에서 재선되는 것이겠다. 그러나 주민들은 지방의원이 무슨 일을 하는지 모르니 일 잘하는 것과 재선은 그다지 관련이 없다. 어디를 봐도 지방의원이 주민을 위해 열심히 일하게 만들 장치가 없다. 지방의원 본인의 도덕성이나 책임감에 호소할 뿐이다(비록 소수지만 지역주민을 위해 열심히 일하는 지방의원들도 물론 있다).

주민과 단체장 사이의 대리인 문제는 그 정도까지는 아니지만 썩 좋은 것은 아니다. 광역은 그나마 낫지만 기초에서는 단체장이 무슨 일을 하는지 모르는 경우가 많다. 지역 색이 강해서 특정 정당의 공천만 받으면 무조건 뽑히는 지역도 꽤 된다. 이런 지역에서는 단체장의 자질이나 행태가 지방의원과 크게 다르지 않다. 유일한 차이는 지방의원보다야 주민 관심이 높으니 정당에서 후보를 공천할 때 그나마 신경을 쓰기 때문에 원체 함량 미달인 인물이 제외된다는 정도일 것이다.

단체장이 하는 일에 주민의 관심이 높고 지역 색이 과하지 않은 지역은 사정이 다르다. 이런 지역에서는 단체장으로서 업적이 재선에 결정적인 요인이다. 또 초선 후보라도 평판이 웬만큼은 되어야 당선 가능성이 있고 선거 공약도 잘 만들어야 한다. 그래서 이런 지역의 단체장에게는 주민 선호를 반영하기 위해 나름 애쓸 유인이 있다.

대리인 문제는 지방정치에서만 발생하는 것은 아니다. 대통령과 국회의원의 경우도 발생한다. 그러나 대리인이 하는 일을 주인이 얼마나 알고 있으며(정보) 또 알려고 하는지(관심)에서 중앙정치와 지방정치는 비교가 안 된다. 지방정치가 중앙정치보다 더욱 문제가 많은 것은 이러한 정보와 관심의 차이에 기인한다(그렇다고 중앙정치가 잘되고 있다는 것은 전혀 아니다).

둘째, 지역에 좋은 것이 국가 전체에도 좋은 것은 아니다

앞에서 선출직 단체장 중에는 주민 선호를 반영하려고 노력하는 사람들이 제법 된다고 했다. 그렇다면 그런 단체장이 관할하는 지역만큼은 지방자치 덕에 공공서비스 제공의 효율성이 높아질까? 그럴 수도 있고 아닐 수도 있다. 효율성이 좋지 않을 수도 있는 이유는 지역주민이 원하는 사업이라도 하지 않는 것이 더 좋은 낭비성 사업이 있기 때문이다.

선거에는 포퓰리즘적인 공약, 선심성 공약들이 나오게 마련이다. 이 사람 표도 얻고 저 사람 표도 받아야 하니 전체로 보면 낭비인 사업도 공약으로 등장하고, 당선되면 실행하게 된다. 선심성 공약 남발은 모든 선거에 공통되니 지방선거만 탓할 일은 아니다. 하지만 지방선거는 지방재정의 구조 때문에 더 문제가 된다.

지방정부 재정의 가장 큰 특징은 사업비의 일부를 중앙정부가 주는 돈에 의존한다는 점이다. 그래서 자체재원만으로 사업비를 충당해야 한다면 결코 하지 않을 사업도 중앙정부가 돈을 지원해주기 때문에 하게 된다. 이런 사업은 국가 전체로 보면 편익보다 비용이 크다. 그러나 지역 입장에서 보면 지역에 돌아오는 편익이 지방정부 자체재원으로 감당해야 하는 비용보다 더 크다. 그러니 지역의 정치인이나 주민이나 한마음으로 이런 사업을 선호한다. 소위 지역 숙원사업 중에 이런 것들이 많다. 물론 지방자치가 아니라도 지역구 국회의원의 '활약'과 대통령 선거마다 등장하는 선심성 지역 공약으로 낭비성 지역 숙원사업이 실행되기는 한다. 하지만 지방자치로 이런 경향이 더욱 심해진 것은 분명하다.

지금까지의 논의를 정리하자. 지방자치로 지방정부가 주민 선호를 보다 잘 반영할 수 있다는 측면이 있다. 반면 선거에 의한 간접 자치는 대리인 문제를 발생시킨다. 때로는 지방정치가 지역에는 이익이라도 사회 전체로는 손해인 것을 관철시키기도 한다.

이제 지방자치의 장단점을 모두 고려하고, 이를 우리의 현실 지방자치에 대입해보자. 과연 우리는 지방자치를 해서 더 좋아졌는가, 더 나빠졌는가? 단정적으로 어느 한쪽을 택하기는 힘들다. 설문조사를 한다면 나빠졌다고 답하는 사람이 더 많을 것 같기는 하다. 그러나 사람들의 인식과 실제는 다르다는 점도 감안해야 한다. 이에 대한 판단은 독자들에게 맡긴다. 대신 판단에 도움이 되는 정보를 제공하겠다.

우선 지방의원과 단체장이 하는 일을 간략히 소개한다. 우리 지방자치의 핵심이 지방의원과 단체장을 선출하는 것이므로 지방자치를 평가하려면 이들이 무슨 일을 어떻게 하고 있는지를 알아야 하기 때문이다. 다음으로 지방자치를 해서 달라진 점이 무엇인가를 논의하자. 좋아졌는지 나빠졌는지를 판단하려면 일단 무엇이 달라졌는지를 알아야 하기 때문이다.

지방의회, 무슨 일을 하는가

지방의원의 임무는 국회의원의 임무와 마찬가지다. 국가냐 지방이냐가 다를 뿐 국회의원이나 지방의원이나 주요 임무는 법률(조례) 제정, 예산 심사, 행정부 감시, 세 가지다.

　조례는 지방정부의 자치법규다. 어느 한 지방정부가 먼저 만들면 다른 지방정부가 따라 해서 전국 공통으로 적용되는 듯이 보이는 것도 있지만 조례는 어디까지나 개별 지방정부 단위로 제정되고 적용된다. 대형 마트 의무휴업일 지정이 그 예다. 조례에는 법률보다 하위의 효력이 있다. 그래서 주민에게 의무를 부과하거나 권리를 제한하는 조례는 법률의 위임이 있어야만 제정할 수 있다.

　'내 집 앞 눈 치우기'라는 조례가 있다. 조례에 따라 주민들은 눈이 그친 지 몇 시간 이내에 자기 집 앞에 쌓인 눈을 치워야 한다. 서울을 비롯해 많은 지자체에서 시행하고 있다. 그런데 위반해도 처벌한다는 규정은 없으니 이를 지키는 집은 적다(많은 주민들은 이런 조례가 있는지조차 모를 것 같다).

　국회에서 법률을 만들 때도 그렇지만 지방정부에서 조례를 제정할 때도 지방의원이 먼저 나서서 하는 경우는 많지 않다. 전체 조례가 100이면 이런 경우가 10이나 될지 모르겠다. 대부분은 행정부에서 제출한다. 그런데 행정부에서 제출하는 조례는 대개 상위 법령 제정과 조문 개정에 따라 기계적으로 이루어지는 것들이다. 그러니 지방자치의 참뜻을 살리는 조례, 지역주민을 위한 조례 건수는 많지 않다.

지방자치 취지에 맞는 조례는 건수는 적어도 영향력은 무시할 수 없다. 앞서 언급한 대형 마트 영업 제한 외에도 학교급식(친환경 무상급식)조례, 학생인권조례 등을 생각해보라. 이 조례들에 대한 찬반은 갈리겠지만, 지방자치가 아니었다면 이 조례들이 만들어지지 않았을 것임은 분명하다.

1장에서도 언급했지만 이 글을 쓰고 있는 2014년 초, 정부는 대대적인 규제 철폐·완화를 추진하고 있다. 그 와중에 중앙정부가 규제를 풀어도 지자체가 규제를 옥죄어 기업이 힘들다는 기사가 실렸다. 그러자 지자체 관할 중앙부처인 안전행정부는 '지방규제 개혁추진단'을 만들어서 지방정부의 규제 철폐·완화를 독려하겠다고 나섰다.

지방정부 규제 법규에는 지방의회가 만든 조례도 있고 단체장이 만든 규칙도 있다. 이 규제들 중에는 명확하게 필요보다 부작용이 더 큰 것도 있을 것이다. 그런 규제는 없애거나 바꿔야 하는 것이 맞다. 하지만 그렇지 않은 규제는 어떡할까. 대형 마트 영업 제한은 지역 중소상인을 보호하기 위한 것이다. 이 규제가 실제로 중소상인에게 얼마나 도움이 되는지, 도움이 된다고 해도 사회 전체로 본다면 편익에 비해 비용이 더 큰 것은 아닌지 논란의 여지는 충분하다. 그러나 목적은 지역 상권을 살리고 지역주민인 중소상인을 보호하려는 것이다. 지방자치의 취지에 부합하는 규제다. 이런 규제에 중앙부처가 간섭하는 것이 과연 타당한가는 따져볼 필요가 있다.

지방의회의 두 번째 기능인 예산 심의는 행정 감시와 함께 지방의원들에게 권력을 느끼게 해준다. 행정부가 제출한 사업 예산을 삭감하는 과정에서 이를 살리려는 공무원이나 이해관계자를 상대로 한껏 위세를 부릴 수 있다. 또 재량사업비라고 해서 개별 의원이 재량껏 쓸 수 있는 쌈짓돈 예산도 주어진다. 단체장 역점 사업과 자신의 이해가 걸린 민원 사업을 맞교환하는 사례도 흔하다. 예산 결정이 정치적으로 이루어지는 건 국회나 지방의회나 별반 다르지 않다.

국회가 국정감사를 하듯 지방의회도 지방행정사무를 감사한다. 국회의원에게 국정감사는 언론을 탈 수 있는 절호의 기회이며 마음껏 장관을 질타하는 자리다. 공무원들은 감사 준비에 하반기 업무 중 상당 시간을 할애해야 한다. 지방의회 감사는 그에 비하면 훨씬 간소하다. 하지만 행정부를 질타하는 호쾌함을 만끽한다는 점은 유사하다. 하지만 감사 내용은 업무 추진비를 적정하게 집행했는지 여부처럼 행정기관의 '자잘한' 예산 낭비 적발이 다수를 차지한다.

국회와 지방의회는 중앙정부와 지방정부라는 대상만 다를 뿐 역할은 동일하다. 국회가 제 역할을 잘한다고 생각하는 사람도 많지 않겠지만 지방의회의 역할 수행에 대해선 부정적인 시각이 훨씬 많다. 여러 가지 이유가 있을 것이다. 하지만 지방의원 본인들은 억울한 면이 있다고 항변한다. 그들은 충실한 법규 제정, 예산 심의, 행정부 감시가 되지 못하는 근본 이유는 자신들을 보좌할 전문 인력이 없기 때문이라고 한다.[4]

지방의원의 주요 역할 중에 국회의원과 다른 것이 하나 있다. 주민 민원 해결이다. 지방의원에게는 지역주민이 청원서를 내면 이를 심사해서 행정기관에 의견서를 전달하도록 하는 청원처리권이 있다. 지방의원들은 이러한 공식적인 통로 이외에 다양한 비공식 통로를 통해서 주민 민원을 해결한다. 지방의원들 스스로 중요하다고 생각하는 역할은 무엇일까. 내가 직접 물어본 의원들은 민원 해결, 행정 감시, 조례 제정 순으로 답했다. 풀뿌리 민주주의라는 취지를 살린다면 민원 해결이 지방의원의 중요 업무가 되어야 할 것 같기는 하다(누구를 위한 민원인지가 걱정스럽기는 하다).

:: 지방의회의 손익계산서는?

지방의회를 부정적으로 다루는 기사를 보면 지방의회를 유지하느라 돈은 많이 쓰면서 하는 일은 별로 없음을 비판한다. 지방의회를 유지하는 데는 비용이 얼마나 들까. 지방의원의 의회 활동에 들어가는 비용에는 세 종류가 있다.

첫 번째가 의정비다. 급여에 해당하는 의정비는 월정수당과 의정활동비라는 두 가지 명목으로 구성되어 있다. 의정활동비는 광역의원은 연간 1800만 원, 기초의원은 연간 1320만 원으로 지역에 상관없이 동일하다. 월정수당은 지역마다 다르다. 2013년 기준으로 광역의원은 평균 3572만 원(3120~4450만 원)이고 기초의원은 평균 2190만 원(1500~3630만 원)이다.

대체로 부유한 지자체의 월정수당이 더 많지만 꼭 지자체의 재정력과 수당 액수가 비례하는 것은 아니다.

두 번째가 업무추진비라고 불리는 의정운영공통경비다. 의원 1인당 광역의회는 610만 원, 기초의회는 480만 원이다. 원래는 공청회, 세미나, 각종 회의·행사, 위탁교육 등 지방의회나 위원회 명의의 공적 의정 활동 경비로 사용하도록 규정되어 있다. 그러나 쌈짓돈이라는 업무추진비의 특성상 공적 의정 활동 이외의 분야에도 상당히 지출된다(어디에 쓰일지는 대충 짐작이 갈 것이다). 의장단과 상임위원장에게는 이와 별도로 상당 금액의 공식적인 업무추진비가 지급된다.

세 번째가 국외여비다. 액수는 의원 1인당 연간 200만 원이다. 선진 사례를 잘 보고 오라는 연수비 명목으로 지급된다.

지방의원에게 들어가는 비용을 모두 더하면 2013년 기준 2186억 원이었다. 지방의원이 모두 3649명(광역 761명, 기초 2888명)이니 의원 1인당 평균 6000만 원이 지급된 셈이다(평균이 그렇다는 것이고 광역·기초 여부, 지자체 재정력 등에 따라 실제 지급되는 액수는 상당히 다르다).

지방의원에게 지급되는 돈 외에도 의회를 유지하는 데는 사무직원 인건비, 청사 유지비 등 많은 비용이 들어간다. 사실 이런 비용이 의원들에게 지급되는 돈보다 많다. 약 1.5배다. 지방의원에게 지급되는 돈과 지방의회 유지에 필요한 제반 비용을 모두 더해서 의원 수로 나누면 의원 1인당 연간 1억 원이 훨씬 넘는다.

언론에서 지방의원의 행태를 비판할 때 의원공통경비를 사적 용도로 썼다는 것과 국외여비로 놀자 판 외유를 한다는 것을 든다. 원칙을 따지면 본래 목적 외로 썼으니 비판받아 마땅하다. 하지만 회식비나 사적인 용도로 업무추진비를 사용하는 것은 공무원도 마찬가지고 민간 기업에서도 드물지 않다. 모든 의원에게 무조건 200만 원씩 국외여비 예산이 배정되는데 안 쓰고 반납할 사람이 누가 있을까. 선진 사례를 배우는 등 알차게 활용하면 좋겠지만 3천 명이 넘는 의원 모두에게 매년 그렇게 하라고 요구하는 것 자체가 현실성이 없다. 업무추진비나 국외여비의 공적 목적 외 사용을 옹호하는 것은 아니다. 다만 애초에 목적대로 사용할 것이라고 기대하지도 않았으면서 비난하는 것 같아서 하는 말이다. 그럴 바에야 차라리 의원공통경비와 국외여비를 대폭 줄이고 수당을 올려서 시빗거리 자체를 만들지 않는 게 나을 수도 있다.

지방의원이 자신들에게 지급되는 돈을 공적 목적 외로 사용하는 것은 문제다. 그러나 더 큰 문제가 있다. 권한을 남용하고 오용해서 생기는 낭비와 부정이다. 사람들이 지방의회를 부정적으로 보는 것도 대개는 권한의 남용과 오용 때문이다. 지방의원 자신의 이권 사업을 위해, 혹은 친지의 청탁을 들어주기 위해 관급공사 수주나 건축건설 인·허가에 압력을 행사하는 것은 드물지 않은 일이다.

별반 하는 일은 없으면서 의정비를 받고 업무추진비를 쓰고 해외여행을 하는 정도에서 그치면 그나마 작은 낭비다(회사에서 하는 일 없는 사외이사에게 주는 월급 정도의 낭비일 것 같다). 그러나 권한의 남용과 오용이 낳는 부정과 비리는 예산 낭비뿐만 아니라 사회 정의(!)를 침식함으로써 훨씬 더 큰 사회적 비용을 치르게 한다.

이제 손익을 따져보자. 손해의 첫 번째 항목은 지방의회 유지를 위해 직접 들어가는 예산이다. 의원 1인당 1억 원이 훨씬 넘고 전체로는 약 5000억 원이 든다. 두 번째 항목은 권한의 오·남용에 따른 사회적 비용이다. 여기에는 하지 말아야 할 사업을 함으로써 생기는 금전적 낭비와 부정과 비리로 인한 사회 정의 훼손이라는 비금전적 비용이 포함된다.

이익의 첫 번째 항목은 소수라도 제 역할을 충실히 하는 지방의원들의 활약이다. 여기에는 주민에게 필요한 조례 제정, 올바른 행정 감시, 공익을 위한 민원 해결이 포함된다. 두 번째 항목은 비록 현재는 소수지만 점차 제 역할을 충실히 하는 의원들이 늘어나리라는 기대, 즉 (불확실성이 포함된) 미실현 기대이익이다.

이러한 이익과 손해를 비교 형량하면, 어느 쪽이 더 클까?

단체장의 권한

단체장은 지방행정기관의 수장이다. 그러니 지방행정기관이 하는 일이 곧 단체장이 하는 일이다. 1장에서 살펴본 지방정부가 하는 일, 즉 경제·지역 개발, 복지서비스 제공, 각종 인·허가 및 지도·단속 등 규제 업무가 모두 단체장이 하는 일이다. 지방정부가 하는 일은 이미 살폈으니 이번에는 각도를 조금 달리해서 일을 하기 위한 단체장의 권한을 따져보자.

중앙정부 정책을 수동적으로 집행하는 대행업무는 제외하고 자체 업무만 보더라도 단체장은 지역주민 생활에 큰 영향을 끼친다. 주민생활에 직접 미치는 영향을 놓고 본다면 광역단체장보다 기초단체장의 권한이 더 세다. 주차 단속, 음식점 위생검사 같은 생활밀착형 지도·

단속 권한부터 아파트 신축이나 공원 조성 등 건설건축 관련 인·허가 권까지 매우 많다. 특히 시장과 군수는 지역개발 권한도 상당 부분 갖고 있다. 인구가 50만 명이 넘는 시의 단체장은 직접 도시관리계획을 결정해서 권한이 더욱 크다. 기초자치단체에서는 기초의회나 지역 언론 등 견제 장치가 미흡해서 단체장의 실제 권한은 더욱 세다. 게다가 행정 내부적으로 예산권과 인사권을 장악하고 있어서 자신의 권한을 마음껏 휘두를 수 있다. 기초자치단체의 예산은 적게는 1000억 원에서 많게는 2조 원이 넘는다. 이 중에는 법정의무사업비 등 경직성 경비가 훨씬 많지만 단체장이 재량으로 수행할 수 있는 사업비도 꽤 된다.

기초단체장이 막강한 권한을 행사하는 버팀목으로는 예산권보다 인사권이 더욱 중요하다. 단체장은 적게는 5백 명에서 많게는 2천 명이 넘는 공무원의 인사권을 행사한다. 한 번 당선되면 4년간 인사권을 갖는다. 재선이면 8년간, 3선이면 12년간 인사권을 갖는다. 소속 공무원 입장에서는 단체장에게 절대 충성을 하지 않을 수가 없다. 흔히 기초자치단체장을 '소통령'이라고 부른다. 하지만 이건 기초자치단체장을 무시하는 칭호다. 기초자치단체장이 지역에서 누리는 권한을 제대로 평가하자면 '소황제'라고 부르는 게 더 적합하다. 3부에서 보듯이 기초단체장들이 무리한 개발사업과 어처구니없는 낭비 사업을 그토록 많이 벌이는 데는 견제 없는 막강한 권한 탓이 크다. 견제 없는 권한은 낭비뿐만 아니라 비리도 부르기 마련이다.

자연과학도 비슷하겠지만 사회과학 연구의 핵심은 인과관계를 규명하는 것이다. 풀어서 말하면 어떤 현상이 발생했을 때 왜 그런 현상이 나타났는지를 밝히는 것이다. 인과관계를 알아야 그 현상을 제대로 이해할 수 있고 문제에 대한 해결책도 찾을 수 있다.

사회과학에서 인과관계를 규명하는 일은 자연과학보다 어렵다. 사회현상은 복잡하게 얽혀 있어서 원인과 결과를 뚝 부러지게 구분하기 힘들기 때문이다. 많은 사회문제에 대한 명쾌한 처방을 얻기 힘든 것도 얽히고설킨 인과관계 탓이 크다.

사회과학에서 인과관계를 따지는 기본은 반사실(反事實) 추론이다. 원인에 해당하는 사실이 없었더라면 현재와 어떻게 달라졌을까를 따져보는 것이다. 지방자치가 되어 무엇이 좋아졌는지를 제대로 이해하려면 만일 지방자치가 안 되었다면 지금과 어떻게 다를까를 따져봐야 한다.

친한 구청 공무원에게 지방자치가 되어 달라진 게 뭐냐고 물었다. 구청 공무원들이 친절해졌다고 한다. 예전에는 공무원들이 주민들에게 고압적이었지만 지금은 상상도 못할 일이라고 한다. 확실히 구청이나 동주민센터에 가보면 과거보다 친절하다. 하지만 이게 꼭 지방자치 때문일까. 민간 기업도 예전에 비할 바 없이 서비스가 좋아졌다. 나는 자동차에 문제가 생겨 보험회사에 전화할 때면 어찌나 친절하고, 또 신속하게 달려오는지 늘 감탄한다. 공공부문도 마찬가지다. 중앙정부 부처에 전화해보면 그들 역시 친절하게 응답한다. 국세청마저도 응

답은 친절하다. 80년대 파출소와 지금의 파출소(지구대)를 비교해봐도 너무나 달라졌다. 지방자치와 별 상관없는 중앙부처나 경찰도 과거보다 친절해진 것을 보면, 지자체 공무원이 과거보다 친절한 것이 온전히 지방자치 덕분이라고 말하기는 힘들 것이다. 전반적인 서비스 의식의 향상이나 인터넷의 발달, 행정관리기법 변화 등의 영향도 제법 클 것이다.

그렇다고 해서 지방자치를 해서 달라진 점을 따지려면 하나하나 반사실적 추론을 거쳐야 한다고 주장하려는 것은 아니다. 다만 사회현상의 인과관계 판단은 쉽지 않아서 지방자치 때문이라고 생각한 것이 사실은 아닐 수도 있으니 주의하자는 것뿐이다.

지방자치가 되어 달라진 게 뭔지를 여러 명의 시청 공무원에게도 물었다. 전보다 시민 지향적으로 변했다는 답변을 들었다. 앞서 구청 공무원이 말한 친절해졌다는 답변과 비슷하다. 아무래도 선출직 단체장이 직원들에게 시민 지향적인 행정을 요구할 것 같기는 하다. 하지만 시민 지향성은 2000년대 이후 행정의 핵심 운영원리로서 중앙부처에서도 마찬가지로 강조한다는 것을 고려하자.

보다 적극적으로 정책을 개발하고 추진하게 되었다는 답변도 있었다. 단체장이 임명직일 때는 재임기간이 짧고 언제 바뀔지 몰라 새롭게 시도할 생각도 하지 않았으나, 선출직이 되고부터 재임기간 동안 안정적으로 자신의 구상을 밀고 나갈 수 있어서 적극적으로 정책을 개발하고 추진하게 되었다는 얘기다.[5]

지방자치로 보다 적극적인 정책 개발과 추진이 가능하게 되었다는 것은 수긍할 수 있다. 이것이 지방자치에 따른 가장 큰 변화일 것이다. 서울을 예로 들어보자. 청계천을 복원해서 시내 중심부에 개천이 흐르게 된 것은 지방자치가 아니었으면 어림없었을 것이다. 대중교통 체계 개편(버스 전용 중앙차선, 대중교통 환승체계 등)이나 간판 정비사업도 지방자치가 아니었으면 요원했을 것이다.

적극적인 행정은 양면성을 지닌다. 무사안일하게 선례만 답습하는 행정보다야 의욕적으로 새로운 정책을 개발하고 일을 추진하는 쪽이 훨씬 낫다. 그러나 의욕이 지나치면 과욕이 된다. 서울만 해도 청계천 복원, 대중교통 체계 개편 등은 호평을 받았지만 경인 아라뱃길, 한강 르네상스, 용산 개발사업 등은 전혀 성공적이지 못했으며 많은 예산만 낭비한 꼴이 됐다. 서울 사례는 추진 과정에서 다소 무리한 점이 있었고 재정에 어느 정도 부담을 주었지만 이 정도는 약과다. 6장과 7장에서 다룰 지방재정을 위기에 빠뜨린 낭비 사업들은 단체장의 과욕이 어떤 결과를 낳았는지 적나라하게 보여준다. 지방자치가 아니었다면 대부분 발생하지 않았을 결과들이다.

국가만큼 지방자치도 중요해진 시대가 왔다

이제 마무리할 차례다. 이번 장의 제목은 '지방자치는 왜 하나'이다. 이에 답하기 위해 지방자치의 순기능과 역기능, 지방의회와 단체장의 역할, 지방자치 이후 달라진 점 등을 살펴봤다. 충분하지는 않지만 어느 정도 답은 되었을 것 같다. 그런데 지방자치의 필요성은 인정한다고 해도 '지방자치를 해서 좋아진 게 뭐냐'에 대한 답이 되지는 못한다.

앞의 얘기들을 정리하면 지방행정의 수준을 결정짓는 지방자치의 특성은 다음과 같다. 득표를 위한 공약(A), 강화된 지역이기주의(B), 단체장의 넘치는 의욕과 막강한 권한(C), 젯밥에 더 신경 쓰는 지방의회(D). 여기에 추가할 것이 한 가지 더 있다. 지방 정치인과 '친밀한' 지역 유지(E)다(이에 대해서는 10장에서 설명한다). 이러한 다섯 가지 특성이 결합된 결과는? f(A, B, C, D, E)=? 이에 대한 답, 즉 지방자치를 해서 더 좋아졌는가 나빠졌는가에 대한 판단은 독자들에게 맡긴다.

대신 이것만은 분명히 하자. 지방자치는 필요하다는 점이다. 이제 와서 폐지할 수 없다는 현실적 측면이나 민주주의 구현이라는 규범적 측면에서 하는 말은 아니다. 국민 생활을 더 낫게 할 수 있다는 기능적 측면에서 하는 말이다.

현대사회의 특징을 말할 때 세계화, 정보화와 함께 지방화(분권화)가 포함되는 것을 듣거나 본 기억이 있을 것이다. 10년 전쯤에 많이 회자되었다. 세계화(globalization)와 지방화(localization)를 합친 글로칼리제이션(glocalization)이라는 합성어도 나왔다.

지방화에 대한 강조는 대략 20세기 후반부터였다. 세계적인 석학이나 저명한 미래학자, 이를테면 다니엘 벨이나 앨빈 토플러 같은 사람들이 이구동성으로 지방화를 강조했다. "국가는 삶의 큰 문제를 다루기에는 너무 작고 작은 문제를 다루기에는 너무 크다." 다니엘 벨의 말은 중앙집권적 국가 기능의 쇠퇴와 지방화의 도래를 상징하는 문구로 인용되기도 했다.

서구 역사를 보면 근대 국민국가가 형성되고 20세기 중반까지 산업화 시대가 도래함에 따라 복지국가가 발전되어온 과정은 모두 중앙집권적 국가 기능의 확대를 가져왔다. 그러나 20세기 후반 이후 탈산업사회와 복지국가의 변화가 시작되면서 중앙집권적 국가 기능의 비효율성이 부각되었다(8장 논의 참조). 이에 따라 시장화와 더불어 지방화(분권화)가 강조된 것이다.

지방화 주창자들이 강조한 만큼이나 국가(중앙정부)의 기능이 쇠퇴한 것은 아니다. 국가는 여전히 중요하다. 하지만 지방의 중요성이 커진 것도 사실이다. 이에 따라 20세기 후반부터 선진국들은 국가운영의 효율화를 위한 지방화(분권화)를 추진했다.

우리도 20세기 후반에 지방자치를 재개하였으니 시대 조류에 부응한 셈이기는 하다. 선진국에서는 국가운영을 효율화하기 위해서 추진했다면, 우리는 민주화를 위해서 했다는 점이 다르다. 이 차이는 중요하다. 지방자치를 국가 운영의 효율성과 연결하여 바라보지 못했기 때문에 우리의 지방자치가 그토록 비효율과 낭비를 양산한 것인지도 모르기 때문이다.

이제는 지방자치를 효율성 관점에서 따지고 개선안을 논의할 때도 된 것 같다. 효율성을 높인다고 민주성이 훼손되는 것은 아니다. 오히려 우리 지방자치의 현실을 보면 효율성과 민주성은 함께 갈 가능성이 훨씬 높다. 이제는 우리도 국민 생활을 더 윤택하게 하는 지방자치를 가져야 하지 않겠는가.

* * *

내가 지방자치도 효율성 측면에서 따져보자고 쓴 것을 보고 동료

교수 한 명이 우려를 표명했다. 자칫 취지가 오해될 수 있다는 걱정이 었다. 통상 효율성은 영어의 efficiency를 번역한 것으로 '투입 대비 산출'로 정의한다. 하지만 내가 이 책에서 사용하는 효율성은 다른 의미다. 나는 투입 대비 산출로 정의되는 efficiency는 능률성으로 번역한다. 그리고 효율성은 '효과성+능률성'이라는 의미로 사용한다. 효과성은 목표의 달성 정도를 의미하며 영어로는 effectiveness에 해당한다. 따라서 내가 사용하는 효율성은 '비용 대비 목표 달성도'를 의미한다. 즉 목표를 달성하되 가능한 한 비용을 적게 들일수록 효율성이 높은 것이 된다. 따라서 지방자치의 효율성이 높으려면 주민의 수요와 욕구를 잘 반영하는 공공서비스를 제공(목표)하면서 예산을 낭비하지 않아야 한다.

2부

지방재정,
무엇으로 움직이는가

3장

적게 걷고
많이 쓴다

:

지방세의 체계와 규모

정부가 국민에게서 돈을 걷고 그 돈으로 지출을 하는 것, 정부의 경제활동이 재정(public finance)이다. 재정의 가장 기본은 한정된 재원을 '대한민국 전체의 행복 극대화'라는 기준으로 배분할 때 정부가 할 것인가 민간이 할 것인가, 정부가 한다면 중앙이 할 것인가 지방이 할 것인가 하는 몫을 정하는 일이다. 2013년 기준 우리나라 GDP(국내총생산)는 약 1400조 원이고, 그중 약 30%가 정부 몫이었다. GDP 중에서 정부가 차지하는 몫이 30%라는 것은 다른 OECD 국가들에 비하면 상당히 작은 편이며, 그 이유가 복지지출 수준이 낮기 때문이라는 것은 이제 제법 알려졌다. 그렇다면 정부 몫 중에서 중앙과 지방의 몫은 어떨까? 얼핏 생각하면 중앙이 훨씬 많을 것 같다. 특히 우리나라는 다른 국가들보다 중앙의 몫이 훨씬 더 많을 것 같다.

전체 재정에서 중앙과 지방의 몫을 구분하는 것은 생각보다 복잡하다. 무엇을 기준으로 하는가에 따라 달라진다. 조세수입을 기준으로 삼으면 중앙과 지방의 몫, 즉 국세와 지방세 비율은 8 대 2 정도다. 그러나 지출을 기준으로 삼으면 전혀 다른 양상이 나타난다. 전체 지출 중 중앙과 지방의 비율은 4 대 6으로 역전된다. 지방의 몫이 이토록 많다는 데 놀랐을 것이다. 그런데 주의할 게 있다. 1장에서 다뤘듯이 지방정부 사업에는 두 가지 유형이 있다. 하나는 지방정부가 자체적으로 수행하는 사업이고 또 하나는 중앙정부가 만든 사업의 집행만 대행하는 사업이다. 지출을 형식이 아니라 내용, 즉 실제 누가 만들고 주도하는가에 의해 구분하면 대행사업은 중앙정부 몫에 포함하는 게 더 맞다. 지방정부 전체 사업비 중에서 자체사업비와 대행사업비 비율은 45 대 55다. 그러니 지출 '내용'으로 중앙과 지방의 몫을 구분하면 대략 7 대 3 정도가 된다.[1]

이처럼 다양한 중앙 대 지방 몫에 지방재정의 모든 특성 혹은 문제점이 담겨 있다. 왜 지출은 지방정부가 더 많이 하는데 조세수입은 중앙정부가 훨씬 많을까? 지방자치를 한다면서 어째서 대행사업 규모가 자체사업 규모보다 더 클까? 이 두 가지 질문이 바로 자치단체장들이 가장 불만스러워하는 것이고 지방자치 관련 학자들이 늘 성토하는 이슈다.

이 책의 중반부 내용은 이 두 질문에 대한 대답으로 채워져 있다. 이 두 이슈에 제대로 대처하는 것, 즉 수입과 지출의 중앙 대 지방 몫 정하기와 지방정부의 자체사업과 대행사업 규모 정하기를 잘하는 것은 제대로 된 지방자치를 위해서 몹시 중요하다. 물론 대한민국 전체의 행복을 극대화하는 좋은 재정을 위해서도 필수다.

지방정부, 걷는 건 적지만 쓰는 건 많다

'2할 자치'라는 말이 있다. 자치단체장들이 자조적으로 쓰는 표현이다. 2할은 앞에서 봤듯이 국세와 지방세를 합친 전체 조세수입에서 지방세가 차지하는 비중을 의미한다. 자치가 제대로 되려면 재정의 독립이 중요한데 지방세 비중이 조세수입의 2할뿐이니 자치도 2할만 이루어지고 있다는 얘기다.[2]

　　이 말은 논리적으로 따지면 잘못된 주장이다. '재정의 독립'이라는 말은 자치단체가 지출하는 돈은 자치단체가 자체수입으로 충당한다는 뜻이다. 즉 중앙정부로부터 받는 의존재원이 없다는 말이다. 그러니 전체 조세수입 중 지방세 비중으로 따져서는 안 된다. 이 비중은 재정 독립 수준을 보여주지 못한다. 이 주장대로라면 100% 제대로 된 자치가 되기 위해서는 대한민국 조세수입을 몽땅 지방정부가 가져야하고 중앙정부는 한 푼도 가지면 안 되기 때문이다. 재정의 독립을 따지려면 지방정부의 총지출 중에서 얼마를 자체수입으로 충당하는가를 따져야 맞다.

　　'2할 자치'라는 말이 논리적으로는 문제가 있지만 감성을 자극하는 데는 그만이다. 이 표현을 접하면 지방정부는 자체수입이 매우 적고, 그래서 자치가 제대로 안 되고, 그러니 자체수입을 늘려야 한다는 생각이 절로 든다.

　지방정부 자체수입을 늘려야 한다는 데는 단체장뿐만 아니라 지방자치 관련 학자 대다수가 동의하고 있다. 나 역시 동의한다. 하지만 한 가지 분명히 해야 할 것이 있다. 우리뿐만 아니라 모든 국가에서 지방정부 지출 규모는 자체재원 규모보다 크며, 그래서 지방정부 재정의 일부는 중앙정부 지원에 의존하고 있다는 점이다.

　정부 재원은 정부가 수익 사업을 해서 벌어들이는 것이 아니다. 국민들로부터 필요한 만큼 걷는 것이다. 자신들이 내는 세금이 중앙정부로 귀속되든 지방정부로 귀속되든 국민 입장에서는 마찬가지다. 그렇다면 처음부터 중앙과 지방이 각각 쓸 만큼 재원을 걷으면 간단할 텐데, 왜 굳이 중앙이 더 많이 걷은 다음에 지방에 지원할까?

　통상 두 가지 이유를 들고 있다. 하나는 중앙정부가 지방정부에 일을 맡겨야 하기 때문이다. 1장에서 봤듯 지방정부 업무에는 자체사무 외에 중앙정부 것을 대신 하는 대행사무도 많다. 특히 복지 분야는 대행사업 규모가 자체사업 규모보다 월등히 크다. 사업을 위탁하려면 사업비도 줘야 하는 게 원칙이다. 물론 대행사업 비용을 주는 대신 그만큼 지방정부의 자체수입을 늘려줘도 된다. 하지만 자체수입이 충분하니 그걸로 비용을 충당하라면서 중앙정부 사업을 떠맡길 때와 사업비를 주면서 떠맡길 때를 비교하면 어느 경우에 지방정부의 수용성이 높겠는가? 부모가 재산을 움켜쥐고서 때때로 자식에게 돈을 주는 집과 애초에 재산을 자식에게 넘겨준 집을 비교해보라. 어느 집 자식이 더 부모 말을 잘 듣겠는가? 개인이든 조직이든 돈을 갖고 있어야 말발이 먹히는 법이다.

업무 대행뿐 아니다. 때로는 지방정부 자체업무에 대해서도 무엇을 어떻게 하라고 중앙정부 입장에서 부탁 혹은 권장해야 할 경우가 있다. 농촌 지역에 노인복지관 수요가 있다. 시설을 제대로 갖춘 복지관을 만들려면 일정 규모는 넘어야 한다. 이 규모면 서너 개 기초자치단체가 공동으로 이용할 수 있다. 어느 한 기초자치단체가 지으면 인근 기초자치단체들의 수요도 덩달아 충족되는 상황이다. 즉 복지관 건립에 외부경제가 존재하는 셈이다. 그런데 복지관이 위치할 기초자치단체에서 비용을 전액 부담해야 한다면 서로 눈치만 볼 뿐 어느 기초자치단체에서도 흔쾌히 나서서 복지관을 지으려 하지 않을 것이다. 그래서 복지관 건립을 권장하기 위해 중앙정부에서 비용을 지원하는 것이다. 이때 중앙정부에서 지원해야 하는 재정 규모는 창출되는 외부경제 크기만큼이어야 한다고 경제이론에서는 말한다. 하지만 외부경제 크기를 측정하는 것도 어려울뿐더러 이런 결정에는 경제적 합리성보다 정치적 협상력이 중요하게 작용하기 마련이다.

중앙정부가 재정을 지원하는 또 하나의 이유는 지역 간 격차를 시정하기 위해서다. 각 지역의 경제력은 동일하지 않다. 그래서 같은 비율로 세금을 걷어도 잘사는 지역은 가난한 지역보다 세수가 더 많이 걷힌다. 각 지역의 자체수입만으로 지출을 충당하게 되면 잘사는 지역은 가난한 지역보다 더 많은 공공서비스를 제공할 수 있다. 한 나라 안에서 지역 간 경제력 격차에 따라 제공되는 공공서비스 격차가 '조금'이면 몰라도 '많이' 발생하면 문제가 된다. 이를 막으려면? 세금의 일부는 지방정부별로 걷되 일부는 중앙정부가 국세로 걷어서 지역별로 배분하면 된다. 이때 자체수입이 적은 곳에 더 많이 배분해서 자체재원 격차를 시정할 수 있다.

이 두 가지 이유는 나름대로 타당하다. 그래서 모든 나라에서 지방재정의 일부를 중앙정부가 보조한다. 지방정부 자체수입 확충을 주장하는 사람들도 지방정부 지출을 100% 지방정부 자체재원으로 충당해야 한다고 요구하지는 않는다. 다만 지금은 너무 적으니 지금보다는 자체수입을 늘려야 한다고 주장한다.

우리나라 지방정부의 자체수입 규모는 얼마나 작을까? 우리나라의 전체 조세 중 지방세가 차지하는 비중은 대략 20%라고 했다. 정확히는 21.4%다. 이게 얼마나 작은 것인지 판단하기 위해 다른 OECD 국가들과 비교해보자. OECD 회원국마다 편차가 심하다. 미국은 47.5%다. 반면에 영국은 6.0%다. OECD 평균은 20.6%로 우리와 비슷하다(2011년 기준).[3] 뜻밖에도 우리나라의 지방세 비중이 형편없이 낮은 것은 아니다. 그런데 전체 조세 중 지방세 비중, 즉 수입 규모만으로는 지방정부의 재정여건을 제대로 파악하기 어렵다. 버는 돈이 적지만 쓸 데도 별로 없다면 사는 게 여유롭다. 버는 돈이 제법 되더라도 쓸 데가 워낙 많다면 살림이 팍팍하다. 재정 여건은 지출 대비 수입으로 따져야 한다.

정부 총지출 중에서 중앙 대 지방의 지출 비중을 보자. 2013년도 우리나라의 중앙정부, 지방정부, 교육청의 재정지출액은 각각 153조 원, 151조 원, 55조 원이다. 교육청도 지방정부에 해당하니 이를 포함해서 중앙 대 지방의 지출액 비율을 보면 대략 4 대 6이다. 중앙과 지방을 합친 전체 정부 지출 중에서 지방정부 지출이 차지하는 비중은 우리나라가 OECD 국가 평균에 비해 제법 크다. 지출은 평균보다 상

당히 큰데 자체수입은 평균 정도다.[4] 그래서 지방정부 지출 대비 자체
재원 비중은 다른 OECD 국가들에 비해 낮은 편이다. 이런 면에서 본
다면 자체수입을 늘려야 한다는 주장이 타당해 보이기도 한다.

주의할 게 있다. '평균'의 의미를 오해해서는 안 된다는 점이다.
평균은 말 그대로 다양한 개별 값들의 평균일 뿐이다. 앞에서 전체 조
세 중 지방세 비중이 미국은 47.5%고 영국은 6.0%, OECD 평균은
20.6%라고 했다. 그렇다면 미국은 대폭 줄이고 영국은 왕창 늘려서
평균인 20.6%에 맞춰야 할까. 각 국가의 제도는 개별 국가의 고유한
환경과 전통 속에서 나름 형성된 것이다. 그 맥락 속에서 적정성을 따
져야 한다.

지방세는 어떻게 이루어져 있는가

어느 샐러리맨의 지방세 일기

나는 40세 직장인이다. 얼마 전 준중형차를 구입했다. 차 가격은 1800만
원이다. 이것만 내면 되는 게 아니었다. 자동차라는 재산을 취득했고, 이
를 등록해야 한다. 차 값의 2%를 취득세, 5%를 등록세로 해서 115만 원
을 냈다. 이뿐 아니다. 지역개발공채와 지하철공채도 사야 한다. 지역개
발공채는 자동차가 다니는 도로 건설비용을 마련하기 위한 것이라니 수
긍할 수 있다. 그런데 지하철공채는 왜 사야 하는지 잘 모르겠다. 지하철
을 많이 타면 도로가 한산해져 운전하기 편해지기 때문이라 생각하자.
어쨌든 남들 하듯 공채할인으로 되팔아서 22만 원을 추가로 냈다.

새 차 구입 기념으로 주말 드라이브를 나갔다. 멀리 가면 막히니 가까운 과천 경마장으로 향했다. 경마를 즐기려면 돈을 걸어야 하는 법. 마권 만 원어치를 샀다. 이 중 10%가 레저세라고 한다.

요즘 가장 큰 고민은 '집'이다. 어느덧 마흔 줄에 들어섰으니 안정된 생활을 해야 할 때인 것 같다. 전세 생활을 청산하고 대출을 받아 내 집을 마련하기로 했다. 여기저기 알아본 후 5억짜리 아파트를 계약했다. 차를 사도 취득과 등록 세금을 내는데 하물며 집 살 때 내는 건 당연지사다. 얼마나 될까. 위택스(www.wetax.go.kr)에 들어가면 알려준다고 한다. 다행히 6억 원 이하라 취득세는 1%인 500만 원이다.[5] 등록세는 0.2%이니 100만 원, 도합 600만 원을 냈다. 집 살 때 내는 세금은 이뿐만이 아니다. 지방교육세도 내야 한다. 취득세의 10%, 등록세의 20%를 지방교육세로 내야 하니 70만 원이 추가되었다. 내 자식 교육을 위한 것이라니 기꺼이 감수하자.[6]

집을 사고 나니 내야 할 세금이 계속 늘어난다. 재산을 소유했으니 그에 대한 세금을 내야 한다. 재산세는 주택 가격에 따라 세율이 다르다. 5억 원인 내 아파트에 붙는 재산세는 57만 원이다. 이번에도 어김없이 57만 원의 20%인 11만 4000원이 지방교육세로 추가된다. 우리 애 교육이 정말 잘되었으면 좋겠다.

집에 오니 주민세 만 원을 내라는 고지서가 와 있다. 분명히 급여명세서에서 주민세 낸 것을 확인했는데 왜 또 왔나? 행정 착오인가 싶어 인터넷을 검색해봤더니 주민세에는 두 종류가 있단다. 급여명세서에 적힌 것은 소득세에 10%가 부가되는 것이고, 집에 온 것은 1인당 만 원씩 정액으로 내는 것이라고 한다.[7]

2부 지방재정, 무엇으로 움직이는가

내야 할 세금을 생각하니 담배 생각이 난다. 담배는 원가는 얼마 안 되는데 각종 세금과 부담금 때문에 비싸다고 들었다. 담배 한 갑 피우면 지방세는 얼마나 낼까? 검색해보자. 담배소비세가 641원 붙는구나. 어김없이 따라붙는 지방교육세는 321원이다.

차 사고 집 사고 게다가 경마도 즐기는 애연가니 나처럼 지역 발전을 위해 돈 많이 내는 사람도 흔치 않을 것 같다. 내친 김에 내가 내는 지방세에는 또 뭐가 있는지 알아보자. 1년간 낸 소득세가 120만 원 정도인데 그중의 10%는 지방 몫이니 12만 원을 지방소득세로 냈다. 부가가치세도 5%는 지방 몫이라고 한다. 부가가치세를 얼마 냈는지는 모르겠지만 보통 소득세의 두 배쯤 낸다고 하니 지방소비세도 12만 원가량 냈을 것 같다.

우리가 내는 지방세가 많은 걸까 적은 걸까? 아니, 국세든 지방세든 내가 내는 세금이 많은 걸까 적은 걸까? 이것저것 따져보니 많은 것 같은데 또 다른 나라에 비하면 적은 편이라고도 한다. 잘 모르겠다. 어쨌든 내가 낸 세금이 값지게 쓰이면 좋겠다.

정부 재정수입의 기본은 조세다. 그런데 지방정부 전체 예산에서 지방세가 차지하는 비중이 34%(2013년 본예산)에 불과하다. 국가(중앙정부)예산에서는 국세수입이 85%를 차지하는 것과 대조적이다. 지방세 이외의 자체수입, 즉 세외수입은 21%다. 의존재원(중앙정부가 주는 보조금+지방교부세)이 40%를 넘는다. 과연 의존재원 비중이 높고 조세 비중은 낮다.

세외수입은 지방세 이외 모든 자체수입을 통틀어 부르는 말이다. 동주민센터에서 주민등록등본을 뗄 때 내는 수수료, 쓰레기 처리요금

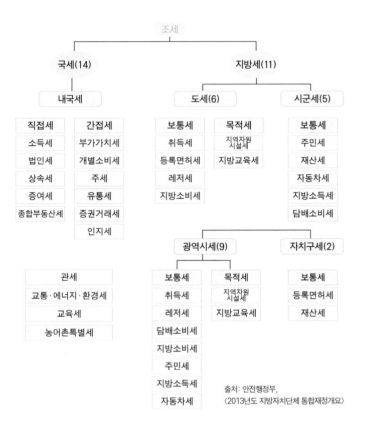

국세와 지방세 구조

조세

국세(14) | 지방세(11)

내국세

직접세	간접세
소득세	부가가치세
법인세	개별소비세
상속세	주세
증여세	유통세
종합부동산세	증권거래세
	인지세

관세
교통·에너지·환경세
교육세
농어촌특별세

도세(6) | 시군세(5)

보통세	목적세
취득세	지역자원시설세
등록면허세	지방교육세
레저세	
지방소비세	

보통세
주민세
재산세
자동차세
지방소득세
담배소비세

광역시세(9) | 자치구세(2)

보통세	목적세
취득세	지역자원시설세
레저세	지방교육세
담배소비세	
지방소비세	
주민세	
지방소득세	
자동차세	

보통세
등록면허세
재산세

출처: 안전행정부,
〈2013년도 지방자치단체 통합재정개요〉

(쓰레기봉투 값), 지자체가 운영하는 공공시설 입장료, 공영주차장 이용료나 불법 주차 과태료 등이 모두 여기에 해당된다. 주민이 직접 내는 돈 외에 예산을 은행에 예치했을 때 생기는 이자수입, 공유재산을 매각해서 생기는 대금도 포함된다. 지방정부 자체수입 중 지방세와 세외수입 비중은 6 대 4다. 자체수입에서 세외수입 비중이 높다는 것도 중

2부 지방재정, 무엇으로 움직이는가

앙정부 재정과 구분되는 지방정부 재정의 특징이다. 지방정부 세외수입 비중이 높은 것은 지방정부가 제공하는 서비스는 성격상 사용료를 받는 게 용이하기 때문이기도 하고, 워낙 지방세 비중이 낮아서 상대적으로 세외수입 비중이 높아진 때문이기도 하다.[8]

지방채는 적자를 메우기 위해 발행하는 빚이다. 그러나 지방정부 마음대로 발행하지 못한다. 중앙정부가 정한 지역별 한도액이 있다. 그 규모 안에서는 지방의회 의결을 거쳐 발행할 수 있지만, 그 이상 빚을 지려면 중앙정부의 사전 승인을 받아야 한다. 인건비나 소모성 경상지출을 충당하기 위한 지방채 발행도 금지되어 있다.

의존재원 중에서 보조금은 용도가 지정된 재원이고, 지방교부세는 용도 지정 없이 지방정부 마음대로 사용할 수 있는 재원이다. 중앙정부가 대행사업비를 지원하는 것은 보조금이고, 지방정부의 재정력 격차를 줄이기 위한 지원금은 지방교부세다. 의존재원에 대해서는 4장에서 상세히 다루니 여기서는 자체재원에 집중하자.

지방세에는 총 11가지가 있다. 이를 광역과 기초가 나눠서 걷는데, 광역시와 도의 배분이 다소 다르다. 광역시와 자치구 간에는 광역시가 9종, 자치구가 2종을 갖는다. 하지만 도와 시·군 간에는 도가 6종, 시·군이 5종을 갖는다. 1장에서 봤듯이 광역에서는 광역시가 도에 비해, 기초에서는 시·군이 자치구에 비해 하는 일이 많기 때문에 더 많이 가져간다.

보통세는 지방정부의 일반재원으로 사용되는 세금이고 목적세는 특정 용도로만 사용할 수 있는 세금이다. 예를 들어 목적세 중에서 '지역자원시설세'는 수질 개선이나 소방·오물처리 등에 필요한 경비를

지방예산 세입재원별 구성

(2013년도 본예산 기준, 출처: 안전행정부, 〈2013년 지방자치단체 통합재정개요〉)

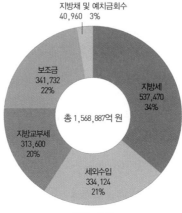

지방채 및 예치금회수
40,960 3%

보조금
341,732
22%

지방세
537,470
34%

총 1,568,887억 원

지방교부세
313,600
20%

세외수입
334,124
21%

(단위: 억 원)

2013년 기준 지방정부 총수입 중 지방세와 세외수입 등 자체재원은 총수입의 60%다. 나머지는 중앙정부에서 주는 교부세와 보조금이다. 또 지방정부 총 수입 중에서 지방세와 세외수입의 비중은 6대 4다. 중앙정부는 총예산의 85% 를 국세가 차지하는 것과 대조적이다.

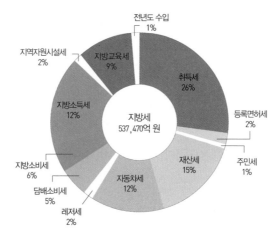

전년도 수입
1%

지역자원시설세
2%

지방교육세
9%

취득세
26%

지방소득세
12%

지방세
537,470억 원

등록면허세
2%

재산세
15%

주민세
1%

지방소비세
6%

담배소비세
5%

자동차세
12%

레저세
2%

지방세 중에서 세수 규모가 가장 큰 것은 취득세, 재산세, 지방소득세, 자동차세 순이다. 취득세와 재산세는 부동산에 매기는 세금이다.

충당하기 위한 세금이다. 목적에 맞게 발전용수, 지하수 등의 자원이나 소방·오물처리 시설 등으로 혜택을 받는 자의 부동산과 선박이 과세 대상이다. 마찬가지로 지방교육세는 지방 교육재정을 충당하기 위한 목적으로 걷는 세금이다. 취득세, 재산세, 담배소비세 등 다른 지방세에 일정 비율을 부가해서 걷는다. 지방소득세는 국세인 소득세와 법인세에 일정 비율을 부가해서 걷는 것이고, 지방소비세는 국세인 부가가치세 중 일부를 떼어 지방 몫으로 배정한다. 11개 지방세 중 세수 규모가 큰 것은 취득세, 지방소득세, 재산세, 자동차세다. 2013년 기준으로 지방 세수 54조 원 중에서 70%를 이 네 가지 지방세가 차지하고 있다.

취득세와 재산세는 둘 다 부동산에 매기는 세금이다. 취득세는 부동산을 구입했기 때문에 내는 세금, 재산세는 부동산을 보유하고 있기 때문에 내는 세금이다. 원인 행위는 다르지만 과세 대상이 부동산인 점이 같다. 이러한 부동산 관련 과세는 전체 지방세수의 약 45%를 차지한다. 국세 중에서는 소득세, 법인세, 부가가치세 등 소득·소비 관련 세금이 높은 비중을 차지하는 것과 대비된다.

부동산 관련세는 경기 여건에 민감하다. 부동산 가격과 거래량은 소득·소비보다 경기 변화에 따라 반응 속도가 빠르고, 등락 폭이 크기 때문이다. 확 뛰어오를 수도 있지만 폭락하기도 쉽다. 이 때문에 2008년 말 세계 금융위기로 부동산 경기가 침체되었을 때 지방정부 재정은 큰 타격을 받았다. 아직도 부동산 경기가 예전만큼 호황은 아니라서 여전히 어려움을 겪고 있다.

부동산 관련세는 대부분의 국가에서 지방세다. 부동산 가격이 결정되는 데 지역 공공재의 역할이 크다고 여기기 때문이다. 지역이 살기 좋아야 집값이 비싸지는데, 살기 좋은 지역을 만드는 데 지역 공공재의 역할이 크다고 보는 것이다. 그러니까 지역 공공재를 공급받는 대가를 부동산 관련세로 내는 셈이다. 하지만 우리나라의 경우는 상황이 다르다. 수도권의 부동산 가격이 다른 지역보다 높은 것이 서울시와 경기도가 다른 지역보다 일을 잘해서는 아니다. 서울 강남 지역의 부동산 가격이 강북 지역보다 비싼 것도 강남 기초정부가 강북 기초정부보다 일을 잘해서는 더더욱 아니다(그런 면에서 본다면 또 다른 부동산 관련세인 양도소득세와 종합부동산세가 국세인 것은 이해할 만하다).

부동산 관련세는 다른 세금에 비해 지방세로 할 만한 이유가 있기는 하다. 하지만 그렇다고 해서 소득이나 소비에 관련한 세금을 지방세로 할 근거가 부족한 것은 아니다. 소득이나 소비 관련 세금도 얼마든지 지방세로 할 수 있다. 어떤 세금을 국세로 하고 어떤 세금을 지방세로 할 것인지는 논리적인 근거보다는 정책적인 판단에 의존한다. 부가가치세 등 다른 소비세와 달리 담배소비세가 지방세인 이유는? 그냥 그렇게 하자고 정책적으로 결정한 것이다. 담배소비세는 원래 국세였다. 지방자치 실시를 앞두고 자치단체의 재정력을 높일 필요가 있어서 지방세로 전환되었을 뿐이다. 다른 물품과 달리 담배 소비만 지방정부에 대한 기여도가 높을 리는 만무하다. 단지 다른 물품에 비해 담배 소비는 지역 간 격차가 덜하기 때문에 그렇게 결정한 것이다.

부동산 과세의 쟁점, 보유세냐 거래세냐

우리 사회에서 부동산이 갖는 의미는 특별하다. 오랜 기간 부를 축적하는 가장 중요한 수단이었고, 빈부 격차 발생의 주범이기도 했다. 보통 사람들에게 내 집 마련은 가장 중요한 저축의 이유이자 수단이었다. 부동산 가격이 폭등하거나 폭락할 때마다 사회에 엄청난 파장을 가져왔기에 정부가 해결해야 할 중차대한 민생 문제였다. 그래서 부동산 관련 세제는 단순히 정부 재원을 확보하는 수단을 넘어 부동산 가격 안정과 '분배 정의' 실현을 위한 중요한 정책 수단으로 활용되어왔다.

부동산 관련 세제에는 거래세와 보유세라는 두 가지 유형이 있다. 앞서 언급했듯 취득세는 거래세고 재산세는 보유세다. 국세인 양도소득세는 거래세, 종합부동산세는 보유세다. 취득세는 부동산을 구입한 사람이 내는 데 비해 양도소득세는 부동산을 판 사람이 낸다는 점이 다르다. 또 지방세인 재산세는 개별 부동산에 과세하는 데 비해 국세인 종합부동산세는 개인이 소유한 부동산을 모두 합해서 과세한다.

우리나라의 부동산 관련세는 거래세(취득세·양도소득세) 비중이 높고, 보유세(재산세·종부세) 비중이 낮다. 약 7 대 3이다. 반면에 선진국에서는 거래세 비중이 낮고 보유세 비중이 높다.

학자들은 부동산 거래에 세금을 매기는 것보다는 보유에 세금을 매기는 것을 지지한다. 두 가지 이유 때문이다. 첫 번째는 부동산 거래에 세금을 부과하면 거래가 줄어들 텐데 이렇게 되면 부동산 이용의 효율성을 저해한다고 보기 때문이다. 예를 들어 20년 거주한 아파트를 팔고 다른 동네로 이사하고 싶어도 아파트를 팔고 사는 과정에서 양도소득세와 취득세를 내고 나면 비슷한 수준의 아파트로 옮기기 힘들다.[9] 두 번째는 거래보다는 보유가 담세 능력의 척도로 더 타당하기 때문이다. 직장 이동과 아이들 학군 탓에 중형 아파트를 몇 번이나 팔고 사며 이사해야 하는 갑동 씨와 서울 평창동의 30억 원짜리 호화주택에 20년 넘게 거주하는 을숙 씨 중에 누가 더 담세 능력이 높겠는가.

이런 이유 때문에 부동산 관련 학자 다수는 우리나라도 다른 국가들처럼 거래세를 낮추고 보유세를 높여야 한다고 주장한다. 일리는 있다. 그런데 이런 주장은 2008년 부동산 경기 침체 이후 부쩍 커졌다. 부동산 조세 체계 합리화보다는 부동산 거래 활성화를 겨냥했음을 알 수 있는 대목이다.

우리나라 부동산 세제가 거래세 중심이 된 데는 부동산 투기 억제 목적이 크다. 실수요자나 건전한 투자자는 부동산을 장기 보유하지만 투기가 목적인 사람이라면 자주 사고팔 것이기 때문이다. 게다가 부동산 양도소득은 불로소득 성격이 강하다. 자신의 노력과는 상관없이 단지 부동산 가격이 상승했기 때문에 얻는 이득이다. 그래서 투기를 억제하고 불로소득을 환수한다는 명분이 부동산 거래 중과세에 정당성을 부여한 것이다.

'조세'로서의 기능만 고려한다면 거래세를 낮추고 보유세를 높이는 것이 낫다. 조세는 기왕이면 경제행위 왜곡을 덜 가져오고(효율성) 담세 능력을 잘 반영하는 것이(형평성) 바람직하기 때문이다.[10] 하지만 현실적으로 보유세를 강화하기는 쉽지 않다. 노무현 정부 때 종부세 파동을 생각해보라. 국민들은 거래세도 싫어하지만 보유세는 더 싫어한다. 취득세는 부동산이라는 재산을 취득했으니 내야 하는 것이라고 생각한다. 양도소득세도 부동산을 팔아 소득이 생겼으니 내는 것이라고 납득한다. 하지만 보유세는 사고팔지도 않았고, 그냥 살고 있는데 내는 세금이라 억울하다고 느낀다. 실제 발생하지도 않은 소득에 대해 세금을 매긴다고 여기기 때문이다.[11]

최근 거래세 부담을 완화하는 다양한 조치가 이루어졌다. 취득세율이 인하되었고 다주택자에 대한 양도세 중과도 폐지되었다. 하지만 보유세 부담을 높이는 조치는 없었다. 부동산 경기 부양을 위해 그렇게 한 것은 이해할 수 있다(물론 얼마나 효과가 있을지는 미지수다). 또 거래세와 보유세는 부담하는 주체가 동일하지 않으니 거래세를 줄인다고 보유세를 늘리기가 쉽지 않다는 것도 사실이다. 그러나 세금은 쉽사리 바꿀 수 있는 게 아니다. 그래서 단기적인 정책 활용보다는 장기적인 재정 전망, 근본적인 세제 합리성을 더 고려해야 한다.

지방의 조세도 중앙이 결정한다

지방정부 재정에 대해 단체장들이 가지는 가장 큰 불만은 자체재원(특히 지방세)이 너무 적다는 것이다. 의존재원 비중이 높다는 점은 '자치'를 제약하는 중요한 요소임은 맞다. 그런데 지방재정과 관련해서 자치를 제약하는 보다 근본적인 요인이 있다. 지방정부에게 조세 결정권이 없다는 점이다.

우리나라는 세목을 신설하거나 세율을 정하는 일은 국회가 결정하는 법률로만 해야 한다는 조세법률주의 원칙을 따른다. 그래서 지방정부에는 조세 결정권이 없다. 단지 일부 지방세에 대해 국회가 정한 세율을 일정 범위 내에서 지방정부가 가감할 수 있는 탄력세율제도만 채택하고 있다. 하지만 이 제도는 서울시 자치구 등에서 재산세를 감면해주는 데 일부 적용될 뿐 거의 활용되지 않는다.

지방정부에서 자체수입을 확대하기 위해 할 수 있는 일은 중앙정부와 국회에 항의나 부탁하는 것 외에는 별로 없다. 그 밖에 스스로 할 수 있는 일이라고는 체납세 징수를 강화하는 것과 세외수입을 늘리기 위해 이런저런 아이디어를 짜내는 정도다. 체납세 징수를 강화하려는 노력의 대표적인 사례가 서울시 '38기동대'다. '38'은 헌법 38조 '납세의 의무'를 상징한다. 서울시가 2001년 만든 체납세 징수 전담팀인데 2013년에는 체납세 1880억 원을 징수했다. 세외수입을 늘리기 위한 지자체 노력도 다양하다. 흔한 방법이 이자수입 늘리기다. 정부도 개인과 마찬가지로 들어온 돈을 금융기관에 예치해뒀다가 필요할 때 꺼내 쓴다. 이때 생기는 이자수입을 늘리려고 노력하는 것이다. 집행 시기가 정해진 예산을 이자율이 높은 정기예금에 넣는 등의 방법으로 많은 지자체들이 이자수입을 늘리고 있다.[12] 하지만 이런 식으로 늘릴 수 있는 수입은 제한적이다.

조세 결정권이 없어서 지방정부가 겪는 설움은 크다. 중앙정부와 국회는 지방정부와 상의 없이 일방적으로 지방세율 변경을 결정한다. 예를 들어 2013년 말 국회는 취득세율을 인하하는 지방세법 개정안을 통과시켰다. 이 개정안이 통과되는 데 따라 발생한 지방세수 손실은 2조 4000억 원에 이른다. 이 손실을 보전하기 위해 부가가치세 중 지방소비세 비율을 5%에서 11%로 높이는 개정도 함께 이루어졌다.[13]

중앙의 일방적 결정에 따라 지방세입이 왔다 갔다 하는 것은 새삼스런 일이 아니다. 중앙정부와 국회는 그동안 부동산 경기를 부양하기 위해 지방세인 부동산 관련세를 감면하는 정책을 활용했다. 그 결과 지방세 감면율은 지난 10여 년간 지속적으로 높아졌다. 2011년 기준으로 국세 감면율은 13.3%(약 30조 원)인 데 비해, 지방세 감면율은 22.5%(약 15조 원)로 약 10%포인트 더 높다. 국세 감면율은 2003년이나 2011년이나 똑같이 13.3%로서 큰 변동 없이 유지되고 있지만 같은 기간 지방세 감면율은 7.5%에서 22.5%로 껑충 뛰어오른 것이다. 이러니 지방정부 입장에서는 불만(혹은 서러움)이 클 수밖에 없다. 아무리 조세법률주의에 따른 정당한 권한 행사라고 해도 심하다고 느낄 만하다(지방세를 변경할 때는 적어도 지방정부와 먼저 의논하고 동의를 얻는 것이 기본 예의 아닐까. 중앙정부와 국회는 보통 사람들과는 사고방식이 영 다르다).

지방세, 얼마나 늘려야 할까

이제 마지막 이슈인 자체재원 확대 문제를 논의할 차례다. 우리나라 지방정부가 다른 국가에 비해 의존재원 비중이 높은 것은 맞다. 또 의존재원 비중이 높으면 아무래도 중앙정부 눈치를 볼 수밖에 없으니 '자치'가 제약되기는 한다.

2013년 기준 우리나라 지방정부 전체 예산 중 자체재원 비중은 51.1%다. 앞에서 얘기했듯 지방정부는 업무 특성상 중앙정부 재정 지원을 받지 않을 수 없다. 그래도 거의 절반이 의존재원이니 많기는 많다. 그래서 자체재원, 그중에서도 지방세 비중을 높여야 한다는 요구는 '일면' 타당한 측면이 있다(왜 '일면'이라고 했는지는 뒤에 나온다).

지방세 비중을 높이라는 요구는 어제오늘 얘기가 아니다. 지방자치 이후 줄곧 제기되는 문제다. 그러나 중앙정부에서는 내켜하지 않는다. 자체수입을 늘리면 부유한 지역과 가난한 지역 간에 재정 격차가 심해진다는 이유에서다. 물론 이런 공식적인 이유 외에 내심 지방정부의 재정 운용 능력을 믿지 못하겠다는 것도 작용했을 것이다. 아울러 재정 의존도가 낮아지면 지자체를 통제하기가 어려워질 수 있다는 '우려'도 한몫할 것이다.

진짜 속내는 문제가 있지만 겉으로 내세우는 이유는 타당하다. 자체재원 비중 51.1%는 평균치다. 지방정부마다 자체재원 비중은 편차가 심하다. 광역에서는 서울시가 87.7%인 데 비해 전라남도는 16.3%다. 기초에서는 서울 강남구는 75.9%지만 전남 강진군은 7.3%다. 워낙 세수 여건에 차이가 심한 탓이다. 평균을 끌어올리는 지방정부는 소수다. 전체 수입에서 자체재원 비중이 50%를 넘는 지자체는 10%(24개)뿐이다. 지방세수로는 공무원 인건비도 충당하지 못하는 지자체가 125개로 전체 지자체의 절반이 넘는다.

이런 상황에서 의존재원을 줄이고 그만큼 지방세를 늘린다면 어떻게 될까. 세수 여건이 좋은 일부 지방정부에게는 이득이겠지만 대다수 지방정부 살림은 더 어려워진다. 난감한 상황이다. 중앙정부 통제를 덜 받는 '자치'를 위해서는 자체재원 비중을 높여야겠지만, 지역 간 재정 능력 격차가 벌어지고 형편이 열악한 지역은 자치는커녕 존속도 힘들어진다.

정책이란 원래 모두를 다 좋아지게 할 수는 없다. 누군가가 더 좋아지면 다른 누군가는 더 나빠지기 마련이다. 다만 좋아지는 게 나빠지는 것보다 더 많고, 그렇게 하는 것이 사회적으로 더 바람직하며, 실행이 가능하다고 여겨지면 대안으로 채택된다. 자체재원 확충 문제도 마찬가지다. 자체재원을 대폭 확충하는 것은 현실적으로 이루어지기도 힘들지만 바람직하지도 않다. 다만 현행보다 지방세 비중을 다소 높이는 것은 필요하다. '다소'가 얼마큼인지는 딱 잘라서 말하기 어렵다. 참고로 지방재정 분야 학자들 중에서 중도 입장인 이들은 현행 8 대 2인 국세와 지방세 비중을 7 대 3 정도로 바꿀 것을 제안한다.

:: 두 마리 토끼 잡기: 지방세 비중은 높이되 격차는 완화하는 방법

나 역시 현행 20%인 지방세 비중을 30% 정도로 높이는 것이 필요하다고 생각한다. 다만 이 경우도 그로 인한 문제점, 즉 지역 간 재정 격차가 더 벌어지는 문제에 대한 보완이 필요하다. 보완의 핵심은 지방세를 늘릴 때 지역 간 격차 완화 장치를 설치하는 것이다.

국세 중에서 세수가 가장 많은 3대 세목은 개인소득세, 법인(소득)세, 부가가치세. 현재 이들 국세에 일정 비율을 더 부가하거나 떼어내어 지방소득세와 지방소비세로 돌리고 있다. 앞으로 지방세 비중을 높인다고 할 때도 이들 3대 세목에서 지방세 몫을 늘리는 것, 즉 지방소득세와 지방소비세 비중을 높이는 것이 주된 방안이 될 것이다. 지방소득세와 지방소비세를 늘리되 지역 간 격차를 줄이는 방법은 다양하다. 여기에 몇 가지만 소개한다.

현재 지방소득세는 국세인 소득세의 10%만큼을 따로 걷는 방식이다. 소득세는 누진세다. 소득이 많으면 더 높은 세율로 세금이 부과된다. 그래서 지역 간 소득 격차보다도 지방소득세수 격차는 더 벌어진다. 이런 상황에서 지방소득세 비중을 높이면 지역 간 재정력 격차는 더욱 벌어진다. 해결 방법은? 국세와 지방세 간 배분 방식을 변경하면 된다.

개인 소득세를 예로 들어보자. 현행 체계는 지방소득세를 포함하면 과세표준 1200만 원 이하 6.6%, 1200만~4600만 원 16.5%, 4600만~8800만 원 26.4% 식으로 세율이 적용된다. 이 중에서 일단 지방소득세로 3%를 먼저 걷자. 그리고 국세는 그 나머지를 걷는 것으로 하자. 이 경우 소득세 지방분은 소득에 상관없이 3% 단일세율이 되고, 국세분은 3%포인트를 차감해서 1200만 원 이하 3.6%, 1200만~4600만 원 13.5%, 4600만~8800만 원 23.4% 식이 된다.

이 방식을 적용하면 지방소득세는 단일세율이라서 현행의 누진세율에 비해 지역 간 격차가 줄어든다. 그러나 여전히 각 지역의 소득 격차에 비례해서 지방소득세 격차가 발생한다. 더 줄일 수 없을까? 못할 것도 없다. 발상을 전환하면 된다. 예를 들면 지방소득세율을 지역에 따라 다르게 할 수도 있다. 가령 수도권은 3%, 비수도권은 6%로 할 수 있다. 이 경우 국세분을 걷을 때 수도권은 3%포인트를 차감하고 비수도권은 6%포인트를 차감한다.

혹은 이런 방식은 어떨까? 현행 체계에서 1200만 원까지 적용되는 6.6%

는 모두 지방소득세로 걷는다. 그리고 1200만 원을 초과하는 소득(과세표준)에 대해서만 1200만~4600만 원 16.5%, 4600만~8800만 원 26.4% 식으로 국세를 부과하는 방식이다. 이 경우 소득(과세표준)이 1200만 원 이하인 사람은 6.6%의 지방소득세만 낸다. 그리고 1200만 원을 초과하는 사람은 1200만 원까지는 6.6%의 지방소득세를 내고 1200만 원을 초과하는 소득(과세표준)에 대해서는 16.5% 이상의 국세를 낸다. 이 방식이라면 국세는 지역별로 큰 차이가 나도 지방소득세는 지역별로 크게 차이 날 수가 없다.

우리나라의 지방소비세는 2010년 부가가치세 중에서 5%를 지방 몫으로 떼어내면서 도입되었다. 이 금액은 각 지역의 소비지출액 규모에 비례해서 배분하되 지역별로 가중치를 줘서 지역 간 격차를 시정하고 있다.[14] 지역 간 가중치는 수도권, 광역시, 도가 1:2:3의 비율이다. 즉 지역별 배분 비율을 정할 때 수도권은 실제 규모를 그대로 반영하지만, 광역시는 실제 소비액의 두 배, 도는 실제 소비액의 세 배로 반영하는 것이다. 주민 1인당 기준으로 하면 아무리 수도권과 다른 지역의 소비지출 격차가 크다고 해도 두 배 이상 될 수는 없다. 그래서 주민 1인당으로 환산하면 수도권보다 광역시에, 광역시보다 도에 배분되는 액수가 더 많다(물론 1인당이 아니라 전체 액수로 하면 인구가 많은 서울·경기가 가장 많다). 여기에 추가하여 지역상생발전기금이란 장치가 있다. 이 기금은 수도권 광역지자체(서울·경기·인천)의 지방소비세수 중에서 35%를 떼어내서 조성된다. 대략 연간 3000억 원 규모다. 이 기금은 재정 여건이 취약한 비수도권 지역 지방정부를 지원하는 데 사용된다.[15]

한편 2013년 말 취득세율을 인하하면서 이로 인한 지방정부 손실을 보전하기 위해 추가로 6%를 더 지방소비세로 전환하여 이제는 11%가 되었다. 추가된 6%는 각 지방정부의 취득세 감소에 따른 손실분과 동일하게 배분된다. 추가된 6%는 취득세 감소분 보전용이니 논외로 하고, 원래 5%의 배분 방식만 따지면 지역 간 격차를 꽤 많이 시정해준다.

그런데 지역 간 격차 시정을 위해서는 다른 방식도 가능하다. 독일 경우를 보자. 독일의 부가가치세는 일단 중앙과 지방정부에 각각 절반 정도씩 배분된다. 지방정부 몫으로 배정된 금액 중에서 75%는 각 지역의 인구에 비례해서 배분한다.[16] 그리고 나머지 25%는 재정력이 취약한 지역에 배분한다. 그래서 가장 재정 여건이 취약한 곳이라 해도 전체 지방정부 평균 재정력의 95% 수준은 보장받게 하고 있다.

지금까지의 설명이 조금 복잡하게 느껴질 수도 있겠다. 핵심은 지방세라도 설계하기에 따라 얼마든지 지역 간 재정 격차 완화 장치를 넣을 수 있다는 점이다. 재산세도 마찬가지다. 서울시 재산세는 이런 장치를 갖고 있다. 재산세는 자치구세다. 서울은 강남과 강북 사이에 부동산 가격 격차가 심하다. 그래서 각 자치구별로 재산세를 걷으면 강남과 강북 자치구 간 재산세 격차가 심해진다. 이를 줄이기 위해 2008년부터 재산세의 50%는 각 자치구가 갖되 나머지 50%는 공동세로 걷어서 모든 자치구에 균등하게 배분하고 있다.[17]

'자기 지역의 세원(稅源), 즉 부동산, 소득, 소비에 부과한 지방세는 모두 그 지방정부 몫이다.' 이를 '다른 지역과 공유한다'라고 바꾸면 지방세 비중을 늘리면서 지역 간 재정 격차를 완화하는 것은 얼마든지 가능하다. 사실 특정 지역이 다른 지역보다 부유한 것이 그 지방정부의 역할과는 별 관련이 없다는 면에서도 세원 공유는 정당성을 지닌다.

자, 마무리하자. 지방세 비중을 높이는 데 대한 공식적인 반대 이유는 지방세 비중을 높이면 지역 간 재정 격차가 심해진다는 것이었다. 이에 대해 '재정 격차가 발생하지 않게 하는 방도가 있으니 지방세 비중을 높이자'는 반박이 가능하다.

그렇다면 문제는 해결된 것일까. 그래도 몇 가지 쟁점이 남는다. 우선 부유한 지방정부가 늘어난 지방세를 가난한 지방정부와 과연 얼마나 공유할지가 문제다. 국세일 때는 상관없지만 일단 지방세로 소유권이 넘어오면 공유가 쉽지 않다. 처음부터 내 것이 아니라서 공유하는 것과 내 것을 남과 공유하는 것은 입장이 다르다.

현행 재정 격차를 완화하는 장치는 지방교부세다. 다음 장에서 설명하지만 지방교부세는 국세의 일부를 떼어내서 지방에 주는 것이다. 배분액은 각 지역의 재정 부족분에 비례한다. 재정 여건이 좋은 지방정부, 예를 들어 광역 중 서울시나 기초 중 경기도 수원시, 성남시, 용인시 등은 교부세를 받지 않는다. 국세는 이렇게 배분하더라도 지방세를 공유할 때는 부유한 지방정부의 늘어난 지방세를 몽땅 가져다 가난한 지방정부에게 분배하기는 힘들다. 그래서 아무래도 지방교부세에 비해 지방세 공유는 재정 격차 완화 정도가 약하기 마련이다.

지방세를 늘려도 지방교부세가 줄어들어 증가분이 고스란히 상쇄 된다면 아무리 격차를 완화하는 장치가 있더라도 지역 간 격차는 지금 보다 커질 수밖에 없다(사실 이 때문에 지방세 비중 높이라는 것은 주로 수도 권 단체장들이 하는 말이고 가난한 지역단체장들은 이런 말을 거의 하지 않는다). 그래서 늘어난 지방세는 지방교부세뿐만 아니라 국고보조금을 대체하 는 것이 되어야 한다. 국고보조금 대체 비중이 높아질수록 지역 간 격 차는 줄어든다.

국고보조금은 중앙정부가 지방정부에게 특정 사업을 맡기거나 장 려하면서 주는 돈이다. 국고보조금을 줄이려면 이런 사업들이 감소해 야 한다. 이는 중앙과 지방의 업무를 재배분하는 것이 된다. 당연하다. 재정은 일하기 위한 밑천이다. 그래서 중앙과 지방 간에 재정을 재배 분하려면 업무 재배분도 함께 이루어져야 한다. 사실 중앙과 지방 사 이의 업무 재배분과 그에 따른 재원 재배분은 지방'자치'의 요체다. 이에 대해서는 4장에서 좀 더 논의하자.

마지막으로 한 가지 더. 앞에서 말했듯 제도 변경으로 이익이 발 생하면 손실도 생긴다. 그래서 손해 보는 쪽의 반발이 거세면 제도를 변경하기가 어렵다. 지방세 비중을 높이고 의존재원 비중을 줄여서 이 득인 지방정부가 있으면 손해인 지방정부도 있기 마련이다.[18] 그래서 지방세 비중을 높이는 데는 중앙정부의 이해(?)와 함께, 손해를 보게 되는 지방정부의 양보(!)가 필요하다.

4장

중앙이 주는 돈이
문제가 된다

:

교부금 · 보조금

앞서 살펴본 대로 우리나라 지방정부의 자체수입은 쓸 돈의 절반
에 불과하다. 나머지는 중앙정부 지원으로 메운다. 중앙이 지방에 지
원하는 돈은 두 가지로 구분된다. 하나는 지방교부세, 또 하나는 국고
보조금이다. 이 두 가지의 차이를 쉽게 이해하기 위해 자식들에게 생
활비를 보태주는 부모 입장이 되어보자.

그동안 대식구로 함께 살던 자식들이 분가했다. 분가는 했지만 스스로
버는 돈만으로는 생활이 힘들어 부모가 돈을 보태준다. 부모가 보내주
는 돈에는 두 가지 유형이 있다. 한 가지는 기본생활비로 쓰라고 매달 일
정액을 꼬박꼬박 송금해주는 돈이다. 자식들끼리 분란이 생기지 않게 금

액 배분 규칙도 만들었다. 스스로 버는 돈이 얼마인가, 식구가 몇인가에 따라 정해진다. 버는 돈은 적은데 식구는 많은 둘째에게 가장 많이 주고, 웬만큼 벌고 식구는 단출한 셋째에게 가장 적게 준다. 기본생활비에 쓰라고 주는 돈이라 이 돈을 어디에 쓰건 부모는 관여하지 않는다.

기본생활비 지원 말고 보태주는 돈이 또 있다. 손주들 학원비. 손주들 학원비가 필요하다고 하면 추가로 보태준다. 이 돈은 학원비로만 써야 한다. 왜 처음부터 기본생활비에 얹어주지 않고 따로 주기로 했을까. 자식들이 못 미더워서다. 학원비라고 못 박고 주지 않으면 이 돈을 다른 데 쓸 공산이 다분하기 때문이다. 아이들 장래를 생각하면 다른 지출을 줄여서라도 학원비를 마련해야 마땅하다. 그런데 자식들 평소 행태로는 학원비 대신 해외여행비로 쓸지도 모른다. 그래서 꼭 학원비로만 쓰도록 주고, 영수증을 가져오라고 했다. 또 학원비 전액을 주는 대신 70%만 준다. 나머지 30%는 자식들이 내도록 했다. 전액을 대준다고 하면 필요 없는 학원까지 마구 보낼까 걱정이 돼서 그렇다.

중앙에서 지방으로, 교부금과 보조금

위의 예에서 부모가 자식들에게 기본생활비로 쓰라고 주는 돈과 성격이 같은 돈이 중앙정부가 지방정부에 보내는 교부금이다. 일반 지방정부에게 주는 돈은 지방교부세, 지방교육청에 주는 돈은 지방교육재정교부금이라고 부른다. 기본운영비를 지원하는 것이라서 어디에 쓰건 간섭하지 않는다. 법률로 내국세의 19.24%를 지방교부세로 배분하게 규정하고 있다.[1] 지역별 배분액은 지방정부의 기본 운영에 필요한 돈(기준재정수요액)과 자체수입(기준재정수입액)의 차액에 따라 결정된다. 그래서 수요에 비해 자체수입이 많은 지역에는 적게, 자체수입이 적은 지역에는 많이 배분된다. 이렇게 함으로써 전국 어디나 기본적인 행정 수준을 보장하고, 지역 간 불균형을 완화한다. 2013년 지방교부세 규모는 35조 5000억 원이었다. 지방교육재정교부금도 교육청에 지원된다는 점이 다를 뿐 돈의 성격은 같다. 교육교부금은 '내국세의 20.27% + 교육세'로 조성된다. 2013년 규모는 41조 원이었다.

참, 지방교부세는 지방교부금과 같은 말이다. 내국세의 일정 비율로 규모가 정해지므로 사실상 세금과 같다는 의미에서 교부세라고도 부를 뿐이다. 예산을 담당하는 기획재정부에서는 교부금이라는 명칭을 주로 사용하고, 지방행정의 주무부처인 안전행정부에서는 교부세라는 용어를 선호한다. 교부'금'에는 중앙이 지방에 하사하는(?) 돈이라는 뉘앙스가, 교부'세'에는 당연히 받아야 할(!) 돈이라는 뉘앙스가 담겨 있기 때문이라고 한다.

앞의 예에서 학원비 지원이 국고보조금에 해당한다. 국고보조금은 용도가 지정된 지원금이다. 특정 사업에만 쓰라는 조건을 달아놓았다. 지방정부 마음대로 용도를 변경할 수 없다. 앞 장에서 설명했듯이 보조금은 두 가지 경우에 지원된다. 국가가 결정한 사업의 집행을 지방정부에게 떠맡기면서 비용을 지원(대행사업비)할 때, 지방정부 자체사업이지만 다른 지역에 파급 효과가 있거나 공공성이 높아 장려할 필요가 있을 때다. 2013년 국고보조금 규모는 지방교부세와 비슷한 36조 8000억 원이었다. 예외가 있기는 있지만 국고보조금을 줄 때는 대체로 사업비 전액을 주지 않고, 지방정부가 사업비의 일부를 부담하게 한다. 이때 지방정부 부담분을 '대응지방비' 또는 '매칭사업비'라고 한다.

이 정도면 교부금과 보조금의 기본적인 성격은 이해했을 것이다. 우리나라 지방정부는 자체수입으로는 기본적인 운영도 못할 만큼 가난한 탓에 중앙정부에서 보태주는 돈으로 연명한다. 그렇다면 지방정부는 왜 이렇게 가난한가. 앞에서 벌이가 시원찮은 자식에게 생활비 보태주는 부모 비유를 들었다. 엄밀히 따지면 이 비유가 중앙정부와 지방정부 관계에 딱 들어맞는 것은 아니다. 통상 자식이 돈을 잘 벌지 못하는 것이 부모 탓은 아니기 때문이다. 그러니 다 큰 자식에게 생활비를 보태주는 것은 안쓰러워서, 부모니까 할 수 없이 돕는 것이기는 해도 자연스러운 일은 아니다.

하지만 지방정부가 가난한 것은 중앙정부 탓이 맞다. 그렇기 때문에 지방정부 지원은 중앙정부가 당연히 해야 할 일이 된다. 부모 자식 간 비유로 이어가자면 대가족으로 함께 살면서 열 마지기 농사를 짓다가 자식들에게 분가하라면서 생계유지도 할 수 없는 두 마지기만 떼어준 셈이기 때문이다. 애초부터 다섯 마지기를 줬다면 알아서 살 수 있는데 조금만 떼어주고 생활비를 타서 쓰게 만들었으니 불만이 생긴다. 이 불만이 얼마나 타당한지, 불만을 줄이려면 어떻게 해야 하는지는 조금 뒤에서 다룬다. 우선은 교부금과 국고보조금의 특성에 대해 좀 더 알아보자.

용도에 제약이 없는 교부금

교부금 규모는 법률에 따라 정해지며 지역별 배분액도 지역 간 격차를 줄이도록 만들어진 공식에 따라 책정된다. 교부금은 공식에 따라 거의 기계적으로 지방정부에 배분되며, 사용하는 데도 제약이 없다. 지방정부 입장에서는 지방세와 마찬가지다. 교부금을 어떤 사업에 쓸지는 배분받은 지방정부가 알아서 결정하면 된다. 그래서 교부금은 자체수입과 함께 지방정부의 일반재원(용도에 제약이 없는 재원)으로 분류한다.

교부금은 가난한 지역에 더 많이, 형편이 나은 지역에는 더 적게 주어진다고 했다. 왜 인위적으로 지역 간 재정력 격차를 줄여야 할까? 대한민국 국민이면 어느 지역에 살든 일정한 수준 이상의 행정서비스를 제공받을 권리가 있기 때문이다. 그래서 자체수입으로 기본적으로 필요한 행정서비스를 제공할 수 있는 지방정부에는 아예 교부금을 배분하지 않기도 한다.

지방교부세는 보통교부세, 특별교부세, 분권교부세, 부동산교부세로 나뉜다. 부동산교부세를 제외한 나머지는 내국세의 19.24%를 재원으로 한다. 부동산교부세는 별도로 종합부동산세 전액을 재원으로 조성된다. 종합부동산세는 국세로 걷기는 해도 전부 지방정부에 배분되는 사실상 지방세와 같은 세금이다(분권교부세에 관한 설명은 123쪽에 국고보조금 문제를 설명하면서 다루었다).

형편에 따라 나눠주는 보통교부금

보통교부세는 교부세 총액 중 분권교부세를 제외한 금액의 97%

광역단체별 자체재원/의존재원 비중과 1인당 의존재원 규모
(2013년 기준)

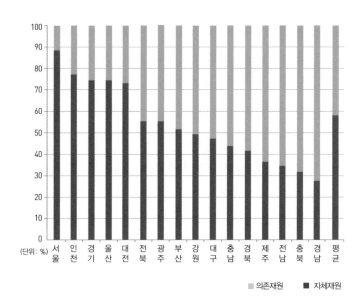

(단위: %) 서울 인천 경기 울산 대전 전북 광주 부산 강원 대구 충남 경북 제주 전남 충북 경남 평균

■ 의존재원 ■ 자체재원

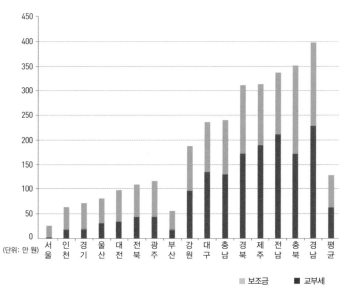

(단위: 만 원) 서울 인천 경기 울산 대전 전북 광주 부산 강원 대구 충남 경북 제주 전남 충북 경남 평균

■ 보조금 ■ 교부세

로 교부세의 대부분을 차지한다(나머지 3%가 특별교부세다). 앞서 설명한 대로 보통교부세는 공식에 의해 지자체별 배분액이 정해지고, 자체 수입으로 기본 운영비를 충당할 수 있는 지방정부에는 배정되지 않는다. 보통교부세를 받지 않는 지방정부를 '불교부단체'라고 한다. 광역 중에서는 서울특별시, 기초 중에서는 경기도 수원·성남·고양·과천·용인·화성, 여섯 개 시가 불교부단체다. 불교부단체 여부는 재정 여건에 따라 바뀐다. 경기도 부천·안양·안산, 세 개 시는 2007년까지 불교부단체였으나 재정 여건이 나빠지면서 2007년 부천시, 2009년 안양·안산시가 지방교부세를 받게 되었다. 기초 중 자치구에는 보통교부세를 직접 주지 않고 특별·광역시 본청으로 합산해 배분한다. 특별·광역시는 다시 자체 지방세의 일정 비율을 교부금으로 자치구에게 이전한다.

보통교부세를 배분할 때 형편이 어려우면 더 많이, 나으면 더 적게 준다는 건 이해한다 치자. 각 지자체의 재정 형편을 어떻게 측정할까. 각 지자체가 자체수입으로 기본 행정서비스 수요를 얼마나 충당할 수 있는지가 기준이다. 자체수입 규모는 쉽게 구할 수 있다. 문제는 각 지자체별로 필요한 행정서비스의 규모다. 각 지자체에 직접 물어보고 정할 수는 없다. 실제보다 부풀려서 답할 게 빤하다. 이를 계산하는 공식이 있다. 공식에는 행정서비스 규모를 결정하는 요인들, 이를테면 인구·면적·행정구역 수 등이 포함된다. 당연하게도 인구가 가장 큰 영향을 미친다. 하지만 아무리 공식을 잘 만들어도 인구·면적 등 몇몇 통계 수치에 의해 기계적으로 결정하는 것이 각 지역의 모든 행정 수요를 적절하게 반영할 리는 만무하다. 그래서 각 지자체의 다양성을 반영하는 많은 장치들이 추가로 포함되어 있다. 이에 따라 실제 교부금 배분 방식은 매우 복잡하다. 그래서 구체적인 교부금 배분 방식은 안전행정부의 담당 공무원 본인밖에 모른다는 말이 나올 정도다.

나는 수년 전 교부금 배분 방식을 분석했던 적이 있다. 결론은 기존 배분 방식에 타당성이 썩 높지는 않으며, 행정 수요를 제대로 반영하도록 고칠 필요가 있다는 것이었다. 오래전에 만든 방식을 기본으로 두고 조금씩 수정한 것이기 때문에 현재의 행정 수요를 측정하기에는 부적절한 요소들이 있다. 사실 타당하게 개선하는 것 자체는 크게 어렵지 않다. 다만 그대로 덮어두는 측면이 크다. 배분 방식에 변화가 생기면 기존보다 배분액이 줄어들 지자체에서 거세게 항의할 것이 분명하기 때문이다.

로비와 특혜가 끊이지 않는 특별교부금

특별교부세는 다른 교부금과는 다소 이질적이다. 보통교부세와 달리 사업별로 사용처를 정해서 지원하는 돈이다. 말만 교부금이지 사실상 국고보조금이다. 아무리 공식을 잘 만들어도 지역의 재정 수요를 모두 감안할 수는 없으므로 재해 대책 등 긴급한 수요나 지역 현안, 국가시책 사업을 추진하기 위해 별도의 교부금이 필요하다는 논리로 만들어졌다. 조성 규모는 지방교부세 중에서 분권교부세를 제외한 금액의 3%다. 지방교육청에 배분하는 지방교육재정교부금 중에도 특별교부금이 있다. 지방교육재정교부금의 4%로 특별교부세보다 규모가 더 크다. 3~4%라니 얼마 안 되는 듯 보이는가. 지방정부와 지방교육청에서 받는 교부금이 각각 35~40조 원 이상이니 특별교부금은 각각 1

조 원이 넘는 거액이다.

이 큰 돈을 구체적으로 어디에 지원할지 결정하는 권한은 각각 지방행정과 교육행정의 주무부처인 안전행정부와 교육부 장관에게 주어진다. 당연히 엄청난 로비가 벌어진다. 특혜 시비도 끊이지 않는다. 지방정부끼리 경쟁도 치열하다. 이 돈을 차지하면 본인 업적으로 내세우기 딱 좋은 국회의원 등 정치인들도 온갖 로비를 벌인다. 그래서 특별교부금은 특히 감시가 필요한 문제성 예산으로 지목받아왔다.

대표적인 사례가 2007년에 불거진 이른바 '신정아 사건'이다. 신정아 씨와 긴밀한 관계였던 청와대 정책실장이 신정아 씨 청탁으로 특정 사찰 등에 특별교부세를 지원하도록 주무부처와 지자체에 압력을 행사했고, 실제로 지원이 이루어졌다는 사실이 드러났다. 심지어 10억 원을 지원받았던 사찰은 문화재로 지정되지도 않은 일반 개인 사찰이라 정부 지원 대상이 될 수 없는 곳이었다.[2] 이 사건으로 특별교부세가 정치인이나 고위 공직자들의 생색내기 용도로 쓰인다는 의혹이 사실로 입증되었다.

교육특별교부금도 이에 못지않다. 2008년 시민단체의 감사청구에 따라 감사원이 조사한 결과, 교육부 장·차관과 실·국장 등 간부들이 2004년부터 4년간 특별교부금 13억 원을 자신들의 모교나 자녀가 다니는 학교에 '격려금'으로 지원했다는 사실이 드러났다.[3] 사실 이런 행태는 교육계에서는 이전부터 '공공연한 비밀'이었다. 시민단체의 문제 제기로 공식적으로 확인되었을 뿐이다. 이런 일이 반복되면서 특별교부금 규모를 줄이는 등 이런저런 개선 조치도 시행되었지만 근본적인 문제점은 여전히 해결되지 않고 있다.

교육자치는 일반 지자체가 아닌 지방교육청이 담당한다. 교육만 담당하는데도 일반 지자체 예산의 3분의 1가량을 쓴다. 대단한 규모다. 지방교육청 재정은 어떻게 운영되는지 간략히 보자. 지방교육청은 자체 세금이 없어 조세수입은 없다. 또 입학금이나 수업료 외엔 돈 들어올 일이 없는 학교가 산하 기관의 거의 전부라서 세외수입도 많지 않다. 전체 예산 중 자체수입은 2~3%밖에 안 된다.

자체수입이 적은 탓에 지방교육재정은 거의 대부분 국가(중앙정부) 지원금으로 충당된다. 2013년 본예산 기준 지방교육청 예산 총액은 약 51조 원이고 그중 4분의 3인 39조 원을 국가가 지원한다. 나머지도 일반 지자체 지원금(8.6조 원)이 대부분을 차지한다.

교육청에 주는 지원금은 대부분 (용도를 불문하고 사용할 수 있는) 일반재원 지원금이다. 국가에서 지자체에 주는 지원금 중에는 사업 용도가 지정된 국고보조금이 절반을 차지하는 것과는 대조적이다. 국가 지원금은 거의 전부가 지방교육재정교부금이다. 광역지자체도 지방세수 중 법에 따른 일정한 비율만큼 의무적으로 지방교육청에 준다. 기초지자체는 자율적으로 교육경비보조금을 지원한다.

이렇게 조성된 교육청 예산은 거의 유아, 초·중등 교육에 쓰인다. 고등교육은 중앙정부의 교육부 소관이다. 교육청 예산 중 평생·직업교육이나 기타 사업에 쓰이는 돈은 전체의 5% 남짓이다. 또 총지출 중 약 60%가 인건비다. 학교 예산에서 교원 인건비가 차지하는 비중이 높기 때문이다.

2013년 현재 지방교육청 채무는 약 3조 원이다. 일반 지자체는 직접 채무가 30조 원 남짓에 지방공기업 부채 70여조 원을 더해 빚이 100조 원이다. 이에 비하면 적은 편이다. 하지만 따지고 보면 대규모 개발사업이 없고 일상적인 서비스인 '교육'을 수행한다는 교육청의 업무 특성을 고려하면 큰 빚을 진다는 게 비정상이다. 그러니 3조 원 규모도 작은 것이 아니다. 지방교육청 채무에서 기존의 빚보다 앞으로 지불해야 할 임대료가 더 큰 문제다. 그동안 민자유치 사업으로 학교나 기숙사를 많이 지었기 때문에 앞으로 상당한 임대료를 지불해야 한다(이에 대해서는 6장 설명 참조). 2011년까지 추진된 사업으로 2012년 이후 지불해야 할 임대료 규모는 대략 12조 원이다.[4]

낭비와 부족이 공존하는 국고보조금

국고보조금에는 두 가지 유형이 있다고 했다. 지방정부가 대행하는 사업비를 중앙정부가 부담하는 것, 지방정부 자체사업에 중앙정부가 비용을 지원하는 것이다. 중앙정부가 만든 사업을 지방정부에게 떠맡기면서 사업비를 주는 것은 너무나 당연하다. 하지만 자체사업 지원은 조금 다르다. 지방정부 자체사업에 대해 보조하는 근거는 다른 지역에 파급 효과, 즉 외부경제가 발생하기 때문이다.[5]

　지방정부 사업 중에는 다른 지역에 파급 효과가 있는 것이 꽤 된다. 예를 들어 충청북도에서 남북을 가로지르는 널찍한 지방도로를 건설할지 검토 중이라고 하자. 이 도로가 생기면 일차로 충북도민들이 혜택을 본다. 하지만 이에 그치지 않는다. 충북을 통과해서 서울과 경상도를 왕복하는 서울시민과 경상도민 역시 혜택을 본다. 서울시민과 경상도민이 누릴 혜택까지 고려하면 이 사업은 비용보다 편익이 크다. 그러나 충북도민의 혜택만 고려하면 비용보다 편익이 작다. 이런 상황에서 충북이 사업비를 모두 부담해야 한다면 이 사업은 이루어지기 어렵다(충북 입장에서는 비용보다 편익이 작으니 하지 않는 게 맞다). 이럴 때 충북이 이 사업을 시행하도록 중앙정부가 사업비 일부를 보조하는 것이 타당하다.

한 가지는 분명히 해두어야 한다. 이는 어디까지나 이론적 이야기라는 점이다. 외부경제라는 것은 귀에 걸면 귀걸이, 코에 걸면 코걸이 같은 측면이 있다. 따지고 보면 정부사업치고 외부경제가 아예 없는 것이 어디 있겠는가. 만일 외부경제가 전혀 없다면 굳이 정부가 사업을 맡을 이유가 없다. 그래서 파급 효과(외부경제)는 그저 국고보조금을 타기 위한 명분으로 남용되거나 오용되기 쉽다.

때로는 아무리 침소봉대하려고 해도 원체 외부경제가 적어서 중앙정부에 보조금을 신청하기가 궁색한 경우도 있을 것이다. 이런 경우에 '대비'해서 보조금을 지원받을 명분이 하나 더 마련되어 있다. 공공성이 높은 경우다. 비록 주변에 미치는 파급 효과가 적더라도 공공성이 높은 '훌륭한' 사업이라면 중앙정부에서 보조금을 지원해줄 수 있다.

국고보조금의 핵심적인 문제는 두 가지다. 하나는 방만하게 쓰인다는 것, 다른 하나는 지방정부 재정을 압박한다는 것이다. 어떻게 낭비와 부족이 동시에 존재할까. 국고보조금에 상반되는 두 유형, 즉 대행사업 지원과 자체사업 지원이 모두 들어 있기 때문이다.

자체사업에 대한 보조금은 방만한 운영이 골칫거리다. 힘 있는 국회의원이 자기 지역구에 도로 건설 예산을 따왔다고 자랑하는 것이 익히 알려진 '방만' 사례다. 중앙정부 사업을 대행하는 경우에는 재정 압박이 시빗거리다. 2013년 서울시가 무상보육 재원이 부족하니 국고보조금 지원을 늘려달라고 요구하다 결국 빚 2000억 원을 내 비용을 조달한 것이 재정 '압박' 사례다.

보조금을 받아도 모자란 지방정부

'압박'의 경우를 먼저 보자. 중앙정부에서 지방정부 자체사업을 지원할 때는 그 지방정부가 사업비 일부를 부담하는 것이 당연하지만 중앙정부가 떠맡긴 대행사업마저 비용을 부담시키는 것은 논란이 된다. 중앙정부에서는 대행사업으로 지역주민들에게 혜택이 가는 만큼 지방정부가 분담하는 것이 당연하다는 입장이다. 반대로 지방정부에서는 중앙에서 일방적으로 결정해놓고 비용까지 부담하라고 강요하는 것은 너무하다는 입장이다.

최근 무상보육, 기초연금 등 복지 분야 대행사업이 급증했다. 이에 따라 지방정부가 부담해야 하는 매칭사업비 규모도 크게 늘었다. 이 때문에 재정이 어려워진 지방정부가 여럿이다. 사실 요즘 복지사업에 대한 중앙정부의 국고보조 행태를 보면 지방정부 입장이 딱하다. 중앙정부 사업을 지방정부가 대신 집행하면서 돈까지 강제로 부담해야 하니 말이다. 더욱이 국민들은 기초연금이나 무상보육을 대통령과 국회 등 중앙정부 업적이라고 생각하지 지방정부 업적이라고 생각하지는 않는다. 지방정부 사업에 국고로 보조하는 것이 아니라 중앙정부 사업에 지방재정으로 보조하는 셈이다. 이렇게 보면 대행사업은 국고보조사업이 아니라 지방재원징발(徵發)사업이다. 이 문제는 지방재정에서 최대 현안이다. 이에 관해서는 복지 문제를 별도로 다루는 8장에서 또 다루니 이쯤에서 그치고 '방만'한 자체사업 보조 문제를 살펴보자.

남의 돈이라 방만하게 쓰이는 국가보조금

이론적으로는 정말 필요한 사업을 선별해서 필요한 만큼, 가령 그 사업이 창출하는 외부경제를 보상하는 만큼 적절하게 이루어진다면 국고보조는 낭비가 아니라 효율성을 높이는 것이 된다. 이것이 국고보조의 존재 이유이기도 하다.

그러나 현실은 이론과 다르다. 지방정부 입장에서는 어쨌든 국고보조를 받은 만큼 자체 부담이 줄어든다. 보조 없이 자체적으로 할 사업이라도 기왕이면 국고보조를 받는 편이 좋다. 또 100% 자체 부담이었다면 하지 않았을 사업이고 국가 전체적으로도 그다지 필요 없는 사업이라도, 국고보조를 받을 수 있기 때문에 사업을 하고 보는 경우도 생긴다.

A사업을 수행하면 사업을 수행하는 지자체에는 700억 원, 다른 지역에는 100억 원 혜택이 발생한다. 이 사업에 드는 비용은 1200억 원이고 그중 50%는 국고로 보조한다. 사업을 수행하는 지자체 입장에서는 비용 600억 원을 들여 혜택 700억 원이 발생한다. 국고보조를 받

아서 이 사업을 수행하는 것이 이득이다. 하지만 국가 전체로는 비용은 1200억 원인데 혜택은 800억 원뿐이다. 하지 말아야 할 사업이다. 더구나 현실에선 지자체가 이처럼 나름 '합리적'으로 비용과 편익을 계산해서 국고보조사업을 할지 말지 결정하는 것도 아니다. 단지 보조금을 준다니까, 왠지 하지 않으면 손해일 것 같아서 사업을 한다. 개인에게도 이런 경험은 흔하다. 하나만 필요한데도 묶음으로 사면 할인해준다고 하면 묶음으로 산다. 그러고는 결국 다 먹지도 못하고 남겨두었다가 상해서 반도 넘게 버리기 일쑤다.

심지어 마구잡이로 보조금을 신청해 받아놓고 엉뚱한 데 써버리기도 한다. 2013년 감사원이 국고보조사업 집행 실태를 감사한 결과, 경북 상주시에서는 2007~2013년 낙동강 역사문화 체험단지 조성에 관한 사실상 같은 사업으로 환경부와 문체부로부터 각각 75억 원과 167억 원을 보조받아 그중 60억 원을 일반회계 사업에 무단 사용한 사실이 적발되기도 했다.[6]

정치적 산물, 권력의 지표가 된 국고보조금

지방정부 입장에서 중앙정부 보조금은 공돈이다. 일단 따내고 보자는 심보인 게 당연하다. 대신 보조금을 주는 중앙정부에서 정신 차리고 똑바로 처리하면 그나마 괜찮다. 저마다 보조금 달라고 아우성인 지방정부 중에서 제대로 선별해 필요한 사업을 지원하고(설마, 보조금을 요청하는 모든 사업이 쓸데없는 사업은 아닐 것이다) 집행 과정을 꼼꼼히 챙긴다면 국고보조금은 제 역할을 충실히 할 수 있다.

과연 중앙정부가 제대로 선별하고 꼼꼼히 챙길까. 그러지 못한다는 것은 능히 짐작할 수 있다. 많은 경우 자체사업 국고보조금은 정치력에 따라 정해진다. 보조금 배분이 정치적 산물인 것은 우리나라뿐만 아니다. 미국 정치 용어 중에 '포크배럴 정치(pork barrel politics)'라는 말이 있다. 보조금이 특정 집단이나 지역에 유리하게 배분되는 현상을 말한다. 포크배럴은 옛날 미국 남부에서 농장주들이 노예들에게 주는 훈제 돼지고기를 보관하던 통을 말한다. 지역구를 위해 보조금을 따내려고 달려드는 정치인들 모습을 농장주가 돼지고기 한 조각을 꺼내 던져줄 때 모여드는 노예들에 빗댄 표현이다. 또 어느 일본학자는 '국고보조금은 정치인들이 표밭에 뿌리는 비료'라고 말하기도 했다.[7]

국고보조금이 제대로 쓰이지 못하는 것이 정치인들 탓만은 아니다. 중앙부처 탓도 한몫한다. 돈을 나눠주는 것은 막강한 권한, 아니권력이다. 그래서 부처마다 보조금을 부여하는 권한을 부여잡고 놓지않으려고 한다. 부처마다 엇비슷한 보조금이 많아도 통합되지 않는다. 그러니 같은 사업으로 여러 부처에서 동시에 보조금을 받기도 한다.

일례로 지방정부의 하천정비 관련 보조금을 보자. 한 지방에서 하천을 정비하면 다른 지역에 얼마나 큰 파급 효과가 있는지는 모르겠다. 어쨌건 중앙정부에서 보조할 필요성이 높다고 치자. 이를 위해 국토교통부에 지방하천정비사업 보조금이 있다(금액이 엄청나다). 이와 별개로 소방방재청에는 소하천정비사업 보조금, 환경부에는 생태하천복원사업 보조금이 있다. 파급 효과가 큰 것 같지도 않다. 내용도 비슷비슷해 보인다. 그러나 각 부처에서는 서로 목적이 다르며 자기 사업은 꼭 필요한 사업이라고 주장한다. 글쎄, 내용을 잘 아는 담당 부처의 말이니 틀림없을 것이다.[8]

보조금 때문에 발생하는 예산 낭비가 비단 지방정부에 주는 국고보조금만
은 아니다. 중앙이건 지방이건 정부에서 민간에 주는 보조금은 더하면 더
했지 조금도 덜하지 않다. 정부 돈은 눈먼 돈이라는 얘기는 보조금에서 나
온 말이다. 사례는 무수히 많다.

혹시 〈부활 더 골든 데이즈〉라는 대작 뮤지컬을 기억하는 독자가 있는지
모르겠다. 일제강점기 나비 연구가 석주명 박사 일대기에 판타지 요소를
가미한 작품이다. 환경부로부터 3년 동안 보조금 22억 5000만 원을 받아
제작되었다. 환경부에서 왜 뜬금없이 뮤지컬을 지원했을까. 2010년 환경
부에서는 당시 대통령 중점 사업이었던 '저탄소·녹색성장의 사회적 기반
마련을 위한 교육사업'이라는 명분으로 환경 뮤지컬을 제작하기로 했다.
그리고 어느 극단에 시나리오 비용 2억 5000만 원을 지원했다(시나리오 공
모는 없었다). 이듬해인 2011년에는 제작비 10억 원을 지원했다. 2011년
12월 드디어 막이 올랐다. 흥행에 참패했다. 빈 좌석이 많았고 그나마 유
료 관람객 비율은 9.4%, 돈 내고 본 사람이 열 명 중 한 명도 되지 않았다.
공연은 20여 일 후 조용히 막을 내렸다. 그런데 이듬해인 2012년에 환경
부에서는 이 공연에 10억 원을 더 지원했다. 그해 10월 다시 막을 올렸다.
이번에는 왕년의 아이돌 그룹 출신 가수와 유명 탤런트를 캐스팅했다. 반
응은 마찬가지였다.

그 와중인 2012년 8월 환경부에서는 이 공연에 지원한다며 2013년도 예
산 10억 원을 또 신청했다. 그러면서 이 뮤지컬 사업을 이렇게 평가했다.

'교과서적인 교육 양상에서 탈피하여 엔터테인먼트적인 요소와 스토리텔링적인 재미와 감동으로 환경보전 및 녹색성장 실천의 공감대를 전파했다.' 그러나 얼마 뒤 기획재정부 산하 국고보조사업 운용평가단의 평가는 상반되었다. '특정 단체가 주관하는 한 개의 뮤지컬을 지원하는 것은 공정하지 못하다.' '대부분의 뮤지컬 관람자가 무료 관람자이며 흥행성과 작품성도 담보할 수 없다.' '환경 뮤지컬의 취지와 내용이 연관성을 가졌다고 보기 어렵다.'

이후 환경부는 이 공연에 국고보조를 중단했다. 환경부는 "일부의 지적을 받은 바가 있어 올해는 '환경문화예술보급사업'으로 사업 내용을 다양화했고 〈부활〉은 그 대상이 아니다"라고 설명했다.[9]

문화예술 분야 보조금이 문제가 많기는 해도 농업, 산업, 환경, 연구개발(R&D) 분야 보조금에 비하면 새 발의 피다. 단지 독자들에게 좀 더 친숙할 것 같아서 사례로 든 것뿐이다.

국고보조금을 줄이기 위한 몇 가지 방법

중앙과 지방의 지출 규모는 4 대 6이지만, 수입인 국세와 지방세 비율은 8 대 2라고 했다. 중앙정부에서 쓸 돈보다 더 많이 가진 다음 일부를 지방정부에게 주는 이유도 앞에서 설명했다. 지역 간 재정 격차를 완화하기 위해서(다른 말로 하면 기본적인 행정서비스를 보장하기 위해서), 주변에 파급 효과가 큰 사업을 장려하기 위해서, 중앙정부를 대신하는 대행사업비를 지원하기 위해서다. 지역 간 재정 격차를 줄이려니 국세로 걷은 다음 가난한 지역에는 많이, 여유 있는 지역에는 적게 배분한다. 특정 사업을 장려하기 위해 지원금을 주고, 사업을 떠맡기면서 사업비를 보조한다.

지방자치를 강조하는 사람들은 이유야 어쨌든 지방정부가 자체재원으로 지출을 모두 충당하지 못하고 중앙정부에게 의존하는 것은 '자치'를 제약하는 것이라고, 그러니 제대로 된 자치를 하려면 자체재원 비중을 높이고 의존재원 비중을 낮춰야 한다고 주장한다.

앞 장에서 이 주장이 어느 정도는 일리가 있다고, 지금보다는 자체재원 비중을 높일 필요가 있다고 했다. 그리고 자체재원 비중 높이는 데 걸림돌인 '지역 간 재정 격차'를 줄이는 방법도 얘기했다. 지방세 배분 방식을 어떻게 정하느냐에 따라서 격차를 상당히 완화할 수 있다고 했다. 그리고 지방세 증가로 줄어들 의존재원에는 교부금뿐만 아니라 보조금도 포함되어야 한다는 얘기도 했다. 그렇다면 지금부터는 어떻게 하면 국고보조금을 축소할 수 있을지 따져보자. 우선 대행사업 보조금부터 시작하자.

중앙정부 사업을 중앙정부가 직접 한다면

중앙정부가 만든 사업의 집행을 담당하면서 지방정부는 사업비를 받는다. 이때 지방정부는 지방'자치'를 하는 것이 아니다. 중앙과 지방을 모두 포함한 '정부'의 일부, 주민과 대면하는 일선 기관으로서 '정부' 업무를 수행하는 것뿐이다.

자치는 지역 업무를 지역 스스로 하는 것이고, 재정 독립은 자치

업무를 자체재원으로 수행한다는 것을 뜻한다. 이렇게 본다면 '대한민국 정부'의 일선 기관으로 수행하는 대행사업 업무는 '자치'업무가 아니다. 지방정부 지출이 100일 때 70이 자체사업 지출이고 30이 대행사업 지출이라고 하자. 중앙과 지방정부가 자기 사업은 각각 자기 재원으로 한다면 지방정부는 자체재원으로 70만큼만 충당하면 된다. 30은 당연히 중앙정부가 부담해야 한다. 대행사업을 맡기면서 사업비는 지방정부 자체재원으로 하라고 하면 그게 더 자치를 침해하는 것이다.

결국 대행사업에 따르는 의존재원 비중을 줄이려면 대행사업 자체를 줄여야 한다. 두 가지 방법이 가능하다. 하나는 지방정부에 맡기지 않고 중앙정부가 직접 집행하면 된다. 국민연금은 중앙정부가 국민연금공단을 만들고 지역마다 지사를 설치해 스스로 집행한다. 그렇다면 대행사업으로 시행 중인 기초연금도 중앙정부가 '기초연금공단'이라는 조직을 만들어서 직접 집행하면 된다. 아니면 기왕에 국민연금공단 지사가 있으니 기초연금 업무까지 함께 맡겨도 된다. 국민기초생활보장급여도 마찬가지로 '국민기초생활보장공단'을 만들어서 하면 된다. 보육료 지원도 '보육지원공단'이라는 걸 만들어서 하면 된다. 이렇게 따로따로 만드는 게 힘들다면 아예 '사회복지청'이라는 걸 세우고 지역마다 지청을 설치해 기초연금, 국민기초생활보장급여, 보육 지원처럼 지방정부가 대행하는 중앙정부 복지 업무를 담당하게 만들면 된다. 못 할 이유는 없다. 새로 행정기관을 만들어야 하니 돈이 꽤 들기는 할 것이다(보건복지부는 환영할 것이다). 읍·면·동사무소는 기능이 대폭 없어져서 존폐 논란에 시달릴 것이다. 하지만 뭐 어떠랴. 중앙 업무는 중앙에서, 지방 업무는 지방에서 한다는 원칙에 충실하자는 것뿐인데.

대행사업을 지방정부 사업으로 전환한다면

또 다른 방법은 대행업무를 아예 지방정부 자체업무로 전환하는 것이다. 그리고 대행사업비로 주던 국고보조금만큼 지방세를 늘리는 것이다. 이를 지방에 '위임'하던 것을 '이양'으로 전환한다고 표현한다. 과거에도 이런 정책을 수차례 추진했다. 특히 노무현 정부 때 많이 했다. 이때는 대행사업을 자체사무로 이양하면서 국고보조금을 분권교부세로 전환했다. 보조금이나 교부세나 중앙정부에서 주는 돈이니 지방정부의 자체재원 비중이 늘지는 않았다. 하지만 보조금을 교부세로 바꾸는 대신 아예 지방세를 늘려도 된다. 3장에서 말했듯 '지방세도 공유할 수 있다'는 것만 받아들이면 얼마든지 가능하다.

국고보조사업을 자체사업으로 전환한다. 이렇게 하면 사업의 소속만 중앙에서 지방으로 바꾸는 것이라 추가 비용이 발생하지 않는다. 그런데 그동안 왜 그렇게 못했을까? 두 가지 이유가 있다. 첫 번째 이유. 노무현 정부 때 사업을 '이양'하려고 하자 지방정부에서 크게 반발했다. 중앙의 통제를 줄이고 자치를 늘리려는 것인데 왜 그랬을까. 사업비 때문이었다. 기존 국고보조금은 사업비의 일정 비율로 정해져 있다. 이에 비해 분권교부세는 내국세의 0.94%로 정해져 있다. 그런데 사업비가 늘어나는 것보다 내국세가 적게 늘어났다. 그래서 지방정부가 자체적으로 부담해야 할 비용이 국고보조사업일 때보다 늘었다. 그러니 사업비를 더 달라고 항의할 수밖에 없었다. 이 경험 때문에 지금도 지방정부는 국고보조사업 이양에 '트라우마'가 있다. 이양의 속셈이 사업비를 지방에 떠넘기려는 것이 아닌지 의심한다.

두 번째 이유. 대행사업의 본질은 중앙정부가 만든 사업이라는 데 있다. 지방정부가 집행하는 사업을 중앙정부가 만드는 까닭은 전국 공통으로 적용하기 위해서다. 복지 분야 대행사업에는 기초연금, 국민기초생활보장, 무상보육 등이 있다. 국가(중앙정부) 복지정책으로서 대한민국 국민이라면 사는 지역에 관계없이 동일한 혜택을 받는 것이 타당하다고 생각하기 때문에 하는 사업이다. 자체사업으로 하면 사업을 할지 말지, 대상자와 지급액 규모를 얼마로 할지 지역마다 달라질 수 있다. 서울에서는 노인들에게 기초연금을 지급하는데 강원도에서는 지급하지 않는다면? 경기도에서는 무상보육을 실시하는데 충남은 하지 않는다면? 전북에서는 모든 노인들에게 기초연금을 20만 원씩 지급하는데 경남에서는 하위 50% 노인들에게만, 그것도 8만 원씩만 지급한다면?

물론 주민 눈치를 봐야 하므로 자체사업이라도 대부분의 지방정부에서 사업을 실시하기는 할 것이다. 하지만 내용은 지방정부 여건에 따라 달라질 수 있다. 예를 들면 지방정부 자체 복지사업 중에 출산장려금이 있다. 출산장려금 지급 사업은 거의 모든 지자체에서 실시한다. 그런데 자체사업인 탓에 지역 간 격차가 크다. 첫째부터 주는 지역도 있고 셋째부터 주는 지역도 있다. 셋째부터는 500만 원 넘게 주는 지역도 있고 50만 원만 주는 지역도 있다.

국고보조금을 받고 대행하던 기존 복지사업을 지방세를 늘려주는 대신 자체사업으로 전환하면 지방정부 여건에 따라, 혹은 단체장 성향에 따라 수혜 정도가 달라질 수 있다. 저소득층에 대한 복지지출보다 중산층 대상 복지지출이 득표에 더 유리하다고 생각되면 저소득층 복지사업을 축소하고 중산층 복지사업을 확대할 수 있다. 복지사업보다 재개발사업이 득표에 더 유리하다고 생각되면 복지 예산을 줄이고 재개발 예산을 늘릴 수도 있다(8장 논의 참조).

　복지사업이라도 지역주민의 선호를 반영하는 것, 혹은 단체장에게 재량을 주는 것이 자치 이념에 부합한다고 생각하면 자체사업으로 전환하고 이런 차이를 수용하는 쪽을 선호할 것이다. 반면에 어떤 복지사업들은 대한민국 국민이라면 사는 지역에 상관없이 동일한 기준에 따라 혜택을 받아야 한다고 생각하면 지금처럼 대행사업으로 하는 쪽을 지지할 것이다. 복지 관련 학자들은 대체로 동일한 기준 적용을 지지한다. 이렇게 전국에 공통으로 적용하는 기준을 '국민기본선(national minimum)'이라고 한다.

　자체재원 비중을 높이고 중앙이 지방에게 떠맡기는 업무를 축소하라는 주장이 단체장이나 지방정부 공무원 좋으라고 그러는 것은 아니다. 자치 수준을 높이는 것이 주민, 즉 국민들에게 더 좋다고 생각하기 때문이다. 그런데 대한민국 국민이라는 관점에서 본다면 복지 분야의 규모가 큰 대행사업들은 자체사업으로 전환하는 것이 그다지 적절할 것 같지 않다.

　정리하면 현행 대행사업 중에는 자체사업으로 전환하는 것이 타당한 사업들도 있기는 하다. 하지만 사업 규모가 큰 것들(주로 복지사업)은 현행처럼 대행사업으로 두는 것이 더 낫다. 그러니 대행사업 축소를 통해 지방정부의 의존재원 비중을 낮출 여지는 그리 크지 않다. 대행사업 축소는 제한적으로 이뤄질 수밖에 없다.

자체사업에 대한 국고보조 축소는 다르다. 이건 많을수록 좋다. 앞에서 다뤘듯이 지방정부 자체사업에 주는 국고보조금은 많은 경우 방만하게 운용되고 낭비를 유발한다. 국고보조를 아예 없앨 수는 없겠지만 상당 부분 폐지하는 것이 마땅하다. 단지 중앙정부 정치인과 관료, 지방정부의 이해가 맞아떨어져서 없애지 못하는 측면이 많다.

이번 장에서는 지방재정에서 의존재원이 갖는 의의와 문제점에 대해 논의했다. 지역 간 재정 형평성, 다른 지역에의 파급 효과, 전국 공통의 서비스 제공이 의존재원이 필요한 이유라고 했다. 하지만 의존재원 비중이 높으면 '자치'가 제약되는 측면이 있다고 했다. 그리고 자체사업 국고보조는 예산 낭비를 가져온다고 했다.

앞서 말했듯 지방자치 관련 학자나 실무자들은 제대로 된 '자치'를 위해 의존재원 비중을 줄이고 자체재원 비중을 높여야 한다고 강조한다. 그 말도 일리는 있다. 하지만 지방재정 관련 학자들은 '효율성' 측면에서 의존재원 비중이 높다는 점을 문제로 본다. 지방정부가 중앙정부보다 재정을 더 방만하게 운용하는 데는 여러 가지 이유가 있다. 그중에서 재정의 일부를 중앙정부에게 의존한다는 점을 가장 중요한 이유로 꼽는 학자들이 많다. 그렇다면 지방재정을 다루는 이 책에서 이 얘기를 가볍게 넘길 수는 없다. 이를 체계적으로 정리하면서 이번 장을 마무리하자.

:: 재정자립도 다시 생각하기

지방정부 대행사업의 의미를 이해했으면 재정자립도에 대해서도 한번 생각해보자. 재정자립도는 전체 예산 중 자체수입이 차지하는 비중을 말한다. 앞에서도 언급했듯이 지방행정 관련 학자나 실무자들 중에 많은 이들이 낮은 재정자립도야말로 우리나라 지방재정의 근본 문제고, 지방자치를 제대로 하려면 재정자립도를 높여야 한다고 굳게 믿는다. 그러나 이는 다분히 오해다.

과거 제4공화국 헌법에서는 지방자치를 하지 못하는 이유를 남북분단 탓으로 돌렸다. 헌법에 지방의회를 "조국통일이 이루어질 때까지 구성하지 아니한다"라고 규정했다. 그러다 제5공화국 헌법에서는 재정자립도가 낮은 것을 지방자치를 보류하는 이유로 들었다. "지방자치단체의 재정자립도를 감안하여" 지방의회를 순차적으로 구성하되, 구성할 시기는 법률로 정한다고 규정했다. 좀 황당한 논리다. 재정자립도가 낮으면 지방자치를 못한다는 것은 타당성이 약하다. 그러나 타당성 여부와는 별개로 이러한 헌법 규정이 '진정한 의미(!)의 지방자치를 하려면 재정자립도가 높아야 한다'라고 여겨지게 만든 계기가 된 것 같다.

헌법에는 재정자립도가 낮아서 지방자치가 어렵다고 되어 있었지만 지방자치 실시 이후 재정자립도는 더 떨어졌다. 지방자치가 부활된 1995년 63.5%였던 재정자립도는 1999년 60% 밑으로 떨어졌고 이후에도 지속적으로 하락세를 그렸다. 2013년 전국 재정자립도는 51.1%로 40%대로 떨어지기 직전이다.

중앙정부가 지방자치 강화에 큰 의지가 없었다고 의심할 만한 부분은 많다. 하지만 그렇다고 중앙정부에서 일부러 재정자립도를 낮출 이유는 전혀 없다. 지방자치 실시 이후 재정자립도가 낮아진 것은 대행사업이 줄곧 확대되었기 때문이다. 가령 3대 복지 대행사업의 도입 연도를 보면 국민기초생활보장제도는 2000년부터, 기초노령연금은 2008년부터, 보육료 지원은 2000년대 후반부터 급격하게 증가했다. 우리나라에서 본격적으로 복지정책을 확대하기 시작한 시기가 공교롭게도 지방자치 실시 이후다. 앞에서 봤듯이 복지사업은 지방정부 자체사업보다는 대행사업으로 하는 것이 더 적절하기 때문에 대행사업이 많아지고 사업비 국고 지원이 늘면서 그렇게 된 것이다. 참고로 자체재원의 기본인 지방세를 보면 지방자치 이후 지금까지 국세 대 지방세 비율은 부동산 경기에 따라 약간씩 변동하기는 했지만 줄곧 8 대 2를 유지하고 있다.

재정자립도가 지나치게 낮은 것은 확실히 문제다. 그러나 재정자립도가 낮다고 자치가 훼손되는 것은 아니다. 제대로 된 자치, 건실한 지방재정 운영을 위해서는 재정자립도 자체보다는 어떤 연유로 재정자립도가 낮은지, 의존재원 운영이 어떻게 이뤄지고 있는지가 더 중요하다. 재정자립도 수준 자체가 지방자치가 제대로 이뤄지고 있는가를 판단하는 척도는 될 수 없다는 점을 분명히 하자.

시장은 왜 정부보다 효율적인가?

시장이 정부보다 효율적인 근본 이유는 비용과 혜택이 연결되어 동일인에게 귀속되기 때문이다. 시장에서는 혜택을 얻으려면 그에 상응하는 비용을 지불해야 한다. 공짜는 없다. 짜장면을 먹으려면 짜장면 값 5000원을 지불해야 하고 머리를 자르려면 커트 값 8000원을 지불해야 한다.

이익은 혜택과 비용의 차이다. 이익을 추구하는 개인은 가급적 혜택과 비용의 차가 큰 쪽을 선택한다. 똑같은 7000원짜리라도 든든한 한 끼를 원하면 왕돈까스를 먹고, 어젯밤 과음 탓에 속이 쓰리면 해장국을 찾는다. 두 명이 술 한잔하는 데 대구막창 집에서는 3만 원이 들고 이자카야에서는 10만 원이 들 때, 상대가 항상 어울리는 그녀석이면 막창 집을, 오랜만에 만나는 그녀라면 이자카야를 간다.

그런데 정부가 제공하는 공공서비스는 비용과 혜택이 분리되어 있다. 세금을 포탈한 사업가도 대한민국 영토 내에 사는 한 투명하게 세금을 납부한 회사원과 동일하게 국방 서비스 혜택을 누린다. 월급이 올라 작년보다 세금을 300만 원 더 낸다고 해서 내가 누리는 치안 서비스 혜택이 늘어나지 않는다. 혜택과 비용이 연결되지 않는 탓에 혜택을 보는 입장이라면 비용은 아랑곳하지 않고 혜택만 많이 받으려 하고, 비용을 대는 입장이라면 혜택이야 많든 적든 비용만 줄이려고 한다. 그러니 한쪽에서는 쓸데없는 곳에 돈을 쓰는 예산 낭비가 발생하고 다른 쪽에서는 꼭 필요한데도 돈이 없어 서비스를 중단하는 예산 부족이 생겨난다.

시장에서 각자 이익을 추구할 때 저절로 효율적인 경제 운용이 이뤄진다는 '보이지 않는 손'의 마법도 비용과 혜택이 연결되어 있기 때문에 가능하다. 비용과 혜택이 분리되어 있다면 시장에서도 비효율이 발생한다. 비용-혜택의 괴리로 발생하는 시장 비효율에 대한 대표적인 경제이론이 언론에 자주 등장하는 '도덕적 해이(모럴 해저드, moral hazard)'다.

도덕적 해이냐, 도덕적 해악이냐

'도덕적 해이'는 원래 보험 시장에 대한 연구에서 나왔다. 보험 가입자는 미가입자에 비해 사고 예방에 신경을 덜 쓰게 된다는 얘기다. 자동차보험이 없다면 운전자 본인이 사고에 따른 비용을 모두 부담해야 한다. 이때 운전자는 행여 접촉사고라도 날까 봐 훨씬 더 조심해서 운전할 것이다. 일부러 사고를 내려는 운전자는 없겠지만 확실히 보험 덕에 주의를 덜 기울이게 되는 건 사실이다. 운전자는 마땅히 사고를 내지 않도록 노력해야 한다. 그러나 사고가 나서 피해가 발생해도 보험이 변상해주는 구조에서는 피해와 변상이 괴리되어 사고 방지에 해이한 행태, 즉 도덕적으로 문제 있는 행태를 보인다는 의미에서 도덕적 해이라고 부른다.

건강보험에 가입함으로써 필요 이상으로 병원에 간다면 이것도 일종의 도덕적 해이에 해당한다. 건강보험에서 병원비를 100% 커버하는 대신 일부를 본인이 부담하게 하는 데는 지나친 도덕적 해이를 막으려는 뜻도 있다. 주인이 가게를 볼 때와 점원이 가게를 볼 때 매상에 차이가 나는 것도 도덕적 해이 탓이다. 주인은 가게 수입이 자기 것이니 기를 쓰고 일하지만 종업원이야 월급만 제때 나오면 구태여 심력을 소비할 이유가 없다. 그래서 도덕적 해이를 막기 위해 실적에 따라 급여가 달라지는 성과급제를 쓰기도 한다. 성과급제는 매상을 올리려는 노력(비용)과 급여(혜택)를 연계하는 것이다.

2장에서 나왔던 대리인 문제도 전문경영인의 도덕적 해이에서 비롯된다. 그래서 전문경영인이 주식가치를 올리기 위해 혼신의 힘을 다하는 것(비용)과 스톡옵션(혜택)을 연계함으로써 전문경영인이 해이해지는 것을 막으려는 것이다.

비용과 혜택이 연계되지 않아서 최선을 다하지 않는 것은 문제다. 그러나 심하게 농땡이를 부리지 않는 이상 어느 정도 해이함은 용인할 수 있다. 그러나 비용과 혜택의 괴리가 개인의 느긋함을 넘어 사회적으로 상당한 손해를 가져온다면 큰 문제다. 이 정도면 더 이상 도덕적 해이가 아니라 도덕적 해악이 된다.

경제 용어 중에 바둑에서 빌려온 대마불사라는 말이 있다. 대기업이 망하면 경제 전체에 미치는 파장이 크므로 망하지 않도록 정부에서 도와준다는 얘기다. 대기업 입장에서는 얼마나 좋은가. 크게 베팅해서 성공하면 이익을 몽땅 챙기고 실패해도 정부가 버팀목이 되어준다. '이익의 사유화, 손실의 사회화'다. 비용과 혜택이 분리되어 있으니 도덕적 해이가 발생하지 않을 리 없다. 만일 망하게 된 기업에 막대한 공적자금을 투입했다가 공적자금마저 떼이면 이건 해이가 해악을 초래한 것이 된다.

비용과 혜택의 분리는 정부 서비스의 기본 특성이다. 비용과 혜택이 연결되어 있다면 구태여 정부가 제공할 이유가 없다. 그래서 정부 운영은 도처에서 도덕적 해이가 발생한다. 국가(중앙정부)재정에서도 그렇지만 지방재정에서는 특히 도덕적 해이가 문제가 된다. 이는 지방 재정이 갖는 '물렁한 예산 제약(soft budget constraint)'이라는 특성 때문이다.

지방재정의 물렁한 예산 제약

물렁한 예산 제약은 동유럽 사회주의 국가들의 국영기업이 비효율적인 이유를 설명하면서 나온 용어다. 이 나라들의 국영기업은 국가에서 사업비가 부족하면 추가로 지원해주고, 투자했다 실패해도 손실을 보전해준다. 비용을 절감할 유인이 없다. 투자에 신중할 필요도 없다. 이러니 예산 낭비와 물자 부족으로 귀결될 수밖에 없다는 얘기다.

정부 지원 없이 자기 예산으로 모든 것을 해결해야 한다면 절대 이런 행태를 보일 수 없다. 예산 제약이 물렁하기 때문에, 사실상 예산 제약이 없는 것이나 마찬가지이기 때문에 이런 낭비가 발생한다. 사회주의 국영기업이 아니라 자본주의 사회의 공기업도 정부가 모자랄 때 보태주고 실패할 때 보상해주면 마찬가지 행태를 보인다. 지금은 아닐지 모르겠지만 과거 우리나라 공기업 중에는 이런 행태를 보이는 곳이 여럿 있었다.

지방정부는 자체수입으로 지출을 모두 충당하지 못한다. 그래서 부족분은 중앙정부가 지원해준다. 이러한 '물렁한 예산 제약'이 존재할 때 지방정부는 스스로 노력해서 수입을 늘리고 비용을 절감하려고 하기보다는 어떻게든 중앙정부 지원을 더 받으려 하거나, 어차피 자신의 노력보다는 중앙정부 지원에 따라 재정 형편이 좌우된다는 생각에 나태해진다.

지방교부세는 의존재원이긴 해도 법령에 따라 기계적으로 배분되며 일반재원으로 사용되므로 이 돈 자체가 낭비될 소지는 별로 없다. 그러나 형편이 어려우면 지원이 늘어나므로 자력으로 재정 여건을 개선하려는 의지를 꺾는 효과가 생긴다. 인구가 많을수록 많이 받기 때문에 일부 지자체에서는 인구를 늘리려고 꼼수를 쓰기도 한다(이에 대해서는 7장과 8장에서 다룬다).

대행사업은 중앙정부가 지방정부에 떠맡겨서 하는 것이다. 마지못해 하는 것이고 중앙정부의 통제를 받기 때문에 기계적으로 집행하는 경향이 있다. 그래서 효과성이 떨어지는 문제가 발생한다(이 문제는 8장에서 다룬다).

지방교부세와 대행사업보다 훨씬 심각한 효율성 문제는 자체사업에 대한 국고보조금에서 발생한다. 국고보조는 지방정부 입장에서 비용을 실제 사업비용보다 작게 만든다. 그래서 국고보조금이 없다면 하지 않았을 사업, 더욱이 하지 말았어야 할 사업도 시행하게 된다. 뿐만 아니다. 지원 여부가 사업의 필요성과 타당성보다 정치력에 의해 결정된다면 지방정부는 저마다 좋은 사업을 개발하기보다 정치력을 동원하는 데 더 힘을 쏟게 된다. 이러한 왜곡된 행위에 따라 발생하는 무형의 낭비가 효율성을 더욱 떨어뜨릴지도 모른다.

중앙정부에 재원의 일부를 의존한다는 지방재정의 특성상 '물렁한 예산 제약'을 아예 없앨 수는 없다. 그래서 더더욱 이에 따르는 낭비를 어떻게 막느냐 하는 문제가 지방재정의 효율성에 핵심 이슈가 된다.

물렁한 예산 제약으로 발생하는 문제의 핵심은 이것이다. '모자라면 보태준다.' 모자라면 보태주는 행위는 잘못된 믿음을 낳는다. '어쨌든 망하지는 않는다.' 그렇다면 물렁한 예산 제약을 막는 첫걸음은 그 믿음을 이렇게 바꾸는 데서 시작해야 한다. '잘못하면 망할 수 있다.' 이어지는 5장에서는 이 문제를 다룬다.

: : [인터뷰] 구청 예산담당 공무원의 하소연

이 책을 쓰면서 예산 편성 실무를 맡은 어느 구청 공무원을 인터뷰했다. 한 해 예산은 어떻게 편성하는지, 빠듯한 예산으로 살림을 꾸리기가 얼마나 어려운지, 국고보조금 지원에는 어떤 문제가 있는지 등을 물었다. 재원 문제뿐 아니라 왜 업무의 비효율성을 초래하는지도 잘 드러난다. 그 가운데 핵심적인 내용을 정리했다.

"예산편성 준비 작업은 8월 초 안전행정부와 서울시의 편성 지침을 받은 후 자체 편성 방침을 만들면서 시작됩니다. 본격적인 업무는 9월 초 부서별 예산요구서를 받으면서 시작되고, 9월 내내 실무적인 예산요구서 수정, 정리, 내용 심의가 이어집니다. 실무조정 과정에 약 3주가 걸려요. 단순한 오류 확인이나 보완은 어렵지 않은데, 정말 어려운 작업은 정해진 전체 예산 규모에 맞춰 예산요구액을 조정(실은 거의 전부 삭감이다)하는 과정이에요. 이때는 매일 자정까지는 기본으로 야근하고, 아예 사무실에서 자기도 합니다. 실무 조정이 끝나면 부청장 주재 조정심의(실·국장 협의회)에서 최종 협의한 결과를 반영해 수정하고, 구청장 결재를 받으면 예산안이 확정됩니다. 그리고 그 예산안을 의회에서 의결하면 예산을 짜는 과정이 끝납니다.

예산팀 일이 힘들지요. 그래도 전에는 소위 '끗발'이 있어 다들 오고 싶어 하는 부서였어요. 근데 요즘은 안 그래요. 예산팀 능력을 증명하는 길이 자체사업비를 잘 만들어내는 거였는데, 지금은 구석구석 찾아내 많이 잘 라내는 게 능력이에요. 그러니 인기가 없죠. '예산 요구는 뭣 하러 받나, 의무지출 편성 다 해놓고 남는 금액이나 알려주든지 예산팀에서 알아서 편성하든지 해라.' 이런 볼멘소리를 늘 듣습니다.

고생을 하더라도 살릴 사업은 살리고, 깎을 건 깎고 할 수 있다면 보람이 있을 텐데 그러질 못하는 겁니다. 2009~2010년 이후로 신규 사업은 다 쳐내는 현실이거든요. 경기가 좋지 않아 자체 세입은 거의 늘지 않는데 국고보조 비중만 늘어나니 의무적으로 해야 하는 일에 예산을 배정하는 것만도 벅찰 지경입니다.

주민들은 예산 전체 규모가 늘어나니 여유 재원도 늘어난다고 생각해요. 그러나 우선 편성해야 하는 인건비나 국고보조사업 같은 의무지출, 사실 상 고정 지출인 시설 유지관리비 등을 편성하고 나면, 신규 사업비는 없다고 봐야죠. 새로 올라오는 예산 요구는 일단 안 된다는 걸 전제로 검토한다고 보면 됩니다.

국가에서 복지사업 등을 일방적으로 결정하면서 사업보조금은 전액을 주는 게 아니라 지자체에 '매칭비'를 전가하잖아요? 이 구조적 문제가 해결되지 않고서는 방법이 없어 보여요. 재정 규모가 작은 우리 청 같은 데서도 매년 순수하게 늘어나는 재원으로 100억 원은 있어야 자연증가분을 소화하고 새로운 사업을 기획할 여지가 생깁니다. 그런데 지방세가 전체 세금의 2할밖에 안 돼요. 구세는 더더욱 없고요. 세수가 늘지 않는 건 국가나 광역도 마찬가지니 재량껏 쓸 수 있는 지원금(국가의 지방교부세, 서울시의 조정교부금 등 자주재원은 자체수입이 아니지만 구청이 자율적으로 편성할 수 있다)도 별로 늘지 않아요. 그러니 우리 청에서는 1~3월에는 사실상 자금이 전혀 없어요. 연초에 들어올 돈이 없고, 전년도 잉여금도 남지 않아 아예 통장이 빌 정도예요.

게다가 중앙이나 광역에서 예산 부담을 떠넘기기까지 합니다. 일례로 국고보조로 변호사를 파견해주는 사업이 있었어요. 그러다가 몇 년 지나니까 더 이상 지원을 못한다면서 자체업무로 받아서 하라더군요. 구청 예산 사정만 보면 할 수 없는 사업이에요. 하지만 그럴 수도 없습니다. 공익성이 강하고 주민들이 실질적인 혜택을 받아온 일이라 구청에 돈이 없다고 폐지하면, 난리가 납니다. 어떻게든 해야죠. 그러려면 다른 지출을 줄이는 수밖에 없습니다. 또 시설을 만들 때는 보조금은 주지만 이후에 운영비를 주지는 않아요. 그래서 운영비 부담 때문에 차라리 보조금 안 받고 만들지 말걸 하는 경우도 있어요.

국고보조사업을 하느라 재정 사정만 어려워진 것이 아니에요. 일 자체에 비효율성도 늘었어요. 보조금이 얼마나 내려올지 중앙과 광역에서 '내시(잠정액수를 미리 알려주는 것)'를 해줘야 매칭사업비도 잡고 계획을 짜거든요? 그런데 확정내시라고 해놓고 여러 차례 번복하는 경우가 허다합니다. 영유아 보조금 경우에는 내시가 다섯 번 바뀐 경우도 봤어요. 지금 지자체는 재정 구조가 의존적이어서 여러 모로 비효율적이고 상기적인 안목이 생기지 않는 실정입니다.

근본적으로 국가와 지자체의 예산 주기가 거의 같다는 데서부터 불합리한 면이 있다고 봅니다. 국가의 재정 지원, 보조금 등이 얼마나 내려올지 정확히 알 수가 없어요. 그 상태에서 예산을 짜면? 매년 예산을 집행하는 도중에 추가경정예산을 몇 번씩 다시 짜야 해요. 빤히 바뀔 예산인데 애초에 철저히 짜려는 의지가 약해질 수밖에 없잖아요? 지자체가 국가 지원 등 들어올 돈을 최대한 정확히 예측하고 예산 계획을 짤 수 있도록 제도 개선이 되면 좋겠습니다. 방만한 부분은 가차 없이 손대야지요. 하지만 전체적으로 재량권이 없는 상태에서 옥죄기만 해서는 적극적으로 일하는 분위기가 만들어지기 어렵다고 생각합니다."

3부

지방재정,
이래도 되는가

5장

파산마저 거론되는
지방재정 위기

:

지자체 파산

'코리안 타임'이라는 말을 아는지 모르겠다. 요즘에는 거의 안 쓰지만 내가 어릴 때는 흔히 사용하던 말이다. 어원은 해방 이후 미군정청 장교들로부터 나왔다는 설이 유력하다. 당시 미군 장교들은 만나기로 한 한국 사람들이 약속 시간보다 한참 지나서야 나타나는 일이 다반사라 한숨을 쉬면서 이런 용어를 사용했다고 한다. 60년 전 미국인 눈에는 한국인이 시간관념 없고 태평한 것으로 보였나 보다. 지금은 지나치게 서두르고 여유 없는 것이 문제니 격세지감이란 말이 절로 나온다.

흔히 제도나 관습은 잘 변하지 않는다고 생각한다. 하지만 가만히 따져보면 그렇지 않음을 알 수 있다. 60년은 고사하고 10년쯤 되는 기간에도 확 바뀐다. 이 글을 쓰던 당시 가장 화제가 된 드라마는 〈응답하라 1994〉였다. 숱한 장면에서 깨알 같은 재미를 선사했다. 내게 가장 크게 다가왔던 것은 당시 대학 캠퍼스 풍경이었다. 드라마 주인공들은 나와 10년 차이가 난다. 내가 대학에 다녔던 1980년대와는 불과 10년 차이지만 그때와는 캠퍼스 풍경이 너무나 달랐다.

우리 사회의 1980년대와 1990년대를 가르는 가장 큰 차이는 두말할 나위 없이 민주화다. 1980년대 중반만 해도 불과 몇 년 뒤에 그토록 민주화된 사회가 오리라고는 상상하지 못했다(우리 사회의 민주화 수준에 대해서는 평가가 엇갈리겠지만 영화 〈변호인〉의 배경인 1980년대 초중반과 비교하면 천양지차라는 데는 대부분 동의할 것이다).

그렇다면 1990년대와 2000년대를 가르는 차이는 뭘까. 시장화가 아닐까. 세계화니 신자유주의니 하는 용어들도 모두 시장화의 단면들을 나타내는 용어다. 87년 6월 항쟁이 민주화 이전과 이후를 가르는 계기가 되었듯이 97년 외환위기는 시장화 이전과 이후를 구분 짓는 경계가 되었다.

정부의 시장화

1997년 외환위기 이후 시장화는 우리 사회 곳곳을 변화시켰다. 먼저 변한 곳은 재계였다. 재계의 변화를 이끈 시장화의 키워드는 '자기책임'이었다. 누구의 보호나 간섭 없이 스스로 결정하되 결과 역시 온전히 자기가 책임지는 것, 자기책임은 시장의 핵심 요소인 경쟁을 경쟁답게 하는 기본 조건이다(물론 소위 '이익의 사유화, 손실의 사회화' 태도가 완전히 사라진 것은 아니다. 그러나 외환위기 이전에 비해 크게 달라진 건 분명하다).

앞 장에서 쓴 대마불사라는 표현처럼 외환위기 전까지 대기업과 금융기관은 결코 망하지 않는다고 믿었다. '대기업과 은행이 망하면 국가경제가 파탄 날 텐데 정부가 보고만 있겠느냐.' 이런 생각이었다. 그런데 외환위기 이후 딴 세상이 찾아왔다. 일반 대기업은 물론 은행도 줄줄이 문을 닫았다. 30대 그룹 중 15개가 해체되었고, 26개 시중은행 중 13개가 없어졌다. 대기업과 금융기관도 망할 수 있다는 인식이 널리 퍼졌다.

시장화는 정부도 변화시켰다. 정부를 변화시킨 시장화 키워드는 이른바 '경영 마인드'였다. '주식회사 대한민국'이라는 용어가 낯설지 않아졌다. 많은 대선 후보와 단체장 후보들은 앞을 다투어 'CEO 리더십'을 표방했고 그들 중 많은 이가 당선되었다. 자칭 타칭 CEO 리더십을 가장 잘 갖추었다는 대통령의 업적이 어땠는지는 이 책의 주제가 아니니 넘어가자. 그렇다면 지방정부의 CEO형 단체장들은 어떤 업적을 남겼을까.

이들의 공통된 특징은 각종 개발사업을 활발하게 펼쳤다는 점이다. 개발사업의 공과(功過)는 한 문장으로 요약하기 힘들다. 구체적인 사업별로 따지는 것이 공정하다. 다만 재정 측면에서 보면 개발사업으로 많은 지방정부의 재정이 심각한 상황에 놓이게 되었다는 것만큼은 분명하다.

외환위기 이후 민간 대기업들은 평균 400%에 달하던 부채비율을 낮추려고 많은 노력을 기울였고 그 결과 지금은 100% 내외 수준으로 많이 낮아졌다. 그러나 정부는 정반대였다. 사실 외환위기 당시에는 정부 부채가 많지 않았다. 그러나 이후로 계속 증가하기 시작했다. 정부 부채에 공기업 부채까지 포함하면 부채가 증가하는 속도는 훨씬 가파르다. 그나마 국가(중앙정부)는 나랏빚을 주시하는 사람들이 많은 탓에 채무에 신경을 쓴다. 하지만 지방정부는 그렇지 않다. 빚 무서운 줄 모르는 지방정부가 제법 많다. 호되게 당한 경험이 없는 탓일 수도 있다. 중앙정부가 절대 나 몰라라 하지 않으리라는 믿음 때문일 수도 있다.

아직까지 우리나라 지방정부가 부도 위기에 몰린 적은 없다. 하지만 여태껏 없었다고 해서 앞으로도 그럴 것이라는 믿음은 희망일 뿐이다. 믿는 건 자유지만 실제가 믿음대로 되는 것은 아니다. 머지않아 파산 뉴스를 접해도 전혀 놀랍지 않을 만큼 재정 상태가 심각한 지방정부가 몇몇 있다. '설마' 하고 생각하는가. 외환위기 이전에는 민간 기업도 대마불사가 상식이었다. 민간은 변했는데 언제까지 공공부문만 독야청청할까.

지방정부가 파산하면 구체적으로 어떤 일이 생길까. 아니 더 근본적으로 대체 어떤 상황이 되면 지방정부 파산이라고 말할까. 우리나라에는 아직 지방정부 파산 사례가 없을뿐더러 관련 제도도 구비되어 있지 않다. 그래서 이런 의문에 대한 명확한 답은 아직 없다. 하지만 외국에는 지방정부 파산 제도가 정립된 경우가 많고 실제 발생 사례도 여러 건 있었다. 그러니 외국 사례를 먼저 살펴보고 우리는 어떻게 대처해야 할지 함께 고민해보자.

: : 지방자치, 공공 부문의 시장화, 지역개발

지방정부 단체장들이 각종 개발사업을 남발한 것이 외환위기 이후 우리 사회의 주요 특징인 '시장화' 때문이라는 설명에 고개를 갸웃거릴 독자도 있을 듯하다. 2장에서 말했듯이 단체장이 개발사업에 치중하는 것은 지방 자치의 일반적인 속성이기 때문이다. 맞기는 하다. 지방자치 이후 민선 단체장의 개발을 지향하는 속성이 외환위기 이후 시장화 분위기와 맞물려 활짝 '피어났다'고 보는 것이 더 타당할 것이다.

1990년대에 재임했던 민선 단체장들은 2000년대 단체장들만큼 경영 마인드에 투철하지 않았고 개발사업에 몰두하지도 않았다. 가령 서울시 장을 따져보자. 지방자치 이후 역대 서울시장은 조순(1995~1997), 고건 (1998~2002), 이명박(2002~2006), 오세훈(2006~2011), 박원순(2011~현재) 이었다. 조순과 고건 시장 임기 중에 어떤 개발사업을 했는지 기억나는가. 그때는 민선 시장이었지만 특별한 개발사업을 벌이지 않았다. 서울시가 각종 개발사업을 의욕적으로 추진한 것은 이명박 시장 때부터였고 이런 경향이 내용이 조금 바뀐 채로 오세훈 시장까지 이어졌음은 주지의 사실 이다. 다른 지역도 대동소이하다. 각종 개발사업으로 지방정부 재정이 위험에 처하게 된 것은 2000년대 이후다.

미국 | 지방정부 파산은 일상다반사

미국에서는 지방정부 파산이 일반화되어 있다. 그래서 지방정부가 파산하면 어떤 일이 생기는지 알려면 우선 미국 사례를 봐야 한다. 일상에서 '파산(破産)'은 완전히 망했다는 의미로 쓰이는 말이다. 기업에서는 '도산(倒産)'과 같은 의미로 쓰인다. 법적으로 파산은 채무자가 빚을 갚을 수 없는 상태가 된 것이다. 그래서 파산 절차를 밟는다는 것은 재판에 따라 채무자 재산을 모든 채권자들에게 배분하는 것을 말한다.

미국에서는 기업이든 지방정부든 도저히 채무를 감당하지 못할 지경이 되면 법원에 파산 신청을 한다. 법원이 이를 받아들이면 파산 절차가 진행된다. 여기에는 청산과 존속이라는 두 유형이 있다. 청산은 신청한 단체의 존재가 없어지는 것, 존속은 채무를 유예하고 자산 매각 등으로 회생하게 하는 절차다. 우리 개념으로는 청산만 파산이고, 존속은 법정관리에 해당한다. 미국에서도 존속 목적의 신청은 '파산 보호(bankruptcy protection)' 신청이라고 부른다. 파산, 즉 빚더미에 눌렸으니 망하게 해달라는 것이 아니라 망하는 것을 막을 수 있게 해달라는 것이기 때문이다.

지방정부가 파산 지경에 이르렀을 때는 어떤 선택을 할까. 기업은 도저히 회생할 가망이 없으면 청산해야 한다. 지방정부는 다르다. 빚이 많다고 해서 지방정부를 없앨 수는 없다. 그 지역 공공서비스 제공을 완전히 준단할 수는 없기 때문이다. 그래서 지방정부가 자체석으로 빚을 갚지 못할 상태가 되면 법원에 파산보호를 신청한다. 즉 법원의 통제 아래 회생 절차를 밟게 된다.[1] 회생 절차를 밟으면 어떻게 될까.

지방정부 회생 절차도 기업과 유사하다. 우리나라로 치면 외환위기 직후 공적자금을 투입해서 부실 기업들을 회생시켰던 것과 비슷하다. 공적자금을 지원하고, 채무 감축을 협상하고, 자산을 매각하고, 구조조정을 하고…….

미국에는 최근에도 파산된(정확히는 파산보호 선고를 받은) 지방정부가 여럿이다. 2008년 금융위기 이후 2012년까지 14개 지방정부가 파산했다. 캘리포니아 주에서는 2012년 6~7월 한 달 새 3개 지방정부가 연쇄적으로 파산(보호)을 신청했다.

최근 발생한 파산 사례 중에서는 2013년 디트로이트 시 파산이 대표적이다. 시가 갚아야 할 빚이 185억 달러, 우리 돈으로 20조 원이다. 역대 최대 규모다. 법원으로 가기 전에 2012년부터 주정부가 개입해 디트로이트 시에 비상관리인을 파견하는 등 다양한 시도를 했으나 역부족이었다. 2013년 7월 법원에 파산보호 신청을 하고 12월에 선고를 받았다.

본래 디트로이트는 미국 자동차 산업의 메카였다. 미국 3대 자동차 회사인 GM, 포드, 크라이슬러의 주력 공장이 모두 디트로이트에 있다. 1950년대에는 인구가 180만 명에 이를 정도로 호황을 누렸다. 그러나 이후 미국 자동차 산업이 쇠퇴하고 경기 침체가 겹치면서 기업과 주민들이 다른 곳으로 빠져나가 지금은 인구가 70만 명으로 줄어들었다.

기업이 불황이고 인구가 감소하니 세금 수입도 줄었다. 세수 감소의 해결책을 찾지 못한 시정부는 지출을 줄여야 했다. 그 결과 공공서비스 수준이 형편없이 떨어졌다. 특히 치안이 악화되자 인구 유출은 더욱 가속화되었다. 그 와중에 시장은 뇌물을 받고 빚을 내서 모노레일 등 대형 건설사업을 계속했다. 공무원노조가 반발해 연금 개혁 등 재정 구조조정도 이루지 못했다. 결국 디트로이트 시는 스스로 돌파구를 찾지 못하고 파산을 맞았다.

파산 이후 시는 각종 공공자산 매각을 비롯한 강력한 구조조정에 들어갔다. 미술관 소장품마저 매각 대상에 올랐다가 지나치다는 여론이 일어 공익재단과 주정부 지원으로 가까스로 막았다. 퇴직한 공무원에게 지급하는 연금도 대폭 삭감될 전망이다.

힘겨운 회생 과정이 진행되고 있지만 이후 전망도 밝진 않다. 디트로이트 시의 실업률과 범죄율은 미국 도시 중 최고다. 디트로이트 시는 2012년 범죄율 1위 도시, 2013년 경제전문지 〈포브스〉가 선정한 '가장 비참한 도시(most miserable city)' 1위에 올랐다. 공공서비스 수준은 형편없다. 가로등은 절반이 꺼진 상태다. 또 낡고 텅 빈 건물 8만 채가 흉물로 방치되어 있다. 건물 한 채를 철거하는 데 평균 8000달러가 드는데 이 돈이 없기 때문이다. 이런 도시에서 살고 싶은 사람, 사업하고 싶은 기업이 어디 있겠는가. 디트로이트가 언제 파산보호 상태를 벗어날지 예측하기 어렵고, 설사 이 상태를 졸업한다고 해도 예전의 활기를 되찾을 수 있을지는 지극히 회의적이다.

디트로이트 파산은 예견되었던 것이다. 오랜 시간 경제가 쇠퇴하고, 세수가 감소하고, 적자가 누적된 결과였기 때문이다. 그런데 이런 구조적인 문제가 아니라 공무원의 과욕 탓에 파산을 맞은 지역도 있다. 캘리포니아 주는 1978년 재산세 세율 인상을 억제하는 법인 주민발의 13(Proposition 13)을 제정했다. 재산세는 지방정부의 주요 수입원이다. 그래서 이 법 제정 이후 캘리포니아의 여러 지방정부들이 재정 압박에 시달리게 되었다. 미국에서 부유한 지역으로 손꼽히는 오렌지 카운티도 그중 하나였다.

1993년 7월 오렌지카운티 재무담당관은 재정난을 극복하기 위해 투기에 가까운 금융투자에 뛰어들었다. 유가증권을 담보로 투자은행 으로부터 단기대출을 받아 그보다 금리가 높은 장기증권에 투자했다. 금리 차익을 노린 것이다. 초반에는 제법 높은 수익률을 냈다. 그러자 카운티정부뿐 아니라 산하의 많은 도시와 공공기관들도 오렌지카운 티의 투자 풀에 가세했다. 주민들은 세금 부담 없이 높은 서비스 수준 을 누리게 해주는 이러한 정책을 환영했다. 하지만 높은 수익에는 높 은 위험이 따르게 마련이다. 빚으로 산 증권을 담보로 또 빚을 얻어 투 자하는 방식은 위험을 눈덩이처럼 키웠다. 커지는 위험을 알아도 멈 출 수 없는 상황까지 치달았다. 결국 1994년 말에 17억 달러라는 거액 의 손실을 낸 채 파산했다. 워낙 부유한 지역이어서 그런지 2년 뒤인 1996년 파산에서 벗어나가는 했다. 하지만 그 과정에서 공무원 2천 명 해고, 시영버스와 복지시설 폐지 등 공공서비스 대폭 축소, 각종 공 공요금 인상 같은 강력한 구조조정을 겪어야 했다.[2]

유바리 시 | 과도한 개발사업의 말로

미국에서는 지방정부의 자기책임 원칙이 철저하다. 기업과 마찬가지 로 지방정부도 과도한 빚을 지면 파산(보호) 절차를 밟는 게 당연시된다. 하지만 다른 나라에서는 그렇지 않다. 지방정부를 기업과 다르게 대우하는 이유는 물론 지방정부가 파산하면 지역주민이 피해를 입기 때문이다. 따지고 보면 미국 역시 파산 '보호'를 하는 것이지 아예 파산시키는 것은 아니다.

우리와 행정 및 법체계가 비슷한 일본에는 미국처럼 지방정부에 법적으로 '파산' 선고를 내리는 제도는 없다. 일본의 지방정부 파산 제도란 재정재건단체로 지정되어 상위 정부의 지원을 받는 대신에 재정 자율권이 제한되고 강제적인 구조조정을 거치는 것을 말한다. 구체적인 사례를 보자. 2007년에 발생한 유바리 시 파산(재정재건단체 지정)이다.

유바리 시는 홋카이도 중부에 만 명이 사는 작은 도시다. 본래는 탄광도시였다. 1960년대에는 인구가 10만 명을 넘을 정도로 번성했다가 석탄 산업이 사양길로 접어들면서 쇠락하기 시작했다. 이 와중에 1979년 당선된 새 시장이 "탄광에서 관광으로"라는 구호를 내걸고 대규모 관광개발 사업을 시작했다. 지역 경제의 성장 동력이었던 탄광이 없어진 상황에서 관광산업을 새 성장 동력으로 만들자는 것이었다.

유바리 시는 국가에서 보조한 폐광 지역 지원금은 물론이고 빚과 민간자본 등 온갖 자금을 동원해 관광 시설을 만들고 축제를 벌였다. 스키장, 콘도, 테마파크를 짓고 국제영화제도 열었다. 처음엔 과감하고 공격적인 투자가 가시적 성과로 이어지는 듯했다. 이 덕에 유바리 시는 정부와 민간에서 주는 각종 상을 연이어 수상하며 일본 지방자치계의 스타로 떠올랐다. 일본은 물론 외국에서도 벤치마킹하러 유바리 시에 몰려들었다. 중앙정부도 유바리 시를 지역 경제 활성화의 모범 사례로 적극 부각시켰다.

1979년 당선된 시장이 2003년까지 무려 24년간 연임하면서 이런 정책을 이끌었다. 그는 1967년부터 시 기획실장을 역임한 공무원 출신으로 시장이 되기 전부터 관광산업 중심 정책을 추진해온 인물이었다. 시장이 되자 더욱 과감하게 개발사업을 벌여나갔다. 간혹 무리하다는 비판을 받아도 전혀 개의치 않았다. 그는 평소 이런 말을 했다. "차입금을 아무리 많이 써도 마지막에는 국가가 책임질 것이다." "앉아서 돈 없다고 하지 말고, 어떻게든 돈을 만들어 사업을 추진해야 비로소 '나는 정치가다'라고 말할 자격이 있다." "국가도 머리를 굴리겠지만, 우리가 더 민첩하게 머리를 굴려 국가로부터 돈을 빼내야 한다."[3]

주민들도 외형적인 성공에 도취했다. 시장이 2003년 사망할 때까지 24년 동안이나 사실상의 종신집권을 지지했다. 후임 시장으로도 전 부시장을 뽑았다. 전임 시장의 정책을 이어가라는 지지 의사로 볼 수밖에 없었다. 이때 이미 유바리 시 재정에는 깊은 골병이 들었다. 하지만 아무도 이의를 제기하지 않았다. 결국 파산 지경에 놓인 재정을 더 이상 견디지 못한 시장은 전임 시장 사후 3년 만인 2006년 재정재건단체 지정을 신청했다.

파산(재정건전단체 지정) 신청 당시 유바리 시의 빚은 630억 엔이었다. 2005년도 1년 예산이 45억 엔이니 열네 배였다. 각종 개발사업은 물론 민간사업자가 경영을 포기한 호텔, 스키장을 사들이기까지 하면서 빚이 누적된 결과다. 알고 보니 유바리 시 재정 사정은 이미 1990년대 중반부터 심각한 상태였다. 그럼에도 특별회계, 지방공사, 출자회사를 이용해 돌려막기를 하는 등 분식회계로 재정이 건전하게

운영되는 것처럼 위장해왔던 것으로 드러났다.[4]

파산 이후 유바리 시는 상위 정부가 대신 갚아준 빚 350억 엔을 2024년까지 되갚아야 한다는 의무를 지고 가혹한 구조조정에 들어갔다. 맨 먼저 정치인과 공무원에게 책임을 지웠다. 공무원 수를 절반 이하로 감원하고 급여도 평균 30% 삭감했다. 간부급 공무원은 전원 퇴직시켰다. 주민들 피해도 상당했다. 세금과 공공요금은 대폭 인상되었고, 이전에 없던 쓰레기 처리 수수료나 입탕세(온천 이용세) 등이 부과되었다. 공공서비스 수준은 크게 하락했다. 전국에서 부담은 가장 높고 수준은 가장 낮은 서비스를 감수해야 했다. 모든 공공시설을 축소·폐쇄하거나 민간에 매각했다. 유지한다 해도 유료화해 부담은 늘리고 서비스는 축소했다. 각각 일곱 곳, 네 곳이었던 초·중학교까지 하나씩만 남기고 모두 없앴다. 시립병원은 물론 민영화되었다.

지금도 유바리 시는 파산에서 탈출하려고 안간힘을 쓰고 있다. 2011년에는 서른 살의 전국 최연소 시장을 선출했다. 본래 이 시장은 파산 지자체 지원 목적으로 파견 나온 도쿄 도 소속 공무원이었다. 유바리 시 재건 프로그램에 주민 의견을 반영하기 위해 직접 1600가구를 돌아다니며 설문조사를 하고, 지역 특산물인 멜론을 활용한 '유바리 멜론 팝콘'을 고안하는 등 발 벗고 뛴 점을 높게 평가받아 시장에 당선되었다. 유바리 시민들이 젊고 지역 연고도 없는 그를 시장으로 뽑은 이유는 과거 방식을 반성하고, 유바리가 완전히 새로 태어나기를 원했기 때문일 것이다.

유바리 시는 재건을 위해 창피함을 무릅쓰고 파산을 상품화하기도 했다. '유바리 다큐멘터리 투어'는 유바리가 어떻게 파산에 이르게

되었고, 파산에서 어떤 교훈을 얻었는지 보여주는 현장 탐방 프로그램이다. 우리나라 지방의원들과 공무원들도 이 투어에 많이 다녀왔다. 파산을 캐릭터로 만들기도 했다. '유바리 부부'라는 캐릭터다. 일본어로 부부, 즉 후사이[夫妻]가 부채(負債)와 발음이 같다는 점에서 착안했다고 한다. 남편 이름 '토상(父さん)'은 도산(倒産), 부인 이름 '맛카상(まっ母さん)'은 적자[真っ赤]와 발음이 같다. '돈은 없어도 사랑이 있다'가 홍보 문구라고 한다. 유바리 부부 캐릭터는 2009년 칸 국제광고제에서 그랑프리를 수상하기도 했는데, 이를 활용해 각종 캐릭터 상품도 만들어 팔고 있다.

이렇게 애를 쓰지만 유바리 시의 재건은 불투명하다. 가뜩이나 하락세였던 지역 경제는 재정 파탄 이후 더욱 추락했다. 부담은 늘고 서비스는 후퇴하는 와중에 그나마 적었던 인구는 더 줄어들었다. 특히 젊은 층이 주로 빠져나가면서 더 작고 늙은 도시가 되어버렸다. 파산 이후 3년간 빠져나간 주민만 2천 명에 이른다.[5] 유바리 시의 앞날은 여전히 어둡다.

태백시 | 유바리 시의 쌍둥이

유바리 시 파산 사례가 우리에게 보다 실감나게 느껴지는 것은 단지 가까운 데서 일어났기 때문은 아니다. 유바리 시의 과거 모습이 지금 우리 지자체 모습과 비슷하기 때문이다. 특히 태백시 사정은 흡사 쌍둥이처럼 유바리 시와 닮아 있다. 태백시는 유바리 시와 마찬가지로 과거에 탄광 도시로 번성했던 곳이다. 석탄 산업이 쇠퇴하면서 지역 경제를 부흥하겠다고 대규모 관광개발을 시도했던 것도 비슷하다. 대표적인 사업이 바로 오투리조트다. 이 사업에 실패한 태백시는 현재 우리나라에서 재정 파탄 가능성이 가장 높은 지자체 중 하나다.

태백시에서는 2001년에 시 지분 51%로 태백관광개발공사라는 공기업을 설립해 오투리조트 사업을 시작했다. 2004년 공사를 시작해 2008년 골프장과 스키장을 개장하고, 2009년에 모든 시설을 완공했다. 여기에 들어간 사업비가 4100억 원이다. 본래 태백시가 유치를 원했던 건 카지노(강원랜드)였다. 그런데 강원랜드가 정선군 손에 넘어가자 관광객 유치를 위해 대신 오투리조트를 만들었다. 허나 예상과 달리 오투리조트에는 손님이 별로 들지 않았다. 운영 수익으로는 원금 상환은커녕 이자도 내지 못하고, 직원 임금도 제때 주지 못할 지경이었다. 결국 완공 이듬해인 2010년 안행부의 청산(민영화) 명령을 받고 2011년부터 매각을 추진했다. 그러나 매물로 내놓은 지 수년이 지난 지금도 팔리지 않는다. 적자만 내는 리조트를 누가 사겠는가. 그러는 동안 빚은 눈덩이처럼 불어났다. 콘도는 이미 경매 절차에 들어갔고, 채권자가 방문객의 카드 결제에도 압류를 걸어놓았다. 매출의 80%가 카드 결제인데 이 돈은 만져보지도 못하고 채권자 손에 들어간다. 오투리조트의 실제 수입은 방문객의 현금 결제액과 태백시 등의 외부 지원금뿐이다. 태백시가 2009~2011년 연평균 50억 원가량 추가로 출자했고 2012~2013년에는 강원랜드와 강원도에서 180억 원을 긴급 지원했지만, 체불된 임금과 연체된 공과금을 처리하는 데 이 돈이 다 들어갔다.

지금 태백시는 연체이자만이라도 탕감해달라고 채권자들에게 호소하고 있다. 그렇게 해서 부채 규모를 조금이라도 줄이면 인수자 부담이 낮아져 매각 가능성이 높아질 것으로 보기 때문이다. 하지만 희망대로 될 수 있을지 불투명하다.[6] 오투리조트 사업 실패에 따른 태백관광공사 부채는 태백시 연간 예산(2013년 2500억 원)을 훨씬 넘는 3400억 원이다. 이 부채 중 1500억 원은 채무보증을 한 태백시가 직접 책임져야 한다. 여기에 출자금 650억 원을 더하면, 시 연간 예산과 비슷한 규모다.[7]

그런데 대체 왜 이렇게 장사가 안될까. 건설 당시에는 미처 알 수 없었던 돌발 변수라도 생겼던 걸까. 답은 '노'다. 처음부터 많은 사람들이 의아해했다. 차로 30분이면 갈 거리에 강원랜드, 하이원리조트가 있는데 오투리조트가 과연 될까? 애초부터 장사가 되지 않으리라는 걸 알면서도 밀어붙였다. 공사를 시작하기 이전인 2003년 사업 타당성을 조사했다. 최초 보고는 부정적이었다. '개장하고 25년이 지나도 투자비를 회수하기 어렵다.' 그런데 불과 두 달 뒤에 시에서 공식발표할 때는 결과가 180도 달라져 있었다. '15년이면 회수할 수 있다.'[8]

하지만 실제 결과는 공식 보고서가 아니라 최초 보고서가 맞았다는 사실을 증명해주었다. 태백시는 연간 백만 명이 오투리조트를 찾을 것으로 예상했으나, 2012년 연간 방문객은 예상치의 5분의 1도 안 되는 18만 명에 그쳤다. 태백시는 오투리조트 개장 전인 2007년 7월, 전 직원을 모아놓고 '유바리 시를 반면교사로 삼자'라는 주제로 특별교육을 실시했다. 과연 무엇을 배웠을까. 참고로 대한변호사협회에는 지자체세금낭비조사특별위원회라는 것이 있다. 이곳에서 태백시를 유바리 시와 닮은꼴이라고 하면서 태백관광개발공사의 파산을 권고했다.

지방재정 위기론, 과장일까

유바리 시와 하도 닮아서 태백시 예를 들었다. 하지만 이런 상황에 처한 우리나라 지자체가 태백시만은 아니다. 언론에서 그렇게 자주 지방재정 위기를 들먹이는 건 그만큼 사건이 계속 터지고 있기 때문이다. 특히 2008년 금융위기 이후 경기가 침체되면서 세입 여건이 급속히 악화되자 그동안 감춰져 있던 문제점들이 터져 나오고 있다.

대표적인 것 몇 개만 꼽아보자. 2010년 성남시의 모라토리엄(채무상환유예, moratorium) 선언, 2010년 이후 불거진 인천시의 아시안게임 준비 관련 재정 위기, 2012년 인천·화성·천안의 분식회계 적발, 용인시의 경전철 사업비용 충당을 위한 대규모 지방채 발행 등이다.

성남시: 모라토리엄 선언

2010년 7월 신임 성남시장이 모라토리엄을 선언했다. 우리나라에서는 전대미문의 사건이었다. 시장이 교체되면서 전임 시장 시절 판교신도시 조성사업비인 판교특별회계에서 약 5000억 원을 빼내 각종 건설공사 등에 사용했다는 사실이 밝혀졌다. 신임 시장은 악화된 재정 여건을 고려할 때 이만 한 거액의 예산을 채워 넣을 방법이 없다고 판단하고 모라토리엄을 선언했다. 모라토리엄은 당장 갚을 능력이 없으니 시간을 더 달라고 하는 것, 즉 채무상환유예다. 이에 비해 디폴트(default)는 빚을 기한 내에 갚지 못해서 부도가 나는 것, 즉 채무불이행이다. 미국 지방정부의 파산보호 신청이나 일본 지방정부의 재정건전단체 지정 신청은 디폴트를 피하기 위한 조치로서 모라토리엄에 좀 더 가깝다. 사실 모라토리엄만 해도 굉장히 심각한 상황이고 하다 하다 안 될 때 선언하는 것이 도리(?)다. 이렇게 본다면 성남시에서 '겨우' 5000억 원 때문에 모라토리엄을 선언한 것은 성급하기는 했다. 성남시는 전국에서 가장 부유한 기초자치단체 중 하나기 때문이다. 어쨌건 이 선언으로 지방정부 채무에 대한 우리 사회의 경각심이 높아졌다. 이후 성남시는 재정 건전성 회복에 주력해 2014년 1월 모라토리엄에서 완전히 벗어났다고 공식 선언했다.

인천시: 급증한 부채 책임 공방

비슷한 시기에 인천시 재정 악화 문제도 이슈가 되었다. 2002년부터 8년간 재임했던 시장은 2014 아시안게임을 유치하면서 주경기장 신축, 지하철 조기 개통 등을 무리하게 추진했다. 그 밖에도 151층 쌍둥이빌딩 건설 같은 각종 대형 건설사업을 벌였다. 부채가 급증했다. 인천시 채무는 이 시장 재임 중에 네 배(2002년 6462억 원→2009년 말 2조 4774억 원)로 늘어났다. 여기에 공기업 부채까지 더하면 퇴임 무렵인 2010년까지 쌓인 빚이 10조 원에 가깝다.

정부 정책은 기획부터 집행을 거쳐 결과에 이를 때까지 상당한 시차가 존재한다. 그래서 어떤 정책의 성과(실패)가 현 정부의 치적(과오)인지 전임 정부의 치적(과오)인지 모호한 경우가 많다. 부채 문제도 그렇다. 2010년에 새로 취임한 인천시장은 임기 내내 전임 시장이 벌여놓은 일을 수습하느라 허덕였다. 그럼에도 불구하고 인천시 부채는 전임 시장 때보다 늘어났다. 그러자 전·현 시장 진영끼리 부채 책임 공방이 오갔다. 전 시장 쪽은 현 시장이 무능해서 부채를 키웠다고 주장하고, 현 시장 쪽은 그나마 이 정도를 유지한 것만 해도 잘한 일이라고 반박했다.

어느 쪽 말이 진실에 가까울까. 부채 내역을 뜯어보면 현 시장이 새로운 사업을 벌이느라 추가된 부채는 별로 없다. 대부분 전임 시장 때 진행했던 사업으로 발생한 것이다. 현 시장이 더욱 유능했다면 부채를 더 줄였을지는 모르겠다. 하지만 아무리 그래도 뒷수습하느라 애먹은 현 시장에게 부채를 늘렸다고 비난하는 것은 전임 시장 쪽에서 할 소리는 아닐 것이다. 바로 뒤에 나오듯 전임 시장은 회계 부정도 저질렀다(한 가지 주의할 게 있다. 이 책 집필을 마치고 나니 6.4 지방선거가 끝났고 인천시장이 바뀌었다. 그래서 이 글을 쓸 당시의 현 시장은 전임 시장이 되었고 전임 시장은 전전임 시장이 되었다).

인천·화성·천안시: 분식회계 적발

2012년 초 감사원은 인천·화성·천안시에서 수년간 수천억 원의 분식회계를 해온 사실을 적발했다. 인천은 2007~2010년 기간에 적자 8495억 원을 흑자 233억 원으로, 화성시는 2009~2010년 기간에 적자 1244억 원을 흑자 282억 원으로, 천안시는 2006~2010년 기간에 적자 1073억 원을 흑자 14억 원으로 조작했다. 이를 위해 다음 해 수입을 그해 수입으로 올리거나 지출을 누락시키는 방법을 사용했다. 거짓으로 마련한 여유 재원을 지자체장의 시책 사업에 쓰고, 적자가 나면 또 분식회계로 흑자로 위장하다가 꼬리가 밟혔다. 이러한 분식회계는 일본 유바리 시가 사업을 방만하게 추진하다가 적자가 누적되자 막판에 벌인 일과 비슷하다. 재정 운영에서 나타날 수 있는 도덕적 해이의 극

치이고 재정 파탄의 전조에 해당하는 심각한 사건이다. 그런데도 이러한 분식회계가 저질러졌던 당시 시장들은 별다른 책임을 지지 않았다.

용인시: 경전철 사업 실패

용인시에서는 경전철 사업으로 재정 사정이 악화되자 시민들이 시를 상대로 소송을 제기했다. 1조 원을 들여 2010년 7월 완공된 용인 경전철은 부실 시공 논란 등으로 개통을 연기하다가 2013년 4월에야 운행을 시작했다. 그런데 이 과정에서 용인시는 민간투자자가 제기한 소송에서 패소해 8000억 원을 물어주게 되었고 2012년에는 5000억 원에 달하는 지방채를 발행하는 등 막대한 빚을 지게 됐다. 더구나 예상 운임수입의 90%를 시가 메워주는 최소운영수익보장(MRG) 계약을 체결한 탓에 운행 이후 30년간 최소 2조 5000억 원을 민간투자자에게 더 지불해야 할 전망이다. 이런 사태에 분노한 시민들이 2013년 10월 전·현직 시장과 담당 공무원, 연구용역 수행자 등에게 책임을 묻는 주민소송을 낸 것이다.

이후 용인시는 민간투자자와 협상 끝에 재계약을 했다. 그래도 앞으로 민간투자자에게 30년간 매년 300억 원을 지원해야 한다. 여기에 채무 상환 등을 합치면 30년간 예산 2조 원이 필요하다.[9] 매년 예산 600~700억 원을 이렇게 쓰면 다른 사업은 무슨 돈으로 할까. 용인시는 지방채 초과발행 승인을 얻기 위해 중앙정부에 공무원 급여 일부 반납 등을 담은 채무 관리계획을 제출했고, 앞으로 3년간 교육 예산 등 지출을 대폭 삭감하라고 지시를 받은 상태다.[10]

이와 유사한 사례는 부지기수다. 지자체의 예산 낭비와 방만한 사업 추진이 어제오늘 일은 아니다. 그런데 기존 문제점이 급격한 경기 침체와 맞물리면서 더 이상 감출 수 없을 만큼 악화되는 바람에 여기저기서 동시다발적으로 터져 나온다. 글로벌 금융위기 이후 지자체 재정 건전성은 급격히 악화되었다. 무엇보다 빚이 급증했다. 2009년 지방채무가 전년도보다 34% 늘어나 25조 5000억 원이 되었다(이전 5년간 연평균 증가율은 −0.07~4.62%였다). 이후에도 지방정부 채무는 계속 증가하고 있다.

더 큰 문제는 지방정부 채무보다 훨씬 많은 지방공기업 부채다. 공기업 부채는 공식적으로는 지방정부 채무가 아니다. 그러나 지자체가 채무보증을 했거나 공기업이 재정 파탄에 이를 경우 지자체가 부담을 떠안을 수밖에 없는 경우가 대부분이다. 사실상 지자체 빚인 셈이다. 2012년 말 지방공기업 부채는 72조 원이 넘는다. 지방정부 채무의 세 배 가까이 된다. 공기업 부채까지 합하면 결국 지자체가 진 빚은 100조 원이다. 2013년 지방예산 총액 160조 원의 3분의 2에 해당하는 규모다.

물론 이 빚 중에는 대응자산, 즉 부동산 등이 있어 유사시에는 자산을 처분해 빚을 갚을 수 있는 '금융성 부채'가 포함되어 있다. '대책 있는 빚'이 꽤 된다는 말이다. 빚이 많다는 지적에 지자체 측에서 흔히 하는 해명이다. 하지만 부동산 경기 침체가 심각한 요즘에 대응자산만 믿고 있기는 어렵다. 유사시 갚을 수 있다 해도 평상시의 과다한 이자 부담도 문제다. 태백시 오투리조트처럼 팔고 싶어도 팔리지 않는 대응자산은 무용지물을 넘어 날마다 적자가 늘어나는 애물단지일 뿐이다.

분식회계는 '재정 상태를 실제보다 좋게 보이게 할 목적으로 자산이나 이익을 부풀려 계산'하는 행위다. 한자어 분식(粉飾)은 '분칠을 해서 꾸민다'라는 뜻이다. 기업의 분식회계는 투자자나 채권자를 속이는 사기 행위라서 어느 나라에서든 엄벌에 처해지는 범죄다.

세계적으로 유명한 분식회계 사건은 2001년 미국의 엔론 사태다. 당시 미국 내 매출액 7위였던 거대 에너지 기업 엔론이 5년간 손실 15억 달러를 분식회계로 감춰온 사실이 드러났다. 그 결과 회사는 파산했고 CEO는 24년형을 선고받았다. 엔론 사태 이후 2002년 미국에서는 '사베인·옥슬리 법'이 만들어졌다. 이 법은 CEO와 재무책임자(CFO)가 재무제표 작성 때 동시 서명하도록 의무화함으로써 아랫사람에게 책임을 전가하지 못하도록 했다.

우리나라에서도 고의적인 분식회계가 적발되면 대표를 비롯한 책임자는 5년 이하 징역을 받는 등 형사처벌 대상이 되고, 기업도 상장 폐지를 포함한 강력한 제재를 받는다. 또 분식회계를 사전에 예방하기 위해 반드시 외부 공인회계사의 회계감사를 받도록 하고, 분식회계를 적발하지 못한 회계사에게도 영업 정지, 인가 취소 같은 강력한 제재를 내릴 수 있는 장치를 마련해놓았다. 2007년부터는 분식회계로 손해를 입은 투자자들의 집단소송제도 시행되고 있다. 2013년 말 저축은행의 분식회계를 눈감아준 혐의로 기소된 회계사들이 실형을 선고받고 법정 구속되었다.

기업이 이런데 정부는 어떨까. 2012년 적발된 지자체 분식회계에 대해 감사원은 전 화성시장을 검찰에 고발한 것 외에는 전부 하위 공무원들에게 징계를 요구하는 데 그쳤다. 기업의 경우와 비교할 때 솜방망이 처벌이 아니냐는 비판이 쏟아졌다. 그럼에도 더 이상 제재는 없었다. 사익을 추구하는 민간기업과 공익을 추구하는 정부 중 어느 쪽이 더 엄격해야 할까.

지자체 파산 제도, 필요한가

2014년 초 집권당 대표가 지자체 파산 제도 도입을 주장한 데 이어서 주무부처인 안전행정부가 검토에 들어갔다. 그러자 파산 제도를 놓고 찬반양론이 오갔다. 찬성하는 쪽은 지방재정 위기가 더 이상 '좌시' 할 수 없는 상황에 이르렀으니 지자체의 경각심과 책임감을 높이기 위해 강력한 처방이 필요하다고 한다. 반대하는 쪽은 지방재정 위기에는 중앙정부 책임도 크다며 지자체와 주민에게만 책임을 전가하는 방식은 부당하다고 항변한다. 새 제도 도입을 앞두고 늘 벌어지는 풍경이다. 왜 필요한지, 어떤 내용인지, 그 결과로 무엇이 달라지는지에 대한 진지한 논의는 제쳐둔 채 책임 공방과 이해관계자(여기에 주민은 빠져 있다) 입장에서 유불리만 따진다. 어느 쪽이 찬성이고 어느 쪽이 반대인지도 예상대로다(그런데 찬반의 내용을 보면 파산 제도가 무엇인지 제대로 알기는 하는지 의심스럽다).

이제 이번 장의 논의를 끝마칠 차례다. 이번 장의 핵심은 두 가지였다. 첫째, 우리나라 지방정부도 파산할 것인가? 둘째, 지자체 파산

제도 도입은 필요한가? 두 질문에 답하자. 아울러 도입한다면 어떤 내용이 될지도 궁금하니 이것도 간략히 따지자.

우리나라 지방정부가 파산할 가능성은 얼마나 있는가. 앞에서 보았듯이 태백시, 인천시 등 재정 위기 상태에 놓인 지자체는 몇몇 있다. 하지만 냉정히 따지자면 적어도 현재로는 지자체가 파산할 가능성은 많지 않다. 우리나라에는 중앙정부가 지방정부 재정을 통제하는 다양한 수단이 있다. 그래서 제대로만 관리하면 지자체가 재정 파탄 지경까지 도달할 가능성은 그리 높지 않다. 대표적인 것이 2012년부터 시행하고 있는 '재정위기 사전경보 시스템'이다. 지자체의 재정 위기 가능성을 진단해서 일정한 기준을 넘으면 재정위기단체로 지정하고 재정 건전화 계획을 수립하게 하는 제도다.

그렇다면 지자체 파산 제도 도입은 필요한가. 이 질문에 대한 답은 '그렇다' '아니다' 둘 다 맞다. 사전 예방 시스템이 잘 작동해서 재정 파탄에 이르기 전에 스스로 해결하면 가장 좋다. 하지만 그럼에도 불구하고 자력갱생이 불가능한 지경에 이르면 이를 해결하기 위한 제도가 있어야 한다. 비상대책이란 만들어두되 사용할 일이 없다면 좋은 일이지 왜 만들었느냐고 비난할 일이 전혀 아니다. 단 지자체의 재정 파탄에 대한 비상 대책은 '파산' 제도가 아니라 다른 이름을 붙이는 게 타당하다.

파산(破産)이라는 말이 참 선정적이다. 하지만 이 제도의 목적은 지자체를 망한 기업 처리하듯 퇴출시키려는 것이 아니다. 파산 대신 재정재건이라고 부르는 일본은 물론이고 공식적인 파산 제도가 있는 미국에서도 목적은 주민을 보호하고 지자체를 회생시키는 것이다. 정치적으로야 선정적인 용어를 선호할지 몰라도 책임 있는 정치인과 관료라면 파산 대신 본래 취지를 알리는 용어를 붙이는 게 마땅하다(사실 조금만 생각해보면 정치적으로도 파산이라는 말을 쓰는 게 좋을 게 없다는 것을 알 수 있다. '파산' 낙인이 찍힌 지역주민이 이를 막지 못한 지역 정치인이나 파산 선고를 내린 정부의 정권을 지지할 리 없기 때문이다).

용어는 그렇다 치고 내용은 무엇이 될까. 첫 번째는 지원이다. 빚을 해결하기 위해 중앙정부가 재정을 지원하고 채무유예와 조정을 한다. 두 번째는 통제다. 지자체 권한을 제한하고 중앙정부가 재정을 통제하고 구조조정을 한다. 지원의 경우 중앙정부에서 대신 갚아줄지, 빌려줄지, 얼마나 탕감할지 구체적인 내용은 다양한 조합이 가능하다. 지자체가 빚에 눌려 파탄 지경에 이르렀을 때 중앙정부 지원이 필요하다는 점만은 분명하다. 제도 도입을 반대하는 쪽에서도 중앙정부 지원을 거부할 리는 만무하다.

찬반이 갈리는 것은 두 번째 내용인 통제일 것이다. 지원을 받는다면 통제도 수용하는 것이 마땅하다. 문제는 수준이다. 찬성하는 쪽은 더 강한 수준을 요구하고, 반대하는 쪽은 더 약한 수준을 바란다. 어느 정도가 가능할까, 혹은 타당할까. 외국 사례를 대입해보자. 공공자산 매각부터 검토하자. 필요하다. 하지만 오투리조트처럼 공공성 없는 공기업(대개 이런 공기업이 재정 파탄의 주범이다)이나 시유지 등을 매각하는 것이지 상·하수도 같은 필수 공공서비스 제공 공기업을 매각하는 것은 아니다(혹시 자발적으로 호화 청사를 매각하고 검소한 청사로 옮기겠다면 권장할 일이지만 강제하기는 어렵다).

세입을 확충하기 위해 각종 사용료와 수수료를 인상할 수도 있다.

하지만 지자체에는 조세권이 없어서 본격적인 세금 인상은 불가능하다. 다만 지방세는 탄력세율이라 기본세율을 가감할 수는 있으므로 그 한도 내에서 세율 인상은 가능하다. 빚을 갚으려면 당연히 허리띠를 졸라매야 하니 지출 축소도 필요하다. 그렇더라도 지역에 공공서비스를 제공할 책임이 지방정부보다 국가(중앙정부)에게 더 있다고 믿는 우리나라 정서상 디트로이트 시나 유바리 시 수준으로 지출을 극심하게 삭감할 리 없다.

공무원 구조조정은 필요하겠지만 논란의 여지가 있다. 공무원 신분과 처우 때문이다. 미국과 일본에서는 공무원 급여 삭감은 물론이고 감원도 대규모로 행해진다. 그런데 공무원 신분 보장에 투철한 우리나라에서 공무원 처우에 어느 정도 불이익은 가하더라도 과연 인력 구조조정이 가능할지는 미지수다.

도산 위기에 몰린 민간 기업을 퇴출시키는 대신 회생 절차를 밟기로 했다면, 재정을 지원하고 채무를 유예·조정해주되 법정관리인의 감독 아래 자산을 매각하고 사업을 정리하고 구조조정을 한다. 지극히 상식적인 일이다. 지방정부를 기업과 달리 대우해야 할 이유는 딱 하나다. 지역주민에게 미치는 피해다. 사업 축소와 구조조정으로 기업의 생산이 줄어도 소비자가 다른 제품을 구매할 수 있거나 구매하지 않아도 생활에 큰 지장이 없다면 별 문제가 되지 않는다. 하지만 지방정부가 회생 절차를 밟느라 지역주민에게 제공되는 공공서비스가 중단되면 큰일이다. 결국 이 제도의 핵심은 지방정부 재정이 파탄에 이르렀을 때 지역주민을 보호하는 데 놓여야 한다. 그리고 그 한도 내에서 책임져야 할 정치인·관료에게 책임을 물을 수 있어야 한다.

복지제도 확충이나 지방세 감세 등 중앙정부의 일방적인 결정으로 지방재정이 어려워졌는데 왜 책임을 지방정부에 전가하느냐는 주장은 얼핏 들으면 일리 있는 말이다. 하지만 아니다. 중앙정부의 일방적인 결정으로 지방재정이 어려워진 것은 맞다. 그러나 재정 여건이 힘든 것과 재정 위기에 처한 것은 전혀 다르다. 앞서 예시한 성남시, 인천시, 용인시는 모두 부유한 지자체다. 세수가 부족해 큰 빚을 진 것이 아니다. 무리하게 개발사업을 벌인 탓이다. 태백시 역시 개발사업 탓에 위기에 몰렸다.

시시비비는 명확히 가려야 한다. 팍팍한 지방재정에 중앙정부 탓이 크다고 해서 모든 것을 도매금으로 떠넘기는 것은 정당하지 않다. 중앙정부가 책임질 부분은 중앙정부가 책임져야겠지만 지방정부가 책임질 부분은 지방정부가 책임져야 한다. 그리스 철학에서 정의(正義)의 기본 개념인 '각자에게 그의 몫을(Suum cuique)'은 중앙과 지방의 관계에도 마찬가지로 적용된다.

6장

예산 없이 벌이는
대규모 개발사업

:

국제대회 · 민자사업 · 지방공기업

"지옥으로 가는 길은 선의(善意)로 포장되어 있다(The road to hell is paved with good intentions)"라는 서양 격언이 있다. 두 가지 의미로 읽힌다. 하나는 좋은 뜻으로 잘하려고 했지만 결과가 나쁘게 되었다는 것이다. 다른 하나는 나쁜 의도로 나쁜 짓을 하고도 겉으로는 좋은 뜻인 양 위장했다는 것이다. 결과는 둘 다 좋지 않지만 하나는 의도만은 좋았던 것, 다른 하나는 의도마저 불순했던 것이다.

이 격언은 정부 정책을 염두에 두고 나온 말 같다. 정부 정책은 아무리 결과가 나빠도 애초 표방한 명분은 항상 좋다. 또 정부 정책은 왕왕 명분과 실제가 다르다. 그래서 결과가 고약한 정책들은 흔히 명분과 실제 의도가 달랐을 것으로 의심된다.

똑같이 결과가 좋지 않았더라도 의도만은 선했다면 조금 너그러워지고 의도마저 나빴다면 더욱 엄격해지는 게 인지상정이다. 그러나 의도의 진위는 알기 어렵다. 설사 의도를 미루어 짐작할 수 있다 해도 지극히 주관적이기 쉽다. 사적인 일이야 주관대로 판단해도 되겠지만, 공적인 일을 그렇게 할 수는 없는 노릇이다. 하지만 집행 과정의 잘못은 다르다. 이는 객관적으로 가릴 수 있다. 그래서 정책 결과에 책임을 물을 때는 정책 과정을 따진다. 정책의 제반 과정에서 지켜야 할 절차를 제대로 지켰는가, 해야 할 일을 제대로 했는가로 책임 여부를 판단한다.

앞 장에서 지방정부 파산 제도를 다루면서 대형 개발사업이 지방정부 재정을 위기로 몬 주범이라고 했다. 개발사업을 무리하게 벌인 탓에 재정 파탄 직전까지 몰린 지자체가 여럿이다. 그 밖에도 많은 지자체가 정도에 차이는 있지만 개발사업 후유증으로 재정 압박에 시달린다. 그렇지만 지역개발이 지방정부의 중요한 기능인 것도 사실이다. 또 자기 지역을 스스로 개발하는 것은 지방자치의 취지이기도 하다. 그러니 지방정부의 개발사업을 온통 부정적으로만 볼 일은 아니다. 다만 개발사업에는 흔히 불순한 의도가 개입된다. 추진 과정에도 무리가 따른다. 그에 따라 득보다 실이 큰 결과를 자주 낳는다. 그래서 개발사업은 지방정부의 예산 낭비를 논할 때 가장 핵심이 된다. 그런 의미에서 이번 장에서는 지방정부의 개발사업에 대해 따져보려고 한다.

개발사업에는 돈이 많이 든다. 우리나라 지방정부는 대부분 재정 여건이 팍팍하다. 인건비 등 경상비와 의무적 복지사업비 등을 지출하고 나면 순수하게 자체사업에 쓸 수 있는 예산은 그리 많지 않다. 가난한 지방정부는 말할 것도 없고 부유한 지방정부도 대규모 개발사업을 벌이기는 힘들다. 그래서 순전히 자기 돈만으로 사업을 해야 한다면 작은 낭비는 가능해도 큰 낭비는 발생하지 않는다. 빚을 지는 데도 한계가 있다. 지방정부 채무 행위는 중앙정부 통제를 받는다. 그래서 조그만 빚을 질 수는 있어도 엄청난 빚을 지는 것은 불가능하다. 문제는 자기 돈 없이도 사업할 방도가 있고, 빚을 지되 중앙정부 통제를 회피할 방법이 존재한다는 데 있다.

첫 번째는 국고보조금을 따내는 것이다. 4장에서 봤듯이 국고보조 사업에는 두 유형이 있다. 법령에 의해 의무적으로 해야 하는 대행사업과 국고보조금을 받는 자체사업이다. 자체사업에 대해 국고보조를 하는 이유는 외부경제(주변 파급 효과)가 발생하기 때문이라고 했다. 개발사업은 간접적이고 무형적인 편익을 다양하게 창출한다. 속성상 많든 적든 외부경제가 존재할 수밖에 없다. 물론 외부경제가 존재한다고 다 국고보조를 해주는 것은 아니다. 그중에서 가치 있고 필요한 것만 선별해서 보조하는 것이 원칙이다. 하지만 세상일이 원칙대로만 되는 것이 아니다. 개발사업은 어쨌든 외부경제가 존재하니 일단 외형적 조건은 충족된다. 그다음은 정치력으로 결정된다.

국고보조를 받아 수행된 개발사업은 매우 많고 그중 예산 낭비로 귀결된 것도 꽤 된다. 텅 빈 지방공항이나 한산한 지방도로 등이 모두 국고보조 덕에 지어진 것들이다. 새만금 사업 등도 마찬가지다.

많은 사례 중에서 국제대회 유치를 논의하려 한다. 국제대회 유치는 단지 며칠간 행사만 치르는 것이 아니다. 국제대회 유치는 곧 대형 개발사업이다. 경기장을 짓고 길을 내고 도시를 단장한다. 그리고 '국가 브랜드 가치 제고'라는 매우 당당한 외부경제 효과를 내건다. 무릇 의욕적인 단체장이라면 탐낼 만한 건수이자 국가보조를 받기에 제격인 아이템이다.

두 번째와 세 번째는 민자사업과 공기업 사업이다. 국고보조금은 따내기도 쉽지 않지만 일단 지원을 받으면 보조금 관리 법규에 따라 통제를 받는다. 게다가 전체 사업예산 중에서 일정액은 의무적으로 자체 부담을 해야 한다. 정부 예산이 드는 일은 아무리 허술하다고 해도 이것저것 신경 써야 할 데가 많다. 좀 더 편하게 마음껏 개발사업을 하려면? 정부 예산 말고 다른 돈으로 하면 된다. 민자사업은 민간자본으로 하는 사업이다. 정부 돈이 들어가지 않으니 부담 없이 개발사업을 할 수 있다. 한편 지방정부 빚은 통제를 받기에 함부로 빌릴 수 없다. 그러나 공기업 빚은 지방정부 빚에 포함되지 않는다. 그러니 산하 공기업을 만들어서 공기업이 빌린 돈으로 개발사업을 하면 된다.

국고보조금, 민간투자, 공기업이라는 수단이 없다면 지방정부는 대형 개발사업을 벌이기 힘들다. 국고보조금은 중앙정부가 거저 주는 돈이니 많이 따올수록 이익이라고 생각하게 된다(실제는 자체재원으로 매칭해야 하는 돈이 만만치 않지만 이건 고려하지 않는다). 민간투자나 공기업 빚도 남의 돈이라고 생각하게 된다. 그러니 꼼꼼하게 따지기보다 일단 벌여놓고 보자는 경향이 강하다. 더구나 신중하게 일하던 지자체도 다른 지역에서 이런 방법으로 통 크게 사업을 벌이는 걸 보게 되면, 가만히 있는 자신만 무능하게 비춰질까 두려워 따라 하게 된다.

국가보조를 받는 국제대회나 민자사업, 공기업 사업 중에는 무리하게 일을 벌이다 예산을 낭비하고 재정을 위험하게 만든 사례가 차고 넘친다. 그중에서 잘 알려진 것들 몇 개만 따져보기로 한다. 왜 그 사업을 벌였는지, 재정에 얼마나 부담을 주었는지, 사업의 여러 과정에서 지켜야 할 절차는 제대로 지키고 해야 할 일은 빠뜨리지 않고 했는지 짚어보자.

빛 좋은 개살구 | 국제 스포츠 행사

불합리한 대형 사업의 대표적인 유형이 국제 스포츠 행사다. 국제대회 하나만 치러도 우리 지역을 전 세계에 알리고, 관광과 건설로 지역 경제에 큰 도움이 되리라는 막연한 기대에 따라 많은 지자체들이 각종 대회를 유치한다.

모든 사업이 그렇듯 국제대회를 유치하면 비용과 편익이 발생한다. 따라서 유치 여부를 결정하기 전에 먼저 예상되는 비용과 편익을 따져보고 편익이 비용보다 클 경우에 유치를 추진해야 한다. 아무리 유치하고픈 마음이 굴뚝같아도 비용과 편익을 따질 때만은 냉정하게 객관적인 자세로 임하는 것이 도리다. 그리고 추진할 때도 치밀하게 계획을 세우고 꼼꼼히 따지면서 해야 마땅하다. 그래야 나중에 큰 손해를 보게 되는 우를 피할 수 있다.

짐작할 수 있듯이 그렇지 않은 사례가 너무나 많다. 편익은 부풀리고, 비용은 줄이거나 누락시키는 게 다반사다. 더욱이 애초부터 엉성했던 계획을 집행 과정에서 우격다짐으로 밀어붙이다 엉망진창이 되기 일쑤다. 사업을 추진한 정치인과 공무원들이야 좋은 의도로 시작했던 일이라고 강변하겠지만, 이쯤 되면 정말 좋은 의도였는지조차 심히 의심스럽다. 남의 속마음을 버선목 뒤집듯 까볼 수도 없으니 의도는 좋았다고 치자. 그런데 이렇게 일을 엉망으로 하고도 좋은 결과를 낼 수 있으리라 생각했다면 어이없도록 무능하거나, 정신세계가 사차원이겠다.

전라남도의 F1 대회를 보자. F1은 국제자동차연맹(FIA)이 공인하는 최상급 국제 자동차경주 대회다. 'F1 코리아 그랑프리'는 2006년 FIA 산하 F1 대회 운영사인 포뮬러원매니지먼트(FOM)와 계약을 체결해 2010년부터 2016년까지 7년간 전라남도에서 개최하기로 했다. 전라남도에서 2006년 타당성 조사를 실시했을 때는 총사업비 7300억 원을 들여 흑자 1100억 원이 발생할 것이라고 예상되었다. 그러나 1회 대회 개최 후인 2011년 7월 감사원이 재검토해보니 총사업비는 애초보다 두 배인 1조 4400억 원으로 늘어나고, 흑자는커녕 적자 4800억 원이 예상된다는 결과가 나왔다.[1]

계획대로라면 사업비 대부분을 민자 유치로 충당하고, 전라남도는 개최권료 등 2000억 원만 부담하면 되었다. 그러나 민간자본은 대회 초기 3000억 원을 유치한 것이 처음이자 마지막이었다. 나머지는 거의 정부 예산으로 다 채웠다. 2010~2012년 투입된 사업비 1조 원

중 전라남도가 5000억 원, 국가가 1000억 원을 부담했다. 2013년 기준 전라남도 1년 예산은 약 5조 6000억 원이다. 3년간 F1 대회 사업 하나에 들어간 도비가 한 해 예산의 10%다. 인건비 같은 경상비나 법으로 정해진 복지사업에 써야 하는 의무지출비를 제하면 도에서 재량껏 쓸 수 있는 규모는 전체 예산의 20%에도 못 미치는 것이 통례다.[2] 쓸 수 있는 재원 규모와 비교하면 F1 대회에 들어간 돈이 도 예산의 절반 이상이다. 당연히 돈이 모자라다. 그 돈을 마련하느라 3000억 원에 이르는 빚을 졌다. 앞으로 추가 부담분까지 고려하면 전라남도가 F1 대회에 집어넣어야 할 돈은 모두 1조 원이 넘을 것으로 전망된다.

이렇게 막대한 돈과 노력을 들였는데 결과는 어땠을까. 아주 나쁘다. 대회를 열 때마다 큰 적자를 보고 있다. 2010년 첫 대회에서만 700억 원이 넘는 적자를 봤다. 대회를 네 번 치르고 난 지금 누적 적자가 2000억 원에 이른다(게다가 수입으로 잡은 항목 중 상당액이 국가와 지자체 지원금이라 이를 제하고 입장료 등 순수한 수입만 따지면 적자는 더 커진다).

2014년에는 아예 대회 자체를 열지도 못하게 되었다. 적자를 줄이기 위해 대회 운영사인 FOM에 개최권료를 깎아달라고 요구했다가 협상이 결렬되었기 때문이다. 대회를 열 때마다 운영사에 지불하는 개최권료는 해마다 인상되어 2012년 한 해 비용이 500억 원을 넘어섰다. 수입을 늘릴 방법이 마땅치 않자 지출을 줄이는 방법밖에 없다고 생각해 대회 운영사에 하소연했다가 매몰차게 거절당했다. 대회를 열 때마다 수백억 원씩 적자가 쌓이니 차라리 잘됐다고 볼 수도 있겠다.

자, 여기서 우리가 이 이야기를 꺼낸 이유를 상기해보자. F1 대회는 왜 실패했는가 하는 점이다. 의도는 좋았지만 중간에 큰 실수를 한 것일까, 처음부터 불순한 의도를 깔고 있었으면서 좋은 취지인 양 속이고 시작한 것일까? 당초 계획이 합리적이었는지 추진 과정에서 지켜야 할 것들을 지켰는지 과정상의 문제점을 살펴보면서 추리해볼 수밖에 없다.

결론부터 얘기하면 F1 대회는 '시종일관' 잘못 덩어리였다. 첫 단추부터 잘못 끼웠다. 전라남도에서는 국제대회 유치에 관한 절차를 무시하고 제멋대로 계약부터 해버렸다. 10억 원 이상 국고가 지원될 것으로 예상되는 국제대회를 유치하려는 지자체는 먼저 중앙정부의 심사와 승인을 받고 나서야 유치위원회를 구성하는 등 본격적인 유치 절차를 진행할 수 있다. 중앙정부에 심사를 신청할 때는 사업계획서와 타당성 조사 보고서를 제출해야 한다. 그런데 전라남도는 주무부처인 문화체육관광부와는 아무런 사전 협의 없이 F1 운영사와 덜컥 계약부터 체결했다. 굳이 변명거리를 찾자면 처음에는 국비 지원 없이 순전히 민간자본과 자체 예산만으로 대회를 치를 생각이었는지도 모른다. 하지만 지금까지 국가 지원을 1000억 원이나 받은 것을 보면 그렇게 받아들이기도 힘들다.

여기서 이해가 안 되는 독자들도 있을 것이다. 중앙정부는 규정된 절차마저 어기고 제멋대로 시작한 대회를 왜 지원했을까. 앞으로 다른 지자체가 유사한 행위를 하지 못하도록 막으려면 지원해주지 말았어야 하지 않는가. 원칙은 당연히 그렇다. 하지만 실제에는 원칙보다 강력한 '현실 정치'가 작동한다. 전라남도는 도민 53만 명의 서명을 받는 등 갖은 노력과 로비를 벌인 끝에 결국 F1 대회 지원법을 만드는 데 성공했다. 2006년 발의된 법안은 17대 국회에서는 통과되지 못했지만

18대 국회에서 다시 법안을 발의해 결국 2009년 '포뮬러원 국제자동차경주대회 지원법'이 제정되었다.[3] 일단 지원법이 만들어지면 그 대회는 국가사업으로 격상되고, 국고를 지원받을 법적 근거가 명시되어 중앙정부의 반발을 누르고 예산을 편성할 수 있다.

F1 대회가 성공하리라고 진짜 믿었다고 보기 힘든 정황이 있다. 애초 2006년 타당성 조사 때부터 기묘한 계산법으로 비용은 줄이고 편익은 부풀렸기 때문이다. 숙박·교통 시설 건설비를 사업비에 포함하지 않거나, 자동차경주장에 적용되는 특정한 기준이 아니라 일반 경기장 건설 기준을 적용하는 방법 등으로 비용을 줄였다. 감사원이 경기장 건설비용을 국제 자동차경주 대회 시설 기준에 맞추고 진입로 등 부대시설 건설비용을 포함해 다시 계산하니 애초의 건설비라던 2300억 원보다 곱절이 넘는 5000억 원 이상이 나왔다.

비용은 줄인 반면 수입은 외국의 F1 대회 중 좋은 결과에 맞춰 지극히 희망적으로 계산했다. 총수익 중 일정 비율만 주최 측에 배분되는데도 수익 전액이 주최 측 몫인 양 계산했다. 이런 식으로 계산하니 2010년 첫 대회만 70억 원, 7년간 총수익이 1000억 원 이상 흑자로 나왔다. 실제로는 2013년까지 4년간 적자만 2000억 원이었다. F1 대회가 열리지 않는 시기에는 경차(競車) 사업을 벌여 추가 수익을 얻을 수 있다는 내용도 집어넣었다. 경마, 경륜처럼 돈을 걸고 하는 자동차경주 사업을 하겠다는 것이었다. 사행성 사업이 바람직한가는 둘째치고 경차 사업을 하려면 먼저 입법이 이루어져야 하는데 이런 절차는 생략하고 제멋대로 장밋빛 전망부터 펼쳐 편익을 부풀렸다.[4]

하도 과장이 심하니 2007년에 중앙정부에서 믿을 수 없다며 한국

개발연구원(KDI)에 재조사를 맡겼다. KDI 분석은 세 가지 시나리오로 이루어졌고 어떤 시나리오에 따르더라도 상당한 적자를 본다고 나왔다.[5] 그런데도 전라남도는 재조사 결과를 무시하고 사업을 밀어붙였다. 기대 효과도 가짜고, 절차상 지켜야 할 것도 지키지 않았으니 의도의 순수함조차 인정하기 어렵다.

F1 대회만 따져봤지만 다른 국제대회에서도 비슷한 일이 다반사로 일어났다. 2011년 감사원 감사 결과를 보면 국비 10억 원 이상을 지원받은 지자체 국제행사가 2006년 세 건에서 2010년 열 건, 총사업비는 500억 원대에서 7000억 원대로 열세 배가 되었다. 2008~2010년에만 28개 행사가 추진되었다. 사업비는 중앙정부에서 심사받을 때보다 40% 이상 증가한 반면 수입은 당초 예상의 60%대에 불과했다. 이 정도면 처음부터 뻥튀기 계산으로 국가와 국민을 속였다고 보는 게 맞을 것이다.

:: 대회가 끝나고 난 뒤……

국제대회를 유치할 때 지자체는 늘 엄청난 경기 활성화와 고용 유발 효과가 나타날 것이라고 장담한다. 하지만 지금까지 그런 장밋빛 예측이 맞아떨어진 경우는 별로 없다. 앞으로 예정된 국제행사 중 평창 동계올림픽이 가장 규모가 크다. 이 대회 조직위원회는 생산 유발 효과 20조 원, 고용 창출 효과 23만 명, 대회 기간 중 외국 관광객 방문자 수 20만 명 같은

효과를 예상했다. 무척이나 고무적이지만 과연 그렇게 될까. 대체 어떻게 계산된 것일까.[6]

물론 국제대회의 효과를 '돈'으로만 판단하는 것은 문제가 있다. 권위 있는 국제대회를 유치하면 세계만방에 개최 도시는 물론 대한민국을 알리는 브랜드 효과를 볼 수 있다고 선전한다. 또 국민들의 정서적 만족감도 고양된다. 1988년 서울올림픽과 2002년 한일월드컵이 대표적이다. 서울올림픽은 오래전 일이라 기억이 가물가물하지만 2002년 한일월드컵은 아직도 선명하게 기억한다. 온 국민이 하나가 되어 그토록 열광했던 경험은 내 평생 처음이었고 앞으로 또 있을까 모르겠다.

2018년 평창 동계올림픽 역시 브랜드 효과와 국민들의 정서적 만족감이 꽤 클 것이라고 믿는다. 아무리 그렇더라도 대회를 치르느라 막대한 재정 부담과 손실이 발생한다면 마냥 좋을 수는 없다. 치밀하고 알뜰한 계획과 사후관리로 비용을 최소화하지 않는다면 잠깐의 기쁨을 위해 두고두고 허리가 휜다.

지금껏 유치한 국제대회 중 최고였다고 누구나 인정하는 2002년 한일월드컵마저도 아직까지 지방재정에 그늘을 드리우고 있다. 당시 지자체에서는 총 2조 원을 들여 경기장 10개를 건설했다. 이 경기장 상당수가 현재는 지역의 애물단지가 되었다. 서울 상암경기장 등 네 곳을 제외하고 여섯 곳이 만성 적자 상태다. 2009~2012년 대전구장에서는 63억 원, 제주구장에서는 33억 원 적자를 봤다.

축구는 인기 종목이고 프로구단이 있는데도 이 지경이다. 동계올림픽 종목은 대부분 우리나라에서 인기가 별로 없다. 사후 활용 방안이 더욱 마땅치 않다. 그런데도 기존 시설을 활용하겠다든가 하는 비용 절감을 위한 노력도 그다지 기울이지 않는다. 그런 사례 중 하나가 아이스하키 경기장이다. 강릉시에 아이스하키 경기장 두 곳을 짓되, 그중 하나는 올림픽 이후 별도로 633억 원을 들여 원주시로 옮긴다고 한다. 나머지 하나는 올림픽 이후 마루를 깔아 일반 체육관으로 쓸 계획이란다. 본래 아이스하키 경기장이 수요가 그렇게 많지도 않은데다 아이스하키 경기장 하나를 원주시로 이전해도 올림픽 이후 강릉시에만 빙상경기장이 네 곳(기존 빙상장 한 곳은 컬링 경기장으로 사용, 새로 스피드 스케이팅과 피겨·쇼트트랙 경기장 건설 계획)이라 시설 과잉이기 때문이다.

평창올림픽 조직위원회는 유사 경기장을 근거리에 배치하기로 국제올림픽위원회(IOC)에 약속했기 때문에 그렇게 할 수밖에 없다고 한다. 하지만 국회예산정책처는 처음부터 원주에 아이스하키 경기장을 세우는 등 불합리한 경기장 건설 계획을 수정할 경우 2000억 원을 절약할 수 있다고 분석했다.[7]

최근 동계올림픽을 개최한 도시 중에 나가노와 밴쿠버는 올림픽 이후에 엄청난 재정 적자 탓에 크게 고생했다. 소치는 끝난 지 얼마 지나지 않아 구체적인 상황은 아직 모르겠지만 역시 막대한 적자를 봤을 것이고 후유증이 꽤 크리라고 예상된다. 대한민국 국민 한 사람으로서 평창 동계올림픽 개최를 반겨야 마땅하다. 다만 잔치가 끝난 뒤 뒤치다꺼리가 너무 힘겹지 않도록 미리미리 대비하기를 바랄 뿐이다.

외상이면 소도 잡아먹는다 | 민자사업

최근 여기저기서 주류 경제학의 문제점에 대한 비판을 많이 한다. 가장 큰 비판은 가치 문제를 배제한다는 것이겠지만, 또 하나 만만치 않은 비판은 인간이 합리적으로 행동한다는 가정이 현실과 맞지 않는다는 것이다.

주류 경제학 입장에서 보면 어떤 사업을 정부가 빚을 내서 하나 민자를 유치해서 하나 효과는 같다. 500억 원짜리 도로를 건설한다고 하자. 정부가 500억 원을 빌려서 건설한 뒤 통행료를 받아 20년간 빌린 돈을 상환할 수도 있다. 혹은 정부 돈은 들이지 않고 민자로 건설한 뒤에 20년간 민간업자에게 통행료 수입권을 줄 수도 있다. 정부 입장에서 보자면 둘 다 남의 돈으로 건설한다는 점, 둘 다 20년간 수입을 남에게 넘긴다는 점에서 마찬가지다. 국민 입장에서도 도로 이용 대가로 통행료를 내는 것은 동일하다. 비용을 대고 나중에 수입을 갖는 자가 채권자냐 민간업자냐 하는 점만 다를 뿐이다.

빚내서 하나 민자사업으로 하나 동일하다면 민자사업이 예산을 낭비한다는 것은 무슨 말인가. 경제학적 분석은 인간이 합리적으로 행동한다는 전제 하에 도출되는 논리적인 추론이다. 문제는 현실의 인간은 그다지 합리적이지 못하며 그래서 논리적인 예측대로 움직이지 않는다는 데 있다. 합리적이라면 비용을 빚으로 조달하든 민자로 조달하든 결정이 달라질 이유가 없다. 하지만 실제로는 달라진다. 빚으로는 못할 사업도 민자로는 할 수 있다. 정부 채무가 늘어나는 데는 국회와 언론이 민감하다. 게다가 지방정부는 채무 규모에 제약이 있어서 마음대로 빚을 지지도 못한다. 그러나 민자는 다르다. 공식적인 빚이 아니므로 국회와 언론의 감시가 약하다. 빌리는 데 제약도 적다. 게다가 지방정부 입장에서 빚은 가급적 숨기고 싶은 약점이지만 민자 유치는 널리 홍보하고 싶은 업적이다. 세금은 안 쓰면서 주민에게 필요한 사회기반시설을 제공한다고 여긴다. 대단한 착각이다.

빚으로는 못할 사업을 민자로는 할 수 있다면, 결과적으로 민자라는 수단은 약일까 독일까. 민자로 이루어진 사업은 세 유형으로 구분할 수 있다. ①필요한 사업이자 민자가 아니었다면 못 했을 사업, ②필요한 사업이지만 민자가 아니었어도 다른 방식으로 했을 사업, ③불필요한 사업인데 민자라 하게 된 사업.

①이면 약이고 ③이면 독이다. ②라면 좋을 것도 나쁠 것도 없을테다. ②는 중립적이니 제외하고, ①과 ③ 중에 어느 경우가 더 많을까? 혹은 ①로 발생하는 이득과 ③으로 발생하는 손실을 비교 형량하면 순이득은 플러스일까 마이너스일까? 지금까지의 결과를 놓고 따지면 ①보다는 ③이 더 많고, 순이득은 마이너스라고 하는 것이 공정하다. 즉 불필요한 사업을 많이 해서 결과적으로 이득보다는 손실이 더 많았다고 해야 한다.

지방정부 민자사업 중 예산 낭비로 비난받는 대표적인 사례가 경전철 사업이다. 1992년 부산~김해 경전철 이후 2013년까지 전국 12개 지역에서 18개 노선의 경전철 사업이 추진 또는 운영되고 있다. 그중 12개 노선이 민자사업이다. 총사업비는 15조 5000억 원이다. 또 2011년 정부 집계 결과 36개 지자체에서 경전철 84개 노선을 건설할 계획이다. 여기 들어가는 사업비는 51조 5000억 원으로 추산된다.[8]

경전철 사업에 대한 감사원 보고서를 보자. 감사 당시인 2012년 현재 운영 중인 경전철은 3개(의정부, 부산~김해, 부산4호선)였다. 하나같이 많은 주민들이 이용할 꼭 필요한 시설이라고 해서 건설되었다. 실제로는 파리만 날린다. 이용객이 당초 예상의 14~25%에 그쳐 연간 130~320억 원씩 적자를 본 것으로 드러났다.[9]

7000억 원(민자 52%, 예산 48%)을 들여 2012년 7월 개통한 의정부 경전철은 하루 8만여 명이 이용할 것이라고 예측했다. 그러나 실제 이용객은 예측치의 20%를 밑도는 만 명대에 불과했다. 개통 1년여 만에 300억 원 적자가 발생했다.[10] 성능에도 문제가 있어 지금까지 스무 차례 가까이 운행이 중단되었다.

앞 장에서 소개했듯이 2013년 개통한 용인 경전철은 더 심각하다. 1조 원을 들여 2010년 6월 완공했다. 하지만 이용객이 너무 적어 엄청난 손실이 발생할 것을 걱정한 나머지 개통을 차일피일 미뤘다. 그러다 사업시행사로부터 소송을 당하고 패소해 8000억 원을 물어주게 됐다. 이런 우여곡절 끝에 2013년 4월 간신히 개통은 했지만, 이용객이 당초 예측치의 6%도 안 되는 만 명 수준이다.

민자사업에는 두 가지 유형이 있다. 하나는 수익형 민자사업인 BTO(Build-Transfer-Operate), 또 하나는 임대형 민자사업인 BTL(Build-Transfer-Lease)이다. BTO는 민간사업자가 시설을 건설[Build]한 후 소유권은 국가에 이전[Transfer]하되, 운영권[Operate]을 갖고 직접 시설을 운영해 수익을 얻는 것이다. 도로를 건설하고 통행료를 받거나 경전철을 건설하고 운임을 받는 것이 이에 해당한다. BTL은 민간사업자에게 운영권 대신 임대료[Lease]를 지급하는 것이다. 운영 수익을 기대하기 어려운 공공시설, 예를 들면 학교나 군용 시설 등을 지을 때 쓰는 방식이다.

각종 도로, 경전철, 서울 지하철9호선 등 그동안 언론에서 논란이 되었던 민자사업은 모두 수익형 민자사업인 BTO다. 수익형 민자사업과 관련하여 가장 비판을 받은 것이 최소 운영수입 보장제도(MRG, Minimum Revenue Guarantee)다. 사전에 예측했던 수요에 따른 예상 수입보다 실제 수입이 미달할 경우 예상했던 수입의 60~90%를 정부 예산으로 메꿔주는 것이다. 가령 90% MRG 조건에서 예상 수입을 연간 1000억 원으로 잡았다고 하자. 그런데 실제 수입이 200억 원이다. 그러면 정부가 700억 원을 채워서 민간사업자 수입 900억 원을 보장해주는 것이다.

MRG 탓에 정부 재정 부담이 심각하다. 앞서 예로든 경전철 사업을 보자. 부산~김해 경전철은 개통 첫해인 2011년에 하루 평균 17만 명 이상이 이용하고, 이후 이용이 증가하여 2030년에는 32만 명이 이용할 것이라고 예측되었다. 그러나 개통 첫해 실제 이용 인원은 하루 평균 3만 명, 예상치의 18%였다. 이후 조금씩 늘긴 했으나 예상치보다는 태부족이다. 이 사업 하나로 20년간 MRG로 보전해야 할 금액이 2조 원을 넘을 것으로 전망된다.

MRG는 사회적으로 거세게 비판을 받다 결국 폐지됐다. 지금은 투자금에 대한 비용(과 적정 이자)만 보전해주는 표준비용 보전제도(SCS, Standard Cost Support)가 시행되고 있다.[11] 이미 MRG로 계약해놓은 경우에도 워낙 내용이 불합리하고 사회적 비판이 크다 보니 재협상을 통해 SCS로 대체하기도 한다. 용인 경전철, 부산 거가대로, 서울

지하철9호선 등이 그렇게 했다.

수입을 보장해주는 MRG에 비하면 비용만 보전해주는 SCS가 낫기는 하다. 하지만 한번 생각해보자. MRG든 SCS든 도대체 정부가 민간사업자의 손실을 보전해주는 게 타당한가. 민간이 사업을 할 때는 잘될 수도 있고 안될 수도 있다. 잘되면 많은 돈을 벌지만 안되면 손실을 감수해야 한다. 민자사업은 정부가 강제하는 것이 아니다. 민간업자가 손익을 판단해서 자발적으로 참여하는 것이다. 이익이라고 생각해서 참여했지만 손실을 볼 수도 있다. 반면에 10의 이익을 기대했다가 100의 이익을 볼 수도 있다. 그런데 왜 정부가 민간사업자의 손실을 메꿔줘야 하나.

민자사업을 옹호하는 논리 중 하나가 민간이 하면 정부보다 효율적이라는 것이다. 그런데 민간이 정부보다 효율적인 까닭은 이익이든 손실이든 온전히 자기 몫이기 때문이다. 그래서 애초부터 전망 없는 사업이면 아예 시작하지 않는다. 일단 시작한 사업은 이익을 극대화하려고 기를 쓴다. 그런데 비용(과 어느 정도의 이윤)을 무조건 보전해준다면? 게다가 보전해주는 비용 규모를 사업자가 적당히 조정할 수 있다면? 적자가 빤한 사업이라도 뛰어들지 않을 이유가 없다. 비용을 절감하려고 애쓸 필요도 전혀 없다. 오히려 비용을 부풀리려고 갖은 궁리를 할 판이다.

정부는 비용을 보전해주지 않으면 민간업자가 참여를 꺼린다고 한다. 그런데 참여를 꺼린다는 것은 그 사업의 수익성이 별로라는 얘기 아닌가. 물론 도로나 철도 등 사회기반시설을 건설하면 이용객의 편익뿐만 아니라 주변 지역 개발 등 부가적인 편익이 발생한다. 따라서 운임만으로 모든 비용을 충당하는 것이 부적절한 측면도 있다. 하지만 이런 부가적인 편익을 보상하는 것은 MRG나 SCS가 아니라도 가능하다(현재도 정부는 조세 감면을 비롯해 부지 조성, 재원 조달 등에서 민간 사업자에게 다양한 혜택을 제공하고 있다). 과거의 MRG나 현행의 SCS는 구조적으로 낭비를 조장할 수밖에 없다.

수익형 민자사업(BTO)만 주로 문제 삼았지만 임대형 민자사업(BTL)이라고 해서 크게 다를 바 없다. 국회예산정책처 분석 결과를 보면 2005~2012년에 진행된 BTL 사업에 관해 지방정부가 부담해야 할 지급액이 2033년까지 24조 원으로 추산된다. 그중 가장 많은 부분을 차지하는 것은 15조 원에 이르는 교육청 소관 초·중·고교 건립 관련 지급금이다. 당장의 재정 부담을 덜려고 학교를 할부 외상으로 지은 결과 교육청 재정은 할부금 부담으로 허리가 휠 지경이다.

학교 신설 수요가 많은 경기도교육청에서는 임대형인 BTL로 학교를 400여 개 지었다. 이 때문에 지급액 규모가 점점 불어났다. 2013년에 임대료만 3000억 원을 냈다. 경기도교육청의 2013년도 예산은 약 11조 원이다. 교육청 재정의 특성상 인건비가 전체 예산의 절반을 넘는 등 경직성 예산 비중이 높다. 따라서 매년 고정적으로 갚아야 하는 외상값 수천억 원은 여간 큰 부담이 아닐 수 없다.

민자사업의 특성을 그대로 보여주는 속담이 있다. 정부 입장이라면? 외상이면 소도 잡아먹는다. 민간사업자 입장이라면? 땅 짚고 헤엄치기. 왜 많은 건설업자들이 민자 사업권을 따내려고 그토록 애쓰는지 충분히 이해할 수 있다.

4대강 사업이라는 학습 효과 덕분에 이제는 소위 토건 예산에 대한 국민들의 시선이 곱지 않다. 그래서 토건 예산을 늘리기는 힘들다. 그렇다고 관련 정치인, 공무원, 업자 입장에서 토건사업이 줄어드는 것을 얌전하게 보고만 있을 수는 없다. 이런 상황에서 민자사업은 기막히게 좋은 대안이다. 토건 예산을 늘릴 필요가 없고 정부 채무와도 (겉으로는) 무관하다. 그러면서 토건사업은 키울 수 있다.

이제 이 장 맨 앞에서 다뤘던 기준으로 민자사업에 대해 판단해보자. 민자사업은 지방재정을 어렵게 했지만 적어도 의도만은 좋았던 것일까? 비록 결과는 엉망이라도 사업 결정만은 합리적인 것이었고 추진 과정은 타당했던 것일까?

용인 경전철의 경우를 따져보자. 대규모 건설사업을 벌일 때는 사업타당성 분석을 한다. 사업의 비용과 편익을 따져서 사업이 타당한지 가늠하는 것이다. 경전철 사업의 편익은 거의가 운행 수입이다. 따라서 승객 규모를 예측하는 것이 편익 계산의 핵심이다. 용인 경전철의 승객 규모 예측은 국책연구기관인 한국교통연구원에서 했다. 하루 17만 명이 이용할 것으로 예측했지만 실제는 만 명이 채 안 되었다. 예측치의 6%다.

비록 터무니없이 빗나가기는 했지만 예측치 자체는 최선을 다해서 합리적으로 계산한 것이었을까. 내막이야 알 수 없지만 그렇지 않았을 것이라고 짐작되는 정황은 있다. 한국교통연구원의 예측치가 민간사업자가 자체적으로 분석한 예측치 규모보다 더 컸다. 원래 민간사업자는 가능한 한 예측치를 부풀리는 경향이 있다. 그래야 MRG 보장을 많이 받는다. 그런 민간사업자 예측치보다도 국책연구기관 예측치가 더 컸다. 상식적으로 생각해봐도 그사이에 예상하지 못한 변화가

있었던 것도 아닌데 정직하게 했다면 몇 년 뒤의 수요 예측이 그토록 얼토당토않게 틀릴 수 있겠는가.[12]

이 결과를 근거로 당시 용인시장은 계약을 밀어붙였다. 그 과정에서 지켜야 할 절차, 가령 중앙민간투자심의위원회의 심의 결과나 시의회 의결 등은 무시되었다. 해외여행과 골프 같은 접대, 뇌물 수수, 친인척 특혜 등 예상할 수 있는 비리도 당연히 끼어들었다. 결국 앞서 말했듯이 용인시 주민들은 용인시를 대상으로 전·현직 시장, 관련 공무원, 한국교통연구원, 시의원, 민간사업자 등에게 1조 원 이상의 배상을 청구하는 주민소송을 제기했다.

이쯤이면 대략 판단할 수 있겠다. 용인 경전철 사업은 아무리 좋게 봐도 도저히 의도가 순수했다고, 진짜 잘될 줄 알았고 최선을 다했으나 예상치 못한 결과가 나왔다고 말할 수 없다. 용인 경전철 사업은 주민소송까지 갈 정도니 예외적으로 질 나쁜 사례일 수 있다. 하지만 다른 민자사업이라고 얼마나 떳떳할까.

욕심쟁이 메주 빚듯 | 지방공기업

지방정부와 지방공기업의 관계는 민간으로 치면 모회사와 자회사 관계와 유사하다. 자회사 사업이 모회사 실적으로 잡히듯이 지방공기업 사업은 결국 지방정부 실적이다. 지방공기업은 지자체가 출자해서 설립한다. 지방공기업 수는 2012년 말 기준으로 420개다. 직영기업, 공단, 공사, 기타법인으로 분류된다. 직영기업과 공단은 지자체가

100%, 공사는 50% 이상 출자한 것이다. 기타법인은 50% 미만으로 출자한 것인데 숫자가 얼마 안 되며 지자체 지분이 적어 공기업으로 치지 않기도 한다.

직영기업은 상·하수도같이 지자체가 직접 사업을 수행하는 것이다. 공단 중에서 대표적인 것은 시설관리공단이다. 공영주차장이나 각종 공공시설을 관리하기 위해 만든 것이다. 직영기업과 공단은 지방정부가 전액 출자한 것이고 지방정부의 고유 업무에 속하는 공공서비스를 제공하기 때문에 공기업보다는 지방정부의 일부에 가깝다.

좀 더 공기업다운 것은 공사다. 지하철공사, SH공사, 경기개발공사 등 많이 들어본 이름들이 여기 해당한다. 이 책에서 다루는 예산 낭비로 문제가 되는 공기업, 대형 개발사업을 추진하는 공기업은 모두 공사다. 지방공기업은 지방정부가 거의 완전한 지배력을 행사한다. 하지만 법적으로 공기업과 지방정부는 별개라서 공기업 빚은 지방정부 빚으로 잡히지 않는다. 그래서 많은 지방정부가 산하 공기업에 무리한 개발사업을 지시한다. 심지어 특정 개발사업을 하기 위해 공기업을 만들기도 한다.

대표적인 경우가 앞 장에서 다룬 태백시의 오투리조트다. 이 사업은 공식적으로는 태백시가 아니라 태백관광개발공사가 벌인 사업이다. 이 회사는 태백시가 2001년에 오투리조트 사업을 하기 위해 작정하고 설립한 것이다. 지금도 이 회사의 사업이라고 할 만한 것은 오투리조트뿐이고, 결국 이 사업이 실패함에 따라 부채비율이 2000%가 넘는 '깡통 기업'이 되었다(2012년 말 기준).

망해가는 오투리조트를 인수하겠다는 통 큰 민간 기업이 나타나지 않는 한 태백관광개발공사가 파산에서 벗어날 방법은 없을 것 같다. 태백관광개발공사가 망하면 태백시 역시 재정 위기에 처하게 된다. 태백시는 오투리조트 부채 3400억 원 중 1500억 원에 대해 지급보증을 섰다. 태백관광개발공사가 파산하면, 태백시가 이 빚을 떠안아야 한다. 그러면 파산까지는 아니더라도 재정 운영에 상당한 제약을 받게 된다.

지방공기업의 파산 혹은 부실 경영의 책임은 누구에게 있을까. 일차적으로는 그 공기업 경영진에게 있다. 그러나 근본적으로는 시키는 대로 움직여온 공기업보다는 실질적인 결정권을 행사한 지방정부 단체장에게 있다고 보는 것이 온당하다.

공기업 경영진이 지방정부 단체장에게 얼마나 순종하는지를 보여주는 사례는 부지기수다. 그중에 우리에게도 이름이 친숙한 서울시 세빛둥둥섬 사례가 있다. 세빛둥둥섬(영어명은 Floating Island)은 오세훈 전 서울시장의 역점 사업이었던 한강르네상스의 대표주자다. 앞에서 얘기했던 수익형 민자사업으로 만들어졌다. 호화 모피쇼로 구설수에 오르고 민간 사업자에 대한 과도한 특혜(30년 무상사용 후 기부채납, 업자 잘못으로 계약을 해지해도 서울시가 보상 등)로 감사를 받았으며 후임 박원순 시장으로부터 총체적 부실이라는 평을 들었다.

세빛둥둥섬에 대한 이야깃거리는 많지만 일단 생략하고 지방공기업과 관련된 부분만 보자. 세빛둥둥섬은 민자사업이라서 겉으로는 서울시에 재정 부담이 없다. 서울시 산하 공기업인 SH공사가 투자했다. 130억 원을 출자하고, 240억 원의 지급보증을 섰다. 그런데 2012년 서울시 감사에서 SH공사가 세빛둥둥섬에 투자한 것은 공사 설립 목적에 위배된다는 결과가 나왔다. SH공사 설립 조례에는 공사의 목적 사업을 토지·주택의 건설·임대 관련 사업으로 규정하고 이와 유사한 사업에만 출자가 가능하다고 명시되어 있다. 세빛둥둥섬은 한강에 인 공섬을 띄워 공연·레저시설로 운영하는 사업이기 때문에 SH공사가 투자해서는 안 되는 사업이었다.

SH공사는 왜 그런 결정을 했을까. 당연히 서울시장이 지시했기 때문이다. 2007년 SH공사 이사회에서 '시장 지시'라는 짤막한 설명 이후 단 한마디 토론도 없이 투자 결정을 내렸다. 그 후에도 서울시에 서 '협조 요청'이 있을 때마다 이의 없이 출자금을 증액하고 지급보증 을 해줬다.[13]

참 말 많고 탈 많은 사업이다. 2011년 준공 이후 갖은 우여곡절을 겪었고 비싼 임대료와 낮은 수익성 때문에 운영사 선정이 되지 않아 2014년 2월 현재까지 정식으로 개장하지 못한 상태다. 3년 가까이 빈 채로 있으면서 가끔 영화 촬영장소로 쓰인다.

2012년 말 기준 지방공기업 부채는 총 72조 5000억 원이다. 2006 년 36조 원이었던 것이 6년 만에 두 배로 늘었다. 그중에서 도시개발 공사 부채가 43조 5000억 원으로 전체의 60%를 차지한다. 도시개발 공사 부채는 2006~2009년 연평균 33%씩 가파르게 늘어났다. 2012 년 기준으로 부채비율이 300%에 달한다. 도시개발공사 중에서도 수 도권(서울·경기·인천) 3개 공사의 부채가 특히 많다. 이들의 부채는 전 체 도시개발공사 부채의 80%를 차지한다.

서울·경기·인천 같은 광역자치단체뿐 아니다. 기초자치단체인 시에서 만든 도시개발공사 부채액은 절대 규모는 작지만 각 공사나 시의 재정 여건을 고려하면 문제가 심각하다. 용인 5544억 원, 김포 5240억 원, 하남 4168억 원, 태백 3392억 원 등이다. 태백관광개발공사는 오투리조트 때문이고 나머지 도시개발공사는 각 지역에서 부동산을 개발하느라 진 빚이다.

한 가지 주의할 점이 있다. 지금까지 논의를 따라오다 보면 지방공기업 부채는 전적으로 단체장의 무리한 개발사업 추진 때문인 것처럼 비칠 수 있다. 그렇지는 않다. 지방공기업 부채의 원인은 다양하며 단체장의 무리한 개발사업 추진은 그중 하나다. 상식적으로 생각해도 아무리 단체장들이 욕심 부린다 해도 그로 인해 70조 원이 넘는 빚을 지기는 힘들지 않겠는가.

말이 나온 김에 국영공기업 부채 문제를 따져보자. 2014년 2월 박근혜 정부가 공기업 부채 감축을 주요 과제로 설정하면서 공기업 부채는 세간의 주요 관심사로 떠올랐다. 공기업 부채의 원인은 몇 가지로 구분할 수 있다. 첫째는 원가에 못 미치는 가격으로 서비스를 제공해서 생긴 부채다. 한전 부채의 대부분은 값싼 전기요금 때문이다. 둘째는 정부 사업을 수행하면서 생긴 부채다. LH공사 부채의 상당 부분은 신도시 건설과 공공주택 공급 과정에서 생긴 것이다. 셋째는 정부가 무리하게 강요한 개발사업 때문에 생긴 부채다. 수자원공사 부채의 많은 부분은 4대강 사업을 떠맡아서 생겼다. 석유공사, 광물공사 같은 에너지 관련 공기업들 부채의 상당액도 정부가 독려한 해외 자원개발 사업에서 발생했다. 넷째는 공기업 자체의 경영 과실에서 비롯한 부채다. 공기업도 기업인 이상 경영상의 판단 착오로 손실이 생길 것이고 이것이 부채로 연결되기도 했을 것이다. 하지만 전적으로 자율 경영을 하는 공기업은 거의 없을 테니 순전히 경영진의 판단 착오에서 비롯한 부채 크기가 얼마인지는 가늠하기 어렵다. 용산 역세권 개발사업 실패로 철도공사가 지게 된 부채가 여기에 해당한다고 할 수 있겠다. 다섯째는 방만 경영에서 비롯한 부채다. 어차피 수익에 민감할 이유가 없고 자율 경영도 아닌 바에야 경비 절감이나 구조조정을 위해 애쓸 필요도 없으니 경영이 방만해지는 것은 당연지사다.

공기업 부채 문제를 따질 때는 입장에 따라 이 다섯 가지 중에 몇 가지를 강조한다. 정부는 방만 경영을 강조한다. 공기업 노조 쪽은 원가에 미치지 못하는 가격의 서비스 제공과 정부 사업 대행을 강조한다. 언론도 색깔에 따라 정부 입장을 더 강조하기도 하고 공기업 노조 입장을 옹호하기도 한다.

부채 규모로 보면 첫째, 둘째, 셋째 원인에 기인한 것이 대부분이다. 일부에서 주장하듯 아무리 복리후생비를 흥청망청 쓴다고 해도 그 액수가 얼마나 되겠는가. 국영 공기업 부채는 2013년 기준으로 500조 원이 넘는다. 우리나라 한 해 예산보다도 훨씬 큰 규모다. 그럴진대 후한 복리후생비 혹은 느슨한 운영으로 인한 부채가 그중 몇 퍼센트나 될까(참고로 기획재정부는 공기업의 '과도한' 복리후생비를 줄여서 1544억 원을 절감하겠다고 발표했다).

물론 국영이건 지방이건 공기업의 방만 경영과 비리는 문제다. 공기업과 거래해본 민간업자들이라면 공기업 비리가 심각하다는 데 대부분 동의할 것이다. 공기업에 다니는 친지 얘기를 들으면 확실히 민간 기업보다 훨씬 느슨해 보인다. 그래서 공기업의 비리와 낭비를 뿌리 뽑겠다는 정부 방침을 전폭 지지하고, 이참에 낙하산 인사 관행도

근절할 것임을 굳게 믿고 싶다(사실 인사만 공정해도 방만·부실 경영의 상당 부분은 없어진다). 다만 내가 하고 싶은 말은 사실을 제대로 보자는 것이다. 방만 경영과 비리는 응당 척결해야 하지만 공기업 부채의 주된 원인은 이 때문이 아니다. 서로 다른 것들을 섞어버리니 각각의 원인 제공자들에게 빌미를 주게 된다. 그래서 문제는 희석되고 해결은 더 어려워진다.

지방공기업 문제는 국영공기업 문제와 동일하다. 부채도 그렇고 방만 경영과 비리도 그렇다(규모는 작아도 더 심각하다). 심지어 부채 감축 계획마저 똑같다. 중앙정부가 2017년까지 공기업 부채 비율을 200% 이하로 낮추겠다고 하자 지방정부 담당 부처인 안전행정부에서도 2017년까지 지방공기업 부채 비율을 200% 이하로 낮추겠다고 밝혔다. 왜 국영공기업과 지방공기업의 부채 감축 계획이 동일해야 하는지는 궁금하지만 어쨌든 지방공기업 부채 감축을 천명한 것은 잘한 일이다. 다만 과연 가능할지는 잘 모르겠다. 2012년 기준 SH공사 346%, 경기도시공사 321%, 인천도시공사 356% 등 일부 지방공기업 부채 비율은 300%를 훌쩍 넘어간 상태다. 이걸 지금 같은 경제 여건에서 4년 안에 200% 아래로 낮춘다는 게 그리 쉬울 리 없다. 이미 지방공기업은 지방재정에 시한폭탄이다.

이제 지방공기업에 대해서도 우리 기준에 따라 판단해보자. 많은 개발공사들이 지방재정을 어렵게 했지만 의도만은 좋았을까? 비록 결과는 암울하지만 애초의 사업 결정은 타당했고 추진 과정은 제대로 절차를 지켰을까?

오투리조트처럼 정말 무리한 경우를 제외하면 의도 자체는 순수했을지도 모른다. 그러나 마땅히 지켜야 할 규정과 절차를 무시한 경우가 너무나 많다. 또 의욕이 앞서 위험을 경시한 경우가 대부분이다. 도시개발공사들은 2008년 금융위기 이후 침체된 부동산 경기 탓에 부채가 늘었다고 말한다. 그렇기는 하다. 하지만 민간기업이었다면 결과는 전혀 달랐을 것이다. 민간이 투자를 결정할 때는 성공할 가능성과 실패할 위험성을 모두 고려한다. 무리한 개발사업을 강행한 도시개발공사들처럼 성공 가능성만 크게 보고 실패 위험성을 외면하지는 않는다.

단체장이 CEO만큼만 한다면

각종 개발사업을 무리하게 추진하며 많은 부채를 남겼다고 비난받는 전·현직 단체장들은 억울해한다. 부동산 경기 침체 등 예상치 못한 변수가 작용해서 그렇지, 안 그랬다면 지역을 새롭게 변화시키고 경제를 살린 업적이 되었을 것이라고 주장한다. 단체장이 바뀐 이후 축소되거나 폐지된 사업들도 조금만 더 밀어붙였다면 결국 성공했을 것이라며 후임 단체장을 비난하기도 한다.

앞 장에서 얘기했듯 단체장들이 각종 개발사업에 몰두하게 된 것은 2000년대 이후 CEO형 단체장이 유행하면서 본격화되었다. CEO형 단체장들은 결과만 좋으면 과정에서 다소 무리가 있어도 용인해야 마땅하다고 생각한다. 규정과 절차만 따지다가는 되는 일이 아무것도 없을 것이라고 주장한다. 반면에 이를 비판하는 사람들은 행정은 경영과 다르다고 말한다. 자기 돈으로 사업하고, 그래서 실패하면 자기가 망하는 기업 경영과 달리 정부 행정은 국민 세금을 재원으로 하고 실패하면 국민이 피해를 보기 때문에 엄격한 규정과 절차를 따라야 한다고 주장한다.

CEO 출신으로 행정의 최고 수장이 되었던 분은 이런 행정의 특성을 못마땅해하고 더러는 무시하기도 했다. 규정과 절차 준수를 요구하는 것이 답답해 보이고 행정의 병폐로 여겨질 수 있다. 하지만 한 가지 똑바로 이해해야 할 것이 있다. 규정과 절차를 강조하는 것이 단지 행정은 효율성보다 공익성이 중요하다는 등의 규범적 판단 때문만은 아니라는 점이다.

앞 장과 이번 장에서 숱하게 봤지만 과연 아무런 규정과 절차의 제약이 없을 때 단체장이 기업 CEO처럼 사업을 판단하고 추진할까? 민간기업 CEO라면 절대로 적자가 확실한 F1 대회를 추진했을 리 없다. 갑을 관계가 사회문제가 될 정도로 민간의 '갑'은 자기 이익을 위해서라면 가혹하리만치 '을'을 쥐어짠다. 지자체가 민자사업 추진할 때처럼 사업을 맡긴 '갑'이 사업을 수행하는 '을'의 이익 보장을 위해 손실을 떠안는 짓은 절대로 하지 않는다. 마찬가지로 모회사가 감당하기 힘든 일을 자회사한테 떠맡겨서 망하게 만들 리도 만무하다[14](그렇다고 민간기업의 '갑'질이 잘하는 짓이라는 얘기는 절대 아니니 오해는 말았으면 한다).

CEO가 기업 이익을 위해 애쓰듯 단체장이 지자체 이익을 위해 노심초사한다면 구태여 사업의 결정과 추진 과정에 그 많은 규정과 절차를 둘 이유도 없다. 단체장 재량에 맡겼을 때 발생하는 낭비를 막기 위해, 즉 효율성을 위해 사업 결정과 추진에 다양한 규정과 절차를 두는 것이다.

무리한 개발사업과 그에 따른 예산 낭비 실태가 이제는 제법 알려졌다. 그래서 과거처럼 단체장 마음대로 무모한 사업을 밀어붙이기는 힘든 분위기가 조성되었다. 지방정부와 산하 공기업의 방만한 운영을 막기 위한 조치도 취해지고 있으니 그나마 다행이다.

건실한 재정 운영을 담보하기 위한 기본은 투명한 공개다. 예를 하나만 들자. 앞서 지방정부와 산하공기업의 관계는 민간의 모회사와 자회사 관계와 같다고 했다. 민간의 모회사와 자회사는 연결재무제표를 만들어서 모회사와 자회사의 재무 실태를 총체적으로 파악하도록 정해져 있다. 사익을 추구하는 민간이 그 정도면 공익을 추구하는 행정에서는 더더욱 철저하게 관리해야 한다. 소를 잃었어도 다시 소를 키우려면 외양간을 고쳐야 한다. 소 잃고도 외양간 고칠 생각을 안 하는 게 정말 문제다.

7장

이렇게 함부로 써도 되는가

:

낭비와 부조리

"자기 재산 아끼는 것은 보통 사람들도 능히 할 수 있지만, 나라 재산 아끼는 이는 드물다. 나라 재산을 자기 재산 아끼듯 해야 어진 수령이다(私用之節 夫人能之 公庫之節 民鮮能之 視公如私 斯賢牧也)"

《목민심서》율기(律己) 5조 절용(節用)

앞의 두 장에서는 대규모 개발사업에 따른 예산 낭비와 재정 위기를 다뤘다. 그런데 이런 대형 낭비는 모든 지방정부가 다 할 수 있는 게 아니다. 재정이 어느 정도 뒷받침되는 곳에서만 할 수 있다. 자체수입으로 인건비도 해결하지 못하는 빈약한 재정으로는 아무리 국고보조를 받는다고 해도 대형 사업을 벌이기는 무리다. 공기업을 만들거나 민간자본을 끌어오는 것은 더더구나 감당하기 힘들다.

그러나 가난한 지자체라고 알뜰살뜰 예산을 쓰는 것은 아니다. 돈이 없어 큰 사업을 못하고 그래서 힘들어하는 것은 사실이지만 그렇다고 내핍 생활을 하지는 않는다.

이번 장에서는 지방정부의 낭비 사례로 흔히 지목되는 사례들을 살펴보자. 지역 축제, 청사 건립, 허위수당 문제 등이다. 워낙 언론에서 많이 다뤘기에 식상하게 여겨질 수도 있다. 하지만 숱한 지적에도 불구하고 왜 여전히 고쳐지지 않는지도 한번쯤 따져볼 필요가 있겠다. 대표 낭비 사례에 이어서 〈세상에 이런 일이〉에나 나올 법한 황당한 낭비 사례도 소개했다. 사례들의 면면을 보면 어떻게 이런 사업이 통과되고 집행되었을까 싶은 생각이 절로 든다. 화가 나기보다는 헛웃음이 나올 것이다.

이번 장은 가벼운 마음으로 재미삼아 훑어봐도 괜찮지만, 우리 세금의 쓰임새에 대해 고민하며 읽어도 좋겠다.

세금으로 남발하는 이벤트, 축제와 기네스 경쟁

2장에서 지방자치 실시 이후 달라진 것을 논의하면서 개발정책이 많아졌다는 얘기를 했다. 그런데 개발정책보다도 더 확실하게 많아진 것이 있다. 지역축제다. 지역축제는 1980년대 중반까지만 해도 100여 개 정도였다가 지방자치 실시 이후인 1990년대에 500개가 넘는 축제가 새로 생겼다. 물론 1990년대 이후 급증한 지역축제가 오롯이 지방자치 때문이라고 보기는 힘들다. 우리 사회에 중산층이 광범위하게 형성되기 시작한 것이 대략 1980년대 후반부터다. 이때부터 보통 사람들도 일상에서 여가를 즐기기 시작했다. '마이 카 시대'가 도래하면서 가족 단위로 전국을 누비기 시작했고 아이돌 그룹이 관광버스 춤을 흉내 낼 만큼 중장년 이상의 단체관광이 대중화했다. 유홍준 교수의《나의 문화유산답사기》1권이 대한민국 인문 도서 사상 처음으로 100만 부를 돌파하며 전국적인 답사 열풍을 몰고 온 것도 1990년대 초반이었다. 그러니 여가 선용과 문화관광을 원하는 지역주민과 외지인의 욕구, 여기에 지역을 홍보하고 업적을 내세우고 싶은 단체장의 욕망이 맞아떨어지면서 지역축제가 급증했다고 보는 게 맞다.

문화관광체육부에서 발표한 전국의 지역축제 수는 2012년 기준 2429개다. 여기에는 동네잔치나 백화점 판촉 행사 같은 것도 포함되어 있으니 너무 많다고 놀랄 필요는 없다. 지방재정 측면에서 관심 대상인 지역축제는 정부 예산이 지원되는 것들이다. 2012년에 정부의 재정 지원을 받은 지역축제는 700개가 넘고, 지원된 예산은 약 2500억 원이다.[1] 평균으로 치면 개당 3억 원 이상 정부 지원을 받는 축제가 매일 2개씩 열리는 셈이다. 정부 예산은 중앙정부 지원이 약 10%, 나머지는 지방정부 몫이다.

이처럼 많은 지역축제에 상당한 액수의 정부 예산이 지원되는 것을 어떻게 봐야 할까. 비판적인 지점은 수지타산이 안 맞는다는 점과 내용이 천편일률적이고 중복이 많다는 점이다. 안전행정부가 2012년에 열린 지역축제 중에서 비교적 규모가 큰 367개의 원가를 분석했더니 대략 총비용 4000억 원에 총수입 1000억 원으로 3000억 원 적자였

다. 장사로 치면 손해가 이만저만 아니다.[2]

'비용 대비 수입(또는 성과)'과 '중복 여부'는 정부 사업을 평가하는 핵심 기준이다. 국민 세금이 허투루 쓰이면 안 되므로 들어간 돈 이상으로 성과를 얻었는지, 중복으로 낭비되는 것은 없는지 따져야 맞다. 이는 SOC 사업이든 축제든 마찬가지다. 다만 분명히 해야 할 것은 축제의 성과를 무엇으로 봐야 하느냐, 어떤 것을 중복에 따르는 낭비라고 해야 하느냐 하는 점이다.

지역축제 참여자는 지역주민과 외지인(관광객)이다. 대부분 군소 축제는 지역주민이 주 대상이고 산천어 축제나 머드 축제 등 전국적인 축제는 관광객이 주 대상이다. 제사 후에 술과 음식을 나눠먹고 춤과 노래를 즐기던 것이 축제의 기원이었다니 본래 의미에 충실한 것은 지역주민용 축제가 되겠다. 그런데 이런 축제는 비용 대비 수입을 따져서 성과를 평가하는 게 그리 타당하지 않으며 중복 여부를 따지는 것도 그리 온당하지 않다. 강원도 ○○군에서 열린 주민 축제와 충청남도 △△시에서 열린 주민 축제가 동일하게 공연-장기자랑-먹거리 장터로 구성되었다고 해서 중복이며 낭비라고 하기는 곤란하다.

5월이면 각 대학마다 축제를 연다. 학교 지원으로 거액을 들여 대중가수를 불러오고, 주점 열어서 밤새 먹고 마신다. 적자 폭과 천편일률로 치면 대학축제가 더하면 더하지 덜할 것 같지는 않다. 대학축제는 청춘의 낭만이라 괜찮고 지역축제는 어르신들의 여흥이라서 안 된다면 공정한 처사가 아니다. 정부 돈이 들어가는 것이니 기왕이면 더 많은 주민들이 즐기고 그 와중에 약간이나마 공공적 가치(!)를 함양할 수 있다면 더욱 좋기는 하겠다. 물론 축제비용 정산이나 민간업자 선정·계약 등 집행이 공정하게 이뤄졌는지를 따지는 것은 매우 중요하다. 다만 수익성이 없다거나 내용이 천편일률이라는 지적은 지역주민용 축제보다는 주로 관광객용 축제에 해당한다는 점은 분명히 하자.

관광객용은 '사업'으로서 축제를 하는 것이니 수지타산이 중요하다.[3] 그런데 들어간 비용 대비 거둔 수입으로 따지든, 지역 경제 파급 효과, 즉 관광객이 그 지역에 뿌리고 간 돈으로 계산하든 관광객용 축제의 다수는 '공정히' 따지면 적자다('공정히'라는 말을 붙인 이유는 지역의 자체분석에서는 파급 효과를 워낙 부풀리기 때문이다). 사실 관광객용 축제야 수익만 난다면 참신성이 떨어지든 중복이든 큰 문제는 아니다. 어쨌든 그만큼 사람들이 좋아하니까 찾아와서 돈을 썼을 것이기 때문이다.

지역축제(특히 관광객용)의 문제점은 앞에서 다룬 개발사업의 문제점과 규모만 작을 뿐 판박이다. 가시적인 업적을 내고 싶은 단체장과 사업을 원하는 지역주민·관련업자의 이해가 맞아떨어진다, 몇몇 지자체의 성공 사례가 알려지면서 가만있으면 무능해 보이니 경쟁적으로 사업을 벌인다, 충분한 기획과 손익 검토 없이 일단 시작부터 하고 본다, 추진 과정이 투명하지 못하고 비리가 많다…….

개발과 축제는 추구하는 가치도 다르고 사업의 결과물도 판이하다. 결국 정부 돈으로 관 주도 하에 단체장이 의욕을 갖고 벌이는 사업은 뭣이 됐든 똑같은 문제점을 안고 있다는 것인데, 이러한 일관성을 다행이라 해야 할까 불행이라 해야 할까.

축제의 문제점과 개선 방안에 대해 많은 얘깃거리가 있지만 이게 우리 주제는 아니니 이쯤에서 접자. 참고로 축제 개수가 2400개라는 것이 그리 많지는 않은 것 같다. 축제에 대한 해외 사례 연구에 따르면 일본, 프랑스, 스페인은 개수가 만 단위라고 한다(이 중에 몇 개나 정부 지원금을 받고 얼마나 관 주도로 행사가 진행되는지는 모른다).

축제 외에도 지역 경제 활성화나 브랜드 가치 상승이라는 명목으로 벌이는 낭비성 이벤트 사례는 많다. 그중 하나가 최근 여러 지자체에 유행처럼 번진 세계기록 올리기 경쟁이다. 전국 곳곳의 지자체가 경쟁적으로 초대형으로 북, 해시계, 우체통, 항아리 등을 만들어 기네스북에 올리고 있다. 울주군에서는 초대형 항아리를 제작비 2000만원을 들여 만들고, 심사위원 초대하는 데 1000만 원 이상을 따로 지불하는 등 수천만 원을 들여 2011년 기네스 기록 인증을 받았다. 이 항아리가 전시된 옹기 박물관은 워낙 방문객이 적어서 차분히 기네스북 등재물을 감상하기엔 딱 좋다고 한다.[4]

내 고향 물건이 기네스북에 오르는데 수천만 원이 대수냐고? 그렇다면 한 가지 사례를 더 들자. 이건 기억하는 독자가 많을 것 같다. 제주도는 2011년 뉴세븐원더스 재단이 선정하는 '세계 7대 자연경관'에 선정되기 위해 200억 원이 넘는 돈을 국제전화비로 썼다. 전 세계 사람들의 전화투표로 상위 7개 지역을 선정하는 방식 탓에 몇 달간 엄청난 국제전화를 걸어댔기 때문이다. 제주도 관청들이 내야 할 전화요금만 200억 원이 넘었고, 도민들이 낸 전화요금 성금도 50억 원이 넘게 들었다. 결국 전화비 일부를 탕감 받고도 60억 원 이상을 내지 못한 채 2011년을 넘겼다. 연체된 전화요금은 2017년까지 매월 1억 원꼴로 분할 납부하는 중이다.[5] 엄청난 전화비도 황당하지만 공무원들이 일도 못하고 온종일 전화통을 붙들고 있었을 모습을 상상하니 씁쓸하다. 그들이라고 좋아서 그랬겠는가.

비록 막대한 예산과 인력이 동원되었지만 어쨌거나 세계 7대 자연경관에 선정되었으니 자랑스러워하자. 이 조사를 주관한 뉴세븐원더스 재단이 2000년에 버나드 웨버라는 한 스위스 사람이 만든 민간단체로서 세계자연유산을 지정하는 유네스코와는 아무 관련이 없다거나, 취리히 소재로 되어 있지만 사무실도 없고 취리히 관광청도 전혀 모르고 있다거나, 누구나 중복 무제한 투표할 수 있는 방식은 신뢰할 수 없다는 비판이 비등했다거나, 후보에 오른 나라들에 금전 요구를 해서 물의를 빚었고 막대한 전화요금 수익을 챙겼다거나, 유력한 후보지였던 몰디브는 이건 사기라고 하면서 후보를 철회했다거나 하는 것들은 모두 중요치 않다. 어쨌든 세계 7대 안에 당당하게 들었다는 것이 중요하다! 게다가 제주발전연구원 분석에 의하면 이에 따른 지역경제 파급 효과가 연간 1조 2000억 원이 넘는다니 그깟 200억 원이 문제겠는가!

보여주기 용 공공시설, 호화 청사와 텅 빈 문화시설들

이벤트성 사업은 성과 없이 예산만 낭비한다는 비판을 받으면 중단할 수 있다. 그러나 시설물은 다르다. 짓는 데 돈도 많이 들뿐더러 중간에 멈추기도 힘들고 한번 지어놓으면 괜히 지었다 싶어도 쉽게 처분할 수 없다. 운영할수록 적자가 불어나도 운영을 포기하면 무용지물이 되기 때문에 비난이 더 거세지고, 그냥 놔둬도 유지관리비 예산이 들기 때문에 울며 겨자 먹기로 계속 운영하는 경우도 많다. 이런 애물단지 시설물 사례는 작게는 쓸데없는 조형물부터 크게는 손님 없는 박물관이나 문예회관, 지나치게 호화롭고 거대한 지자체 청사까지 부지기수다.

차를 타고 각 지역을 지나다보면 도로변에 세워진 지역 특산품이나 지자체 로고, 슬로건이 담긴 다양한 조형물들을 볼 수 있다. 간혹 주변과 조화된 것도 있지만 대체로 생뚱맞거나 조악하다. 한 가지 사례를 보자. 서로 맞닿은 안성시와 평택시는 시 경계에 수억 원을 들여 대형 조형물을 각각 2개씩 설치했다. 2006년 안성시가 먼저 안성 나들목에 '안성마춤'을 홍보하는 대형 광고판을 설치했다. 그러자 2009년 평택시가 마주보는 자리에 조금 더 크게 'PYEONGTAEK'이라는 영문 조형물을 세웠다. 이후 2013년 안성시가 1억 3000만 원을 들여 '안성시'라고 쓰인 높이 10미터짜리 석재 조형물을 만들었다. 그러자 몇 달 후 평택시는 6억 7000만 원을 들여 그보다 6미터 더 높게 '평택시'라고 쓰인 석재 조형물을 세웠다.[6] 양측 모두 우연의 일치일 뿐, 경쟁 심리는 전혀 없었다고 한다.

지자체 상징물뿐 아니다. 갖가지 조형물이 주민 자긍심 고취, 지역 브랜드 가치 제고 따위의 명목으로 끊임없이 만들어진다. 군포시에는 국민영웅 김연아 동상이 있다. 김연아 선수가 2010년 밴쿠버 동계올림픽에서 금메달을 따자 군포시는 김연아가 자란 지역임을 널리 알려야 한다며 5억 원을 들여 동상을 세웠다. 지자체 예산으로 스포츠스타, 그것도 생존 인물 동상을 세우는 게 타당한가는 따지지 말자. 그보다는 이 동상이 들인 돈만큼 가치를 하는가를 따져보자.

동상의 얼굴은 김연아 선수와 그다지 닮지 않았다. 얼굴뿐만 아니다. 전신의 균형도 어색하고 모습도 조악하다. 게다가 탑 위에 높이 매달려 있어서 잘 보이지도 않는다. 김연아 선수의 매니지먼트사는 군포시가 김연아 선수나 소속사에 동상 제작을 상의한 적이 없으며 김연아 선수와 소속사 역시 초상권·성명권 사용을 허가한 적이 없다면서 김연아 선수와 동상은 아무런 관계가 없다고 발표했다(동상을 보면 왜 그렇게 매몰차게 대했는지 십분 이해가 간다). 우여곡절 끝에 이 조형물의 공식 명칭은 김연아 동상이 아니라 '철쭉동산 주변 경관조성 조형물'이 됐다. 다만 이 조형물 안내판에만 "피겨 퀸 김연아를 상징하는 조형물"이라고 적혀 있다.

제작 과정도 문제였다. 군포 지역 14개 시민단체로 구성된 '군포시 비리 진상규명 시민대책위원회'가 자체적으로 뽑은 견적에 따르면 군포시가 들인 비용의 10분의 1인 5200만 원이면 똑같이 만들 수 있다고 한다. '예술 작품'의 가격을 제작원가로만 따질 수는 없으니 그토록 심한 뻥튀기가 있었다고는 생각하지 않지만 실제로 보면 5억 원이 넘게 들었다는 게 납득이 안 가고 설계부터 시공까지 다양한 문제점이 있었음을 능히 짐작할 수 있다. 군포시는 김연아 동상을 세 곳에 설치할 작정이었는데 그나마 시의회가 반대해서 무산되었다고 한다(이러저러한 자세한 내용을 알고 싶은 독자는 인터넷 검색창에 '김연아 동상'이라고 쳐보면 되겠다).

홍길동은 아버지를 아버지라 부르지 못하는 게 서러워 집을 나갔다는데 군포시는 김연아 동상을 만들고도 김연아 동상이라 부를 수 없으니, 참 뭐라 할 말이 없다.

앞에서 봤듯 지자체가 지은 각종 조형물과 시설물 중에는 도저히 내세우는 목적을 달성할 것 같지 않은 것이 많다. 그래서 대체 왜 이런 걸 세웠을까 하고 답답한 심정이 된다. 하지만 착각이다. 지자체 역시 내세운 취지를 진짜로 실현하겠다는 생각으로 한 것이 아니기 때문이다. 많은 경우 진짜 목적은 단지 그런 일을 하고 있다고 '선전'하는 데, 즉 보여주기 행정에 있다.

2002년 취임한 전남 순천시장은 투명하고 깨끗한 행정을 하겠다면서 상징적으로 시장실 3면을 유리로 바꿨다. 전임 시장 두 명이 연달아 뇌물수수로 형사처벌을 받은 뒤라 시민들의 분노가 높았기 때문이었다. 하지만 투명 시장실을 만든 순천시장은 취임 초부터 업자들의 뇌물을 받아오다 결국 임기 말에 구속되었다.[7]

작게는 시장실이지만, 크게는 청사 전체를 유리로 장식하기도 한다. 근래에 새로 지은 지자체 청사들, 특히 호화 청사로 불리는 대규모 청사들이 거의 다 그렇다. 투명 행정을 실현하겠노라는 의지의 표명인지 아니면 공공 건축계의 한때 유행 때문인지는 모르겠다.

2005~2010년간 신축한 13개 지자체 청사 건립에 총 1조 4000억 원이 들었다. 지자체 청사에는 적정 면적기준이라는 것이 있다. 그런데 13개 청사 중에 12개 청사가 면적기준을 초과했다. 이들 12개 청사의 평균 면적은 적정치의 세 배가 넘는다. 면적이 늘어난 만큼 유지관리비도 늘었다. 구청사 때는 평균 80억 원이었던 유지관리비가 신청사 입주 후 260억 원으로 뛰었다.

사업비 3200억 원으로 압도적인 1위를 기록한 성남시 청사는 2010년 성남시 모라토리엄 선언의 원인이 된 주요 낭비 사업 중 하나로 지목되기도 했다. 모라토리엄 선언 이후 시장이 시청사를 매각하겠다고 발표했지만, 실제로 팔지는 못했다. 들어간 돈만큼 잘 지은 것도 아니다. 당시 시장의 취향에 따라 스텔스 전투기 모양으로 지었다는데 엄청난 돈을 들이고도 기능이 형편없기로 유명하다. 건물 구조에 문제가 있어 겨울만 되면 지붕에서 거대한 고드름이 떨어져서 대피 소동을 일으키기도 한다. 건물 전체가 통유리라 여름엔 찜통, 겨울엔 냉장고가 된다. 한여름 거대한 유리 온실에 갇혀 고통스러워하는 직원들이 안쓰러워 얼음주머니를 나눠주기도 했다. 단열 필름을 붙이려다가 과열로 강화유리가 깨지는 바람에 그것도 포기했다. 장마철만 되면 비가 새는데 원인은 모르겠단다.[8] 결국 전반적 부실 공사로 판단한 시가 시공사 등을 상대로 소송을 내기에 이르렀다.

호화 청사 대신 주민을 위한 문화시설을 지으라는 권고도 함부로 할 것이 못 된다. 전국 곳곳에 문화예술시설이라고 지어놓은 것들 중에는 호화 청사보다 더 낭비된 것들도 많기 때문이다. 청사는 규모가과하다 해도 공무원들이 매일 업무를 보니 기본적인 쓰임새는 있다. 허나 그다지 쓸모없는 공공시설들이 무척 많다. 많은 지자체마다 문예회관이 있다. 이들 중에는 수요에 비해 과한 것들이 숱하고 공연이 없어 비어 있는 날이 많다.

전국 지자체의 공립박물관은 300개가 넘는다. 2000년까지는 20여 군데만 있었는데 지자체들의 설립 경쟁이 불붙으면서 해마다 급증한 결과다. 여기 투입된 예산도 1조 원을 훨씬 넘는 것으로 추정된다. 그런데 전체 박물관 중 40%는 하루 평균 관람객이 백 명에도 못미친다. 열 명 미만인 박물관도 열네 곳이다. 어쩌다 한 번씩 방문하는 학생 단체관람객을 제외하면 일반 관람객은 거의 없는 셈이다.

나주시의 나주배 박물관은 2014년 초 박물관 등록을 취소당했다. 전시물 등이 등록박물관으로서의 최소 기준에 미달했기 때문이다. 등록을 위해서는 소장한 유물이 60종 이상이어야 되는데 이 박물관은 29점밖에 없었다. 그나마도 수레, 지게, 낫 같은 농기구가 태반이라 딱히 '배' 박물관의 전시물이라고 할 만한 이유가 없는 것들이다. 하긴 먹는 '배'와 관련된 유물이 많아봤자 얼마나 많겠는가.

공공의 이벤트와 건축물에 혹평만 한 듯하다. 물론 칭찬할 만한 것도 있다. 전라북도 무주에는 정기용의 무주 프로젝트라고 불리는 일련의 공공건축물이 있다. 주민들에게 어떤 공공건물이 들어서길 원하느냐고 물으니 딴것은 필요 없고 목욕탕을 지어달라는 답이 나왔다. 그래서 지은 것이 전국 최초의 목욕탕 딸린 면사무소다(홀숫날 짝숫날을 구분해 남녀가 번갈아 이용한다). 또 공설운동장 행사에 주민 참여가 저조하다는 말에 이유를 찾았더니, 군수가 앉는 귀빈석에만 그늘막이 있고 주민들은 뙤약볕에서 벌을 서야 한다는 항의를 듣게 되었다. 그래서 일반 관람석을 등나무 그늘로 덮었다. 그뿐 아니다. 순정 드라마의 주요 배경이 됨직한 아담한 천문대가 딸린 면사무소, 액자틀 형태로 뚫린 벽면에 자연 풍광을 그대로 담은 버스정류장……. '기적의 도서관' 설계자로 널리 알려진 고 정기용 선생은 건축계의 공익요원이라고 불렸다. 그가 쓴 책에 공공 건축물이 추구해야 할 바를 잘 보여주는 문장이 있다.

"건축가로서 내가 한 일은 원래 거기 있었던 사람들의 요구를 공간으로 번역한 것이다."

2011년 초 경남 거제시장 집무실 보수공사 중 바닥 카펫 아래에 깔린 동판이 발견되었다. 전임 시장이 어느 역술인의 경고를 듣고 설치했던 것으로 밝혀졌다. 말인즉 '시청 아래로 수맥이 흐르니, 막지 않으면 화를 당하게 된다'라는 것이었다. 전전 시장이 뇌물수수로 구속, 사퇴하는 바람에 치러진 보궐선거에서 당선된 전 시장은 전임자의 '불운'이 수맥 때문이라고 여겼던 듯하다. 동판은 비밀리에 설치되었고 기록이 아무것도 남아 있지 않아 어떤 예산으로 공사했는지조차 알 수 없다. 하지만 액운을 막느라 비밀 공사까지 벌인 전 시장도 결국 비리에 연루돼 구속되고 말았다. 이로써 거제시는 초대 민선 시장부터 동판을 깐 시장까지 세 명의 역대 시장이 모두 비리로 구속된 기록을 세웠다. 이 동판은 새 시장 지시로 철거돼 36만 원에 고물상에 팔려 시 세외수입으로 처리됐다.[9]

미신 탓인 예산 낭비는 황당하긴 해도 낭비 규모는 크지 않다. 그보다 규모가 크면서 어이없기로는 미신에 뒤지지 않는 일들이 부지기수다. 경기도에서는 2013년 '스마트 오피스'를 선호한 부지사 때문에 화상회의가 부서별 실적평가에 반영되었다. 그러자 화상회의 설비를 대대적으로 갖추고 옆자리 동료와도 화상회의를 하는 해프닝까지 벌어졌다. 이 부지사가 중앙부처로 간 이후로는 아무도 화상회의를 하지 않아 설비는 무용지물이 되고 말았다. 또 청사 형광등을 LED 조명으로 바꾸면서 전기료를 아끼기 위해 직원들이 언제든지 소등할 수 있도록 개개인에게 전용 리모콘을 지급했다가 배보다 배꼽이 크다는 지적을 받았다. 모두 '스마트 오

피스'를 구현하려는 일념으로 벌인 일들이다.[10]

충북 괴산군의 거대 가마솥은 만들었을 당시보다 이후 기막힌 예산 낭비 사례로 보도되면서 유명세를 탔다. 2005년 5억 원을 들여 만든 이 가마솥은 애초 군수의 아이디어였다. 두 가지 목적이 있었다. 첫 번째 목적은 세계 최대의 가마솥으로 기네스북에 올려 괴산군의 관광 상품으로 만든다는 것이었다. 두 번째 목적은 군민들이 이 가마솥으로 함께 밥을 지어먹으면서 군민 화합의 정신을 일깨운다는 것이었다. 아쉽게도 이 두 가지 목적은 모두 이루지 못했다. 기네스북 등재는 호주에 좀 더 큰 질그릇이 있다는 이유로 거부당했다. 밥 짓기도 실패했다. 막상 밥을 지으려 해보니 아랫부분은 타고 윗부분은 설익어 먹을 수가 없었다. 할 수 없이 팥죽을 쑤고 옥수수를 찌는 등 이벤트를 벌여보기도 했지만, 비용이 많이 들어 2008년 이후엔 그마저도 중단했다. 지금은 군민 성금 2억 원이 들어간 물건이라 폐기하지도 못하고 그저 기름칠을 해가며 보관만 하는 상태라고 한다.[11]

'관행적 부조리', 초과근무수당과 관내출장비

공직사회에는 '관행적 부조리'라는 용어가 있다. 관행과 부조리라는 두 단어만 봐도 대충 무엇을 말하는지 감이 올 것이다. 부조리(不條理)라는 단어는 비리(非理)와는 느낌이 다르다. 정당하지는 않지만 불법 행위는 아니라고 느껴진다. 가령 수뢰·알선·청탁, 특혜, 이권 개입 등은 비리라고 인식하지 부조리라고 인식하지 않는다. '관행'이라는 단어는 오랫동안 이어져왔다는 것, 예외가 아닌 일반적이라는 것, 익히 알고 있다는 것 등의 느낌을 준다. 공직에서 대표적인 '관행적 부조리'가 초과근무수당과 출장비의 부당 지급이다.

초과근무수당(시간 외 근무수당)은 5급 이하 공무원들이 정규 근무시간을 초과하여 근무할 경우에 하루 네 시간, 한 달 67시간 이내에서 지급한다. 과거에는 실제 초과근무를 하지 않더라도 허위로 기재하고 초과근무수당을 수령하는 일이 다반사였다. 복리후생수당의 일종인 양 당연히 받아가는 것으로 인식했다. 그래서 각 지자체 공무원직장협의회(공무원노조)와 합의해 실제 초과근무 여부와 상관없이 일률적으로 지급하기도 했다.

그러다가 언론에서 초과근무수당 부당 수령을 문제 삼고 수차례 감사에서 적발된 이후 2000년대 중반부터는 초과근무를 확인하는 장치를 도입했다. 본인 컴퓨터에서 실시간 입력해야 하거나, 출입문에서 공무원 카드 혹은 지문인식기 인증을 받아야만 하게 했다.

초과근무수당 부당 수령에 대한 부정적인 여론이 확산되고 초과근무 확인 장치가 도입되어 과거와 같은 일반화된 부당 수령은 많이 사라졌다. 일과 후 심야에 다시 돌아와서 인증하고 간다든가, 동료에게 자기 컴퓨터에 대신 입력을 부탁한다든가 하는 편법이 여전히 이뤄지기는 하나 많지는 않다(물론 하는 일 없이 빈둥거리며 시간만 때우다 가는 경우는 흔하다. 하지만 이는 적어도 불법은 아니다).

출장비 부당 수령도 초과근무수당 부당 수령과 유사하다. 출장비에는 근무 지역을 벗어나는 출장여비인 관외출장비와 근무지 내 출장여비인 관내출장비가 있다. 과거에는 관외출장을 갈 때 출장자 수를 부풀려서 수령한 후 그 돈을 소속 부서 경비로 활용하거나 공무원 수대로 나눠 갖기도 했다(소위 말하는 n분의 1이다). 그리고 1일 네 시간 이상 기준으로 2만 원을 지급하는 관내출장비는 초과근무수당과 마찬가지로 실제 출장 여부에 관계없이 일률적으로 지급되기도 했다.

관외출장비는 잘 모르겠지만 관내출장비는 여전히 일률적으로 지급되는 관행이 만연한 것 같다. 〈한겨레〉에서 서울시 25개 구청의 '2011년 출장여비 지급 현황 자료'를 분석한 적이 있다. 결과는 구청 공무원의 99%가 출장비를 수령했으며, 공무원 한 사람당 출장여비는 한 해에 320만 원으로 거의 최대 수령액에 가까웠다. 업무 종류에 상관없이 매달 같은 액수의 출장비를 받은 것도 발견되었다.[12]

2011년 7월에 출장비를 빼돌린 대구 달성군 공무원들이 무더기로 적발된 사건이 있었다. 오랜 관행에 검찰이 칼을 뽑아 든 것이다. 이를 두고 공무원노조에서 성명서를 발표했다. 성명서 제목이 '출장여비, '허위 청구, 착복' 매도 중단하라ー관내출장여비, 시간 외 수당, 수십 년간 조정·합의 거친 인정경비(임금)'였다.[13] 내용을 보면 공무원들이 초과근무수당과 출장비를 어떻게 인식하고 있는 지 여실히 알 수 있다. 일부를 옮겨보자.

"여비와 시간 외 수당은 사용자 위치에 있는 기관장과 노동자인 공무원 간에 서로 사용되었을 것으로 인정하는 경비와 근무한 것으로 인정하는 근무 시간에 대해 여비와 시간 외 수당이라는 명목으로 지급받아온 것이란 점에서 '인정경비' 또는 '인정임금'이라 할 수 있다. (…) 여비와 시간 외 수당이 이와 같은 성격이 된 것은 첫째는 임금 수준이 민간에 비해 턱

없이 낮은 하위직 공무원의 임금을 보전해준다는 측면에서 설계된 임금 체계에 기인한다."

어이없는 내용이다. 왜 공무원노조에서 이런 성명서를 발표했는지 이해하기 힘들다. 설사 진심으로 그렇게 믿는다 해도 당당하게 성명서로 밝힐 만한 내용은 아니다. 이는 일부 공무원들만의 생각이라고 믿는다. 남들이 다 그렇게 하니까, 입사 때부터 으레 그래 왔으니까 함께하더라도 마음이 편치는 않은 공무원이 더 많을 것이다. 그리고 계기만 주어진다면 이런 관행을 끊는 데 기꺼이 동참할 것으로 믿는다.

앞서 인용한 《목민심서》의 한 대목으로 관행적 부조리 대목을 마무리하자.

"아주 오래전의 청백리는 봉급 외에는 어떤 것도 받지 않고, 먹고 남는 것이 있어도 집에 가져가지 않으며, 벼슬을 마치고 낙향할 때는 한 필의 말로 조촐하게 돌아갔다. (세월이 흘러) 과거의 청백리는 봉급 외에 명분이 바른 것은 먹고 바르지 않은 것은 먹지 않으며, 먹고 남은 것은 집으로 보냈다. (또 세월이 흘러) 지금은 다르다. 이미 관례가 된 것은 명분이 바르지 않더라도 먹지만 아직 관례가 아니라면 먼저 죄를 짓지는 않고, 자리를 팔거나 공금을 횡령하거나 세금을 착복하지 않으며, 송사와 옥사를 팔아먹지 않는 것이 이른바 오늘날의 청백리다. 그 옛날 같으면 참형을 당했을 것이니 무릇 선을 좋아하고 악을 부끄럽게 여기는 사람이라면 결코 그렇게 하지 않을 것이다."

《목민심서》율기(律己) 제2조 청심(淸心)[14]

지금까지는 단체장과 공무원들에 의해 이뤄진 부정 혹은 예산 낭비를 다뤘다. 이번 사례는 지역주민도 공모(?)한 경우다.

2008년 봄, 〈KBS〉에서는 기획취재로 당진군의 대규모 위장전입 사건을 보도했다.[15] 당진군청 공무원들이 조직적으로 나서서 주민을 만 명 이상 거짓으로 전입시켰다는 것이다. 특정 공무원 개인이나 소수의 일탈행위가 아니었다. 온 조직이 달라붙어서 불법 행위인 위장전입을 노골적으로 독려했다. 관내 학교 학생들에게 전입하면 상품권을 준다고 유혹하고, 회사를 찾아다니며 직원들을 닦달하는 통에 본인은 물론 가족과 친척까지 억지로 전입시킨 경우도 있었다.[16] 살지도 않는 사람들을 대거 전입시키다 보니 주소를 옮길 집이 마땅치 않았다. 그러자 공무원들이 이런 사람들을 자기 집이나 아는 집에다 전입시키기도 하고, 주택도 아닌 각종 건물 아무데나 주소를 옮겨줬다. 원룸 하나에 22명이 전입되기도 했고, 어느 공무원의 집엔 무려 83명이 주소를 두었다. 심지어 주택도 아닌 새마을회관에 48명, 문예회관엔 3백 명, 이런 식으로 각종 공공시설에도 수십, 수백 명씩 거주자가 등재되었다. 그 결과 당진군은 불과 3개월 만에 인구를 만 2천 명 늘렸다.[17]

왜 이런 무리한 짓을 벌였을까. 당진군을 시로 승격시키기 위해서였다. 당시 군수는 당진을 시로 만들겠다는 공약을 내걸고 당선됐다. 당진이 시가 되려면 당진읍 인구가 5만 명 이상이어야 했다. 당시 인구는 4만 명에 못 미쳤기에 인구를 만 명 이상 늘려야 하는 상황이었다. 당시 인구의 4분의 1 이상을 더 늘려야 했다. 정상적인 방법으로 단시간 내에 이런 목표를 달성할 가망은 없었다. 그럼에도 군수는 무조건 해내라고 공무원들을 몰아붙였다. 정상적인 방법으로 할 수 없는 일을 강요한 것은 비정상적인 방법을 지시한 것이나 다를 바 없다. 그 결과 공무원들이 조직적으로 불법 행위를 사주하고 자행하는 비극적 코미디가 연출된 것이다.

이런 일이 일어나는 것을 주민들은 몰랐을까? 그럴 리 없다. 좁은 동네 곳곳에서 공공연하게 벌어진 일이었다. 그런데 왜 다들 가만히 있었을까? 그들도 암묵적으로 동의하고 있었기 때문이다. 시가 되면 지역이 발전하고 주민들도 이득을 보게 되리라고 믿고, 목표를 이루기 위해 잘못된 방법을 동원하더라도 어쩔 수 없지 않냐고 생각하는 사람들이 지역 여론을 주도한 것이다. 불법 행위에 항의하는 시민단체가 오히려 지역 발전을 방해한다고 핀잔을 듣는 분위기였다. 결국 외부 언론에 의해 진상이 폭로되어 전국적으로 망신을 당하고 시 승격도 거부되고 말았다. 만약 언론 보도가 없었다면 어떻게 됐을까? 어쩌면 지역 전체의 정치인·공무원·주민이 공모 또는 묵인한 사기극으로 시 승격을 이루어냈을지도 모른다.

당진군만 이런 일을 벌이는 것이 아니다. 그만큼 크게 보도되지 않았을 뿐 전국 곳곳에서 비슷한 사건이 계속 발생한다. 당진군 사건 당시에도 그보다 먼저 다른 지역에서 공무원들이 보험회사 고객 명단을 받아 마음대로 전입시킨 사례, 이장 집 등에 천여 명을 허위로 전입시킨 사례 등이 적발되어 유사한 사건이 계속되고 있다는 사실이 지적됐다.[18] 최근에도 달라지지 않았다. 2012년 9월 국민권익위원회가 위장전입으로 인구를 4천 명 늘린 4개 지지체를 적발했다.[19] 이 경우는 지방교부세를 더 책정받기 위해(앞서 보았듯이 지방교부세 책정의 기본 기준이 인구다) 지자체가 나서서 집단 위장전입을 시킨 것이다. 당시 인터

3부 지방재정, 이래도 되는가

뷰에서 국민권익위원회 관계자는 지자체 위장전입 사례는 전국적 현상일 것으로 판단한다고 밝혔다.

이처럼 우리 사회에는 지역 발전 등을 내세우며 지역사회 전체가 합심해 합리적인 비판을 억누르고 비정상적인 방법마저 용인하는 행태가 비일비재하다. 앞서 지적한 많은 사례들, 남의 일일 때는 도저히 이해할 수 없다고 비난하는 그런 일이 우리 지역에서 벌어질 때는 어쩔 수 없는 일로 뒤바뀌는 경우가 많다. 어찌해야 할까?

비리와 낭비를 막는 기본은 투명한 공개다

최근 게리 베커(Gary S. Becker)라는 경제학자가 타계했다.[20] 그는 범죄, 혼인, 출산, 차별 등 다양한 사회현상에 경제학적 분석틀을 적용한 공로로 노벨 경제학상을 수상했다. 그의 이론의 요지는 모든 인간의 행위는 자신이 얻는 순이익(편익-비용)을 극대화하는 쪽으로 이루어진다는 것이다. 가령 오늘날 아이를 적게 낳는 것은 과거보다 아이를 낳음으로써 얻는 이익은 줄고 아이를 키우는 비용은 늘었기 때문이라고 설명하는 식이다.

범죄 행위 역시 그를 통해서 얻을 것으로 기대되는 이익과 그에 따르는 비용을 비교해서 이뤄진다고 주장한다. 범죄에 따르는 비용 중 가장 큰 것은 붙잡혀서 형을 사는 것이다. 따라서 범죄를 줄이려면 붙잡힐 확률을 높이거나 범죄의 형량을 높여야 한다고 설명한다(너무 당연한가. 원래 사회과학 이론의 대부분은 상식을 그럴듯하게 포장한 것이다). 형량은 함부로 높이기 어려우니 범죄와의 전쟁은 검거율을 높이는 데 치중하기 마련이다.

범인 검거의 첫걸음은 피해자 신고다. 성폭행을 쉬쉬하고 감추면 성폭행범을 잡을 수 없고, 그리되면 성폭행은 더 빈번해진다. 학교 폭력과 왕따가 만연한 데는 학교에서 이를 덮어두기만 하는 탓도 크다. 행정에서 비리와 낭비도 마찬가지다. 비리와 낭비를 방지하려면 그 행위가 밝혀질 확률을 높여야 한다.

내부고발을 영어로는 '휘슬 블로잉(whistle-blowing)'이라고 한다. 내부고발자는 휘슬 블로어(whistle-blower), 호각을 불어서 경각심을 일깨우는 사람이다. 사정을 잘 아는 내부자의 고발이 비리와 낭비를 밝히는 데 유용함은 물론이다. 그러나 내부고발을 배신 행위로 간주해 내부고발자가 보호받지 못하는 우리 풍토에서 이것이 힘들다는 것도 물론이다.

내부고발도 중요하지만 그보다 더 기본은 의무적으로 공개하게 하는 것이다. 요즘 '정부 3.0'이라고 해서 정부가 '보유'한 정보를 적극 공개하고 활용해 국민에게 더 좋은 서비스를 제공하겠다고 한다. 지식정보화 시대에 맞는 바람직한 정책인 것은 틀림없다. 그러나 그에 앞서 정부 '활동'에 대한 정보를 투명하게 공개하는 것이 행정 서비스 질을 높이는 데 더 필요할 것이다.

정부 스스로 공개하지 않을 때는 주민이 공개를 청구할 수 있다. 또 비리나 낭비가 공개되고도 적절한 조치가 이뤄지지 않는다면 이를 요구할 수 있다. 정보공개청구제도, 주민감사청구, 주민소송제도를 통해서다.

정보공개청구제도는 공공기관에 정보공개를 청구하는 제도다. 청구받은 기관은 10일 이내에 공개 여부를 답변해야 한다. 주민감사청구는 지자체의 잘못된 행정행위에 대해 주민이 상급 기관에 감사를 청구하는 제도다. 기초지자체에서는 광역지자체에, 광역지자체에서는 중앙정부 주무부처에 감사를 청구할 수 있다. 청구받은 상급 기관은 60일 내에 감사를 마치고 청구인에게 결과를 알려야 한다. 주민소송은 지자체의 예산 관련 위법행위에 대해 주민이 법원에 소송을 내서 사업의 중지나 취소, 예산 환수 등을 청구하는 제도다. 주민소송은 주민감사청구를 먼저 내고, 그 감사 결과가 미흡하거나 이행되지 않을 때 제기할 수 있다.

이 제도들을 활용한 사례를 보자. 2008년 도봉구민들이 제기해 승소 판결을 받아낸 사례다(현재 3심 계류 중이다). 구의원 급여 인상액을 결정하는 의정비심의위원회에 참여했던 시민단체 회원이 그 자리에서 목격한 황당한 결정 과정을 단체에 전하면서 시작되었다. 의정비심의위원회는 다음 해 의원 급여를 얼마로 할지 심사·결정하는 기구다. 여기서 2008년에 2244만 원이었던 의원 월정수당을 다음 해에는 4490만 원으로 한꺼번에 두 배 가까이 인상하기로 결정했다. 그런데 그 과정이 법률이 정한 결정 요건을 무시한 채 편파적인 여론조사 결과만 근거로 하는 등 엉터리였다고 시민단체 회원이 알렸다. 제보를 받은 시민단체는 정보공개를 청구해서 위원회 회의록, 산출 근거, 여론조사의 내용과 결과를 받았다. 확인해보니 제보가 사실이었다.

시민단체를 비롯한 도봉구민들은 지자체의 자발적인 시정 조치를 요구했으나 도봉구에서는 거부했다. 도봉구민들은 2007년 말 주민

116명의 서명을 받아 서울시에 감사를 청구했다. 이듬해 4월 발표된 감사 결과는 주민들의 지적이 맞다고 인정했다. 그러나 도봉구는 감사 결과에도 불구하고 여전히 잘못을 시정하지 않았다. 서울시에는 도봉구에 시정 조치를 강제할 수 있는 권한이 없었다. 이에 주민들은 감사 결과를 이행하지 않은 도봉구를 상대로 주민소송을 제기했다. 그리고 2009년 5월 위법한 급여 인상분을 반납하라는 승소 판결(1심)을 받아 냈다.

정보 공개의 중요성을 보여주는 사례를 하나만 더 보자. 2007년 창립한 광주광역시 '시민이 만드는 밝은 세상'은 지자체 재정 운용의 감시자 역할을 하는 지역 시민단체다. 주된 활동은 정보공개 청구와 예산 분석이다. 예산 낭비가 의심되는 사안의 정보를 받아낸 후 분석해 문제점을 밝혀내고 대응하는 활동을 벌인다. 이 단체가 밝혀낸 예산 낭비 사례는 단체장 업무추진비 사용 내역, 국제 스포츠 행사 유치 활동비 집행 내역, 지자체의 홍보비와 관용차량, 지역축제 예산 등 다방면에 걸쳐 있다.

최근 이 단체는 광주·전남 전체 국·공립 초등학교의 2012년도 학습준비물 구입비 집행 내역을 분석해 문제점을 지적했다. 이 예산은 학습준비물 구입에만 사용해야 한다. 그런데 실제로는 형광등, 프린터, 심지어는 전기밥솥 등 이런저런 잡다한 물품 구입에 사용되었다는 것을 밝혀낸 것이다. 학습준비물로 볼 수 없는 용도로 사용한 예산 비율이 전남 10%, 광주 15% 이상으로 나타났다.[21] 양 시역교육정에서는 문제점을 인정할 수밖에 없었기에 개선 방안을 마련하겠다고 약속하고 모니터링도 받기로 했다. 외부 감시가 없으면 대충 하기 쉽고, 오랫동안 그렇게 하다 보면 잘못이라는 인식마저 없어지게 된다. 그래서 더욱 주민들의 감시 활동이 필요하다.

:: 공무원을 위한 변명

게리 베커가 비경제학 영역에 대한 경제적 분석을 시도한 이후 경제학에서는 '부패' 문제도 다룬다. 그중에는 부패가 사회에 더 이득이 될 때가 있다는 설명도 있다. 암시장을 예로 들어보자. 정부가 특정 물건의 가격이 너무 비싸다고 생각해서 시장 가격(수요곡선과 공급곡선이 교차하는 가격)보다 낮게 통제했다. 가격이 떨어지니 공급은 줄고 수요는 늘어 물건이 부족해졌다. 통제가격보다 조금 더 높은 값이면 팔겠다는 공급자가 생기고 더 비싸도 사겠다는 수요자 역시 생긴다. 조금 더 높은 값에 팔고 사면 서로에게 이익이다. 암거래를 하려면 단속 공무원에게 뇌물을 줘야 한다. 단속 공무원이 뇌물을 거절하고 암거래를 막으면 수요자도 공급자도 이익이 줄어든다. 반대로 뇌물을 받고 눈감아주면 그야말로 '누이 좋고 매부 좋고', 고상한 말로 윈-윈(win-win)하는 게 된다.

물론 이 분석은 깊이 따지면 허점이 있다. 가령 장기적으로 암거래와 뇌물은 '사회기강'을 흩트려 더 큰 손해를 가져온다는 반론도 가능하다. 어쨌든 이 분석이 보여주는 바는 간단하다. 지키지 않는 게 당사자 모두에게 이익이 되는 규정은 제대로 지켜지기 어렵고, 집행 과정에서 부패가 발생하기 쉽다는 것이다. 그리고 이런 부패를 없애려면 애초에 그런 규정을 만들지 말아야 한다는 것이다.

우리 사회 법제도 곳곳에 이런 규정이 있는데 앞서 언급한 공무원의 관행적 부조리도 어느 정도 이런 측면이 있다. 과거에 공무원 급여를 인상하는 대신 초과근무수당이나 관내출장비를 급여를 보충하는 수단으로 써도 눈 감아줬다. 또 부서 경비를 적정하게 책정하는 대신 관외출장비 등을 부서 경비로 전용해도 모르는 척했다. 이럴 바에야 공무원 급여와 부서 경비를 합리적으로 책정하고 초과근무수당과 출장비는 원칙대로 집행하는 게 훨씬 낫다(이건 상식인데 왜 지켜지지 않는지에 대한 경제학적 설명이 또 있지만 생략한다).

관행적 부조리는 그 자체도 문제다. 하지만 은연중에 모두가 깨끗하지 못하다는 인식을 심어줘서 상사나 동료의 진짜 부정과 비리마저 눈감게 만드는 것이 더 문제다.

4부

지방재정,
어떻게 바꿀까

8장

복지 시대,
왜 지방이 중요한가

:

복지의 선별과 전달

상·하수도, 쓰레기 처리 같은 일상적인 생활서비스 제공을 제외하면 지방정부의 업무는 두 가지다. 복지와 경제개발이다. 예산은 한정되어 있으니 하나를 늘리려면 다른 하나는 줄여야 한다. 지방자치 이전에는 복지건 개발이건 규모의 대강을 중앙정부가 정했다. 지방자치 이후로는 각 단체장의 예산 권한이 훨씬 세졌다. 그렇다면 지방자치 이전에 비해 복지와 개발 비중은 어떻게 달라졌을까. 지방행정 이론에서는 개발 비중이 높아지고 복지 비중이 낮아진다고 설명한다.

개발정책은 지역 일자리를 창출하고 부동산 값을 끌어올린다. 그래서 지역주민과 부동산을 대거 소유한 지역 유지들이 환영한다.[1] 지방정부의 복지지출은 대개 빈곤층을 위한 것이다. 복지지출을 늘리면

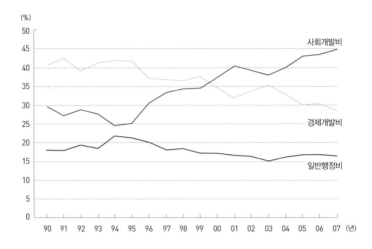

지방세출 분야별 비중 추이

빈곤층은 좋아하나 중산층 이상 주민에게는 별 혜택이 없다. 게다가 다른 지역의 빈곤층이 복지 혜택을 누리려고 그 지역으로 유입할 수도 있는데 자기 지역에 빈곤층이 많아지는 것을 좋아할 (중산층 이상의) 주민은 없다. 이런 상황에서 표를 먹고사는 정치인이라면 복지보다 개발에 치중하는 것이 당연하다는 얘기다.

그럴듯하다. 그런데 이건 미국에서 개발된 이론이다. 우리나라 지방정부의 권한과 역할은 미국과 다르다. 우리나라는 어떨까? 1990년대 중반 지방자치 실시 이후 지금까지 지방정부의 분야별 지출 변화를 보자. 경제개발 비중은 낮아졌고 복지지출, 즉 사회개발비 비중은 높아졌다. 이론과는 반대다.[2]

우리나라 단체장과 지방의원들이 경제개발보다 복지에 더 관심을 쏜은 결과일까. 그건 아니다. 단지 지방정부 재정 구조가 미국과 달라서 반대인 것처럼 보일 뿐이다. 기초자치단체인 자치구는 전체 지출의 절반 가까이가 복지지출이다. 시와 군 역시 복지지출이 상당한 비중을 차지한다. 하지만 4장에서 보았듯이 지방정부 복지지출은 대부분 지방정부가 스스로 결정한 것이 아니다. 중앙정부가 만든 복지사업을 전달할 뿐이다. 대표적인 사업이 기초연금, 보육료 지원, 국민기초생활보장이다. 이 사업들은 중앙정부에서 만들었다. 대통령과 국회가 결정하고 중앙정부 공무원들이 구체화했다. 주민과 접점에 있는 지방정부는 집행을 담당할 뿐이다. 그래서 필요한 재원도 중앙에서 지방으로 넘겨준다. 지방정부는 받은 재원으로 해당 지역주민에게 급여를 지급한다. 명목상 지방정부 사업이지만 실제는 중앙정부 사업이다.

그동안 지방정부의 복지지출 비중이 계속 높아졌던 것은 이런 대행 복지사업 규모가 계속 커졌기 때문이다. 중앙정부 대행사업을 제외하고, 지방정부 스스로 결정하고 실시하는 복지사업 규모는 매우 작다. 전체 복지 예산의 10%에도 못 미친다. 물론 지방자치 이후 지방정부의 자체 복지사업 규모가 늘었을지도 모르겠다. 그렇다 쳐도 규모가 원체 작아서 효과는 미미하다.

그런데 왜 지방자치 실시 이후 대행 복지사업 규모가 계속 증가했을까. 인과관계가 있다기보다는 우연히 시기가 겹쳤을 뿐이다. 단체장 선출을 기준으로 하면 지방자치는 1990년대 중반부터 재개되었다. 우리 사회에 복지가 중요한 정책으로 자리 잡은 것도 1990년대 중반 이후다. 지방자치 재개와 복지 강화라는 별개의 제도와 정책이 비슷한 시기에 이루어졌다. 굳이 상관관계를 찾자면 1980년대 후반의 민주화와 그에 따른 정치 변화가 1990년대 이후 지방자치를 실시하고 복지를 늘린 공통 원인이었을 수도 있겠다.

지방자치와 복지 증가의 상관관계

우리 지방자치를 반쪽짜리라고 말한다. 그런데 역설적으로 반쪽짜리가 아니었다면 지방정부의 복지 규모는 지금보다 작았을 것이다. 현재 중앙정부에서 만든 복지사업을 대행하면서 지방정부에서는 재원의 일부도 분담한다. 지방정부마다 다르지만 평균적으로 기초연금과 국민기초생활보장급여는 소요재원의 20%, 보육료 지원은 소요재원의 50%가량을 지방정부가 분담한다. 하지만 '자치'가 제대로 이뤄졌다면 이런 것은 불가능하다. 완벽한 자치라면 중앙정부가 지방정부에 강제로 사업을 떠맡길 수 없다. 중앙정부 고유 사업 혹은 지방정부 고유 사업으로 실시해야 한다. 국민연금이나 건강보험처럼 기초연금, 보육료 지원, 국민기초생활보장도 중앙정부가 정책 결정부터 집행까지 도맡지 못할 이유는 없다. 반대로 중앙정부는 아예 관여하지 않고 지방정부한테 모두 일임할 수도 있다. 기존에 중앙정부가 부담하던 사업비만큼 지방정부 자체재원을 늘리거나 교부세를 더 배정하면 된다(5장을 참조하자).

　어느 경우든 복지지출이 현재보다 적게 이뤄졌을 것이다. 중앙정부가 집행까지 도맡아 하면 중앙정부가 사업비를 100% 부담해야 된다. 그러면 중앙정부는 지금만큼 복지사업 규모를 늘리지 못했을 것이다. 최근에도 정치권에서 보육료 지원 대상을 대폭 늘리는 바람에 예산 담당인 기획재정부는 재원을 마련하느라 골치가 아팠다. 그나마 50%는 지방정부에 떠넘겼기에 망정이지 중앙정부가 전액 부담해서, 지방정부에 전가한 비용에다 집행을 위한 산하 공단 운영비까지 추가로 마련해야 했다면 사업 규모를 줄였을 것이 뻔하다.

대행 복지사업을 모두 지방정부 자체사업으로 전환해도 결과는 마찬가지다. 최근 전국의 광역단체장들이 무상보육(보육료 지원 사업) 지방비 분담액이 너무 많다면서 이를 확 줄여달라고 중앙정부에 요구했다. 이 요구가 수용되지 않으면 무상보육 거부도 불사하겠다고 했다. 많은 지방정부가 대행 복지사업비를 분담하느라 다른 데 쓸 돈이 없다고 하소연한다. 법정 의무라 울며 겨자 먹기로 하는 실정이다. 이런 상황에서 대행 복지사업을 지방정부 자체사업으로 돌려서 시행 여부를 전적으로 지방정부 재량에 맡긴다면 과연 지금만큼 복지사업이 이뤄질까. 그럴 리 없다. 다른 지자체 눈치를 봐야 하니 실시하기는 해도 규모는 지자체마다 천차만별일 것이고, 총 규모는 현행보다 작을 것이 분명하다.

중앙정부가 떠넘긴 대행 복지사업 분담금을 마련하느라 지방정부 재정에는 주름이 졌다. 정해진 예산 안에서 늘어나는 대행 복지사업 분담금을 충당하려면 다른 지출을 줄일 수밖에 없었다. 의도한 것은 아니었겠지만 대행 복지사업비가 늘어나 지방재정 지출에 구조조정을 강제함으로써 낭비를 줄이는 효과를 일부 가져오기도 했다.

이쯤에서 드는 의문이 있다. 지방자치 실시 때문은 아니라 해도 어쨌거나 지방자치 이후 지방정부 복지 예산은 늘었고 개발 예산은 줄었다. 그렇다면 우리나라 지방자치는 복지는 줄이고 개발은 늘린다는 이론 예측과는 다르게 진행된 것 아닌가. 반쪽짜리 지방자치라서 문제 기는 해도 여하튼 그 때문에 복지가 늘고 개발이 줄었다니 결과적으로 는 잘된 것 아닌가.

분명히 하자. 대행 복지사업 분담금을 마련하느라 이전보다 개발 예산이 준 것은 맞다. 그러나 지방정부의 개발사업, 특히 낭비 논란이 큰 대규모 개발사업이 감소했다고 보기는 어렵다. 지방자치 실시는 분 명히 개발사업을 늘렸다. 예산이 줄었는데 어떻게? 6장에서 다뤘듯이 지방공기업과 민자 사업을 통해서다. 지방자치가 아니었다면 개발공 사와 민간자본을 동원해 그토록 많은 개발사업을 했을 리 없다(그래도 어쩌면 대행 복지사업 분담금으로 쓰인 금액만큼은 개발사업이 감소했을 수도 있 겠다. 즉 분담금 부담이 없었다면 그 돈마저 모두 개발사업에 썼을지도 모르겠다).

개발공사와 민자를 동원한 개발사업은 광역자치단체나 규모가 큰 기초자치단체가 벌인다. 대다수 기초자치단체는 하고 싶어도 못 한다. 이들의 경우라면 '복지 증가-개발 축소, 지출 구조조정'이 이뤄진 것 일까? 그런 측면이 있지만 효과가 아주 크지는 않다. 원래 예산 규모 가 작은 광역시 자치구에는 영향이 제법 크다. 하지만 시나 군은 사정 이 다르다. 시나 군도 늘어난 대행사업 복지 분담금만큼 자체사업 예 산이 줄었을 것이다. 그러니 개발사업도 줄었을 것이고 낭비성 지출도 줄기는 했을 것이다. 그러나 여전히 시나 군 예산에는 다양한 개발사 업이 많고 여유를 부린 구석도 제법 된다(물론 그렇디고 자치구 예산에 낭 비 요소가 없다는 것은 아니다!)[3]

4부 지방재정, 어떻게 바꿀까

:: 왜 지방정부는 출산장려금을 지급할까?

아이를 낳으면 시·군·구에서 출산장려금을 지급한다. 재정 형편에 따라 금액에 차이가 있지만 거의 모든 시·군·구에서 지급한다. 출산장려금은 법규로 강제하는 사업이 아니다. 시·군·구마다 자체적으로 결정해서 지급한다. 실상 출산장려금은 기초지자체의 대표적인 자체 복지사업이다. 그런데 왜 거의 예외 없이 이 사업을 시행하는 걸까.

가장 큰 이유는 비교가 되기 때문이다. "옆 동네에서는 애 낳으면 돈 주는데 왜 우리는 안 주느냐!" 이렇게 항의하기 때문에 할 수 없이 실시하게 된 시·군·구가 꽤 많다. 나중에 따라 하게 된 시·군·구는 그렇다 치자. 처음 이 사업을 실시한 시·군·구는 왜 그랬을까.

국가백년대계를 위해 출산율을 높여야 한다는 우국지정에서 그랬을 수도 있다. 그런데 애 가질 생각이 없다가 출산장려금을 준다고 애를 낳는 부모가 과연 몇이나 될까. 장려금 지급으로 출산율을 높이지는 못해도 애 낳고 키우는 데 드는 비용 부담을 조금이나마 덜어주려는 측은지정에서 그랬을 수도 있다. 그럴 법하다.

하지만 다른 이유도 있다. 주민 수를 늘리기 위해서다. 앞서 봤듯이 지방정부는 중앙정부로부터 교부세를 받는다. 교부세 규모를 결정하는 데는 주민 수가 가장 중요하다. 그래서 지방정부는 주민 수에 민감하다. 장려금 지급이 국가 전체의 출산율을 높이지는 못해도 그 지역의 출산율은 높일 수 있다. '출산을 앞둔 부부다. 우리 동네에서는 아이를 낳아도 아무런 혜택이 없다. 그런데 친척이 사는 옆 동네에서는 100만 원을 준다. 옆 동네

친척 집으로 주민등록만 옮겨서 아이를 낳은 뒤 100만 원을 타 먹자.' 옆 동네 지방정부로서는 이런 무늬만 주민들이라도 반갑다. 주민 수 통계에만 잡히면 되기 때문이다.

어이없는 일 같지만 실제 상황이었다. 하지만 이런 꼼수는 출산장려금을 그 지역만 지급하고 다른 지역에서는 지급하지 않아야 효과를 발휘한다. 그래서 출산장려금을 지급하기 시작한 초기에는 효과가 있었지만 너도나도 출산장려금을 지급하면서 이 효과는 사라졌다. 하지만 효과가 사라졌다고 출산장려금을 없애지는 못한다. 복지 제도는 일단 도입하면 없애기 어렵다. 게다가 자기 지역만 없애고 다른 지역은 그대로 놔두면 주민들이 항의할뿐더러 거꾸로 임신한 부부들이 다른 지역으로 주민등록을 옮겨 갈 위험마저 있다.

도입 의도가 그다지 순수하지 않았다고 해도 출산장려금 지급은 필요한 정책이다. 어쨌든 애 낳고 키우는 부담이 조금이나마 덜어졌으니 괜찮은 것 아닌가.

복지 전달에는 지방 역할이 중요하다

지방정부 예산에서 복지지출이 차지하는 비중은 꽤 높다. 하지만 이건 지방정부에만 국한된 것이 아니다. 중앙정부도 마찬가지다. 중앙과 지방을 모두 합친 정부의 복지 예산 규모는 2014년 기준 약 130조 원이다. 전체 정부 예산은 400조 원 정도니 대략 3분의 1이다.[4] 이에 비해

지방정부 예산 중 복지 예산 비중은 약 20%로 훨씬 작다.[5]

그동안 지방정부만 복지지출 규모가 빠르게 늘어난 것이 아니다. 중앙정부도 마찬가지다. 정부 총지출에서 복지지출 비중이 큰 것은 우리만이 아니다. 다른 국가도 마찬가지다. 아니 정확히 말하면 우리나라 복지지출 비중은 작은 편이다. 우리나라의 복지지출 규모는 GDP의 약 10%다. 하지만 웬만한 OECD 국가들에서는 20%를 훌쩍 넘는다. 또 이들 나라에서 정부지출 중 복지지출 비중은 절반 가까이 차지한다.

우리나라 복지지출 규모는 왜 다른 국가에 비해 작은가, 이 정도면 적정한가 등은 중요한 이슈다. 하지만 지방정부를 다루는 이 책의 주제는 아니니 생략하고 지방정부와 관련된 것만 따져보자. 전체 복지 예산 중에서 중앙정부와 지방정부 예산은 각각 얼마나 될까. 중앙정부가 넘겨주는 대행 복지사업비를 지방정부 예산에 포함해도 중앙정부 복지 예산이 더 많다. 국민연금, 건강보험 등 사회보험 예산이 모두 중앙정부 예산에 포함되기 때문이다. 연금과 건강보험만 더해도 약 80조 원이다. 중앙 대 지방은 대략 7 대 3이다.

금액으로 보면 중앙정부 몫이 훨씬 많다. 게다가 지방정부 몫도 대부분은 대행 복지사업비로 중앙정부에서 재원을 넘긴 것이다. 그렇다면 복지는 거의 중앙정부 역할이고 지방정부가 맡을 역할은 별로 없는 것일까? 이 물음이 이번 장의 주제다. 이에 대한 답을 제대로 이해하는 것은 매우 중요하다.

확실히 복지 규모를 결정하는 데는 중앙정부 역할이 결정적이다. 사회보험 등 중앙정부 소관 복지정책은 말할 것도 없고, 기초연금, 국민기초생활보장급여, 무상보육 등 대행 복지사업도 모두 중앙정부가 결정하기 때문이다. 하지만 복지의 내용을 결정하는 데는 지방정부 역할도 중요하다. 왜 그런지 따져보자.

복지사업을 분류하는 기준은 다양하다. 가령 현금 급여와 서비스 급여로 나누기도 한다. 연금은 대표적인 현금 급여다. 연령, 납입 기간 같은 요건을 충족하면 대상자에게 현금이 지급된다. 건강보험은 대표적인 서비스 급여다. 건강보험 혜택은 낮은 비용으로 의료 서비스를 누리는 것이다. 물론 건강보험공단에서 병원과 약국에 돈을 지급하지만, 가입자가 직접 현금을 받는 것은 아니다.

현금 급여인 경우에는 규정대로 돈만 지급하면 끝이다. 연금 수령자가 받은 돈을 어디에 쓰는지 국민연금공단에서 관여해서도 안 되지만 관여할 수도 없다. 서비스 급여는 다르다. 서비스가 제공된다고 끝이 아니다. '적정한' 서비스가 제공되어야 한다. 현금 급여는 하지원이 광고하는 은행 계좌로 들어온 돈이든 송해 선생이 광고하는 은행 계좌로 들어온 돈이든 차이가 없다. 서비스 급여는 그렇지 않다. 건강보험공단에서 같은 금액을 지급하더라도 ○○병원의 서비스와 △△병원의 서비스가 다르다. 그래서 서비스 급여는 대상자가 적정한 서비스를 제공받아야만 책임을 다한 것이 된다.

또 다른 분류 기준도 있다. 보편적 복지와 선별적 복지다. 많이 들어봤을 것이다. 대상자를 선정할 때 생활 형편을 고려하면 선별적 복지, 아니면 보편적 복지다. 가입자로서 노령, 실업 같은 사유가 발생하면 지급되는 사회보험, 영유아가 있으면 지급되는 보육료 지원은 보편적 복지다. 소득을 고려해서 지급하는 기초생활보장급여나 기초연금은 선별적 복지다.

분류 기준이 또 있다. 사업비가 보험료로 충당되면 사회보험, 조세로 충당되면 조세기반 복지로 구분한다.[6] 사회보험은 중앙정부 소관이다. 정책 결정과 집행 모두 중앙정부에서 담당한다. 집행은 주로 소관 부처 산하의 공단에서 담당한다. 이에 비해 조세로 충당되는 복지사업은 (국가보훈처의 보훈사업 등 일부 예외는 있지만) 대개 지방정부에서 집행을 맡는다.[7] 대행 복지사업은 중앙정부가 만들고 지방정부가 집행하며, 자체 복지사업은 만들기와 집행 모두 지방정부 담당이다. 사회보험은 규모는 몹시 크지만 사업 개수는 많지 않다. 공적연금(국민·공무원·군인·사학), 건강보험, 고용보험, 산재보험 급여 지급이 사업의 대부분이고 그 밖에 관련 사업들이 일부 있다. 사업 개수로 따지면 중앙정부에서 집행하는 사업보다 지방정부에서 집행하는 사업이 더 많다. 자체사업을 제외하고 대행 복지사업만 따져도 약 170개다.

지방정부가 집행을 대행하는 사업을 대상(보편-선별)과 급여 내용(현금-서비스)에 따라 구분해보자. 각각 두 개의 카테고리니 네 가지 유형, 즉 보편-현금, 보편-서비스, 선별-현금, 선별-서비스로 나눌 수 있다. 그런데 이 중에서 지방정부가 맡는 '보편-현금' 범주에 속하는 사업은 거의 없다.[8] 장애인 소득 지원의 경우 '장애'가 기준이므로 보편으로 볼 수도 있지만 '장애 등급' 판정에 어느 정도 자의성이 개입되고 소득 수준에 따라 지원액에 차등을 두는 경우가 많아서 선별에 가깝다. '보편-서비스'에는 무상보육과 무상급식이 있다. '선별-현금' 사업은 기초생활보장급여와 기초연금이 대표적이다. '선별-서비스'는 복지관 운영, 각종 바우처 사업 등 다양하다. 이처럼 지방정부 대행 복

복지서비스 분류 유형에 따른 지방정부의 역할

	보편적 복지	선별적 복지
현금	–	기초생활보장급여, 기초연금
서비스	무상교육, 무상급식	복지관 운영, 바우처 사업 등

지사업은 '선별'과 '서비스' 중 적어도 하나는 해당한다.

보편이고 현금이면 일이 간단하다. 보편이니 대상자를 가려낼 필요가 없고 현금이니 돈만 보내주면 끝이기 때문이다(그러니 지방정부에게 맡길 필요도 없을 것이다). 이에 비해 '선별'은 대상자를 가려내는 일을 해야 한다. '서비스'는 서비스 질을 관리해야 한다. 얼마나 제대로 선정하고 관리하는가에 따라 사업 성과는 크게 달라진다.

중앙정부 복지사업은 사회보험처럼 일반 국민을 대상으로 하는게 많고 그래서 대개가 보편이다. 하지만 지방정부 사업은 취약계층을 대상으로 하는 게 많아 주로 선별이다. 중앙정부 복지사업인 건강보험은 액수도 크지만(특히 민간 지출까지 더하면 단연 최고다) 서비스 질도 몹시 중요하다. 그러나 '의료' 서비스의 질을 높이는 데는 워낙 다양한 요소가 개입되기 때문에 집행기관(건강보험공단)이 얼마나 잘 관리하건 서비스 질이 크게 변하지는 않는다. 하지만 지방정부가 담당하는 복지 서비스는 다르다. 다양한 복지관과 어린이집이 제공하는 서비스, 각종 바우처로 제공되는 서비스는 지방정부가 얼마나 관리를 잘하느냐에 따라 서비스 질이 크게 차이 난다. 복지의 '내용'에서 지방정부 역할이 중요한 이유다.

복지 대상자 선정의 두 오류

의사결정에는 두 가지 오류 유형이 존재한다. 어떤 대안을 선택하지 말아야 했는데 선택한 경우, 선택해야 했는데 선택하지 않은 경우다. 전자를 1종 오류, 후자를 2종 오류라고 한다. 1종 오류와 2종 오류는 상충관계라 하나를 줄이면 다른 하나가 증가한다. 둘 중 어느 것이 더 심각한 문제인가는 의사결정의 내용에 따라 다르다.

　살인혐의로 기소된 피고인 A가 있다. 판사는 피고인이 과연 살인을 했는지 판단해야 한다. 살인했다고 판단하면 사형을 선고하고, 아니라고 판단하면 무죄로 방면한다. A가 실제로는 살인을 저지르지 않았는데 유죄라고 판단해서 사형을 선고하면 1종 오류를 범하는 것이다. 반면에 실제 살인을 했는데 아니라고 판단해서 무죄로 풀어주면 2종 오류를 범하는 것이다. 어느 것이 더 큰 문제일까. 물론 1종 오류다. 살인자를 풀어줘도 문제겠지만 멀쩡한 사람을 살인자로 몰아 사형시킨다면 정말 큰 문제다. 영화 〈7번방의 선물〉에서 판사가 1종 오류를 범하는 바람에 류승룡이 연기한 '딸 바보' 용구는 사형을 당했다.

　이번에는 영화 〈해운대〉의 한 장면이다. 쓰나미가 닥칠 위험이 있다는 지질학자의 경고를 들은 재난방재청장은 경보를 발령할지 결정해야 한다. 경보를 내렸는데 아무 일이 없다면 1종 오류를 범한 것이 된다. 경보를 발령하지 않았는데 실제 쓰나미가 밀려오면 2종 오류를 범한 것이 된다. 어느 것이 더 큰 문제일까. 이때는 물론 2종 오류다. 영화에서는 2종 오류를 범했다. 그리고 엄청난 피해가 발생했다.[9]

　이 두 가지 오류 유형을 복지 수급자 선정에 대입해보자. 받을 자격이 없는 사람이 수급자로 선정되면 1종 오류를 범한 것이 된다. 반면에 받아야 할 사람이 탈락해 받지 못하면 2종 오류를 범한 것이 된다. 둘 중 어느 것이 더 막아야 할 오류일까? 복지 예산 누수를 강조하는 사람은 1종 오류를 막는 것이 더 중요하다고 생각할 것이다. 처지가 딱한 사람을 돕지 못하는 복지가 무슨 소용인가 하고 여기는 사람에게는 2종 오류를 막는 것이 더 중요하겠다.

> (a) 세 모녀 자살 계기 복지 사각지대 해법 찾기 나서
>
> 세 모녀 자살로 본 복지 현실: 이용 방법 잘 모르고 신청 땐 검열 겁나 포기, 담당자 부족해 대상자 발굴 한계
>
> '동반 자살 세 모녀' 구조 못한 구멍 뚫린 복지
>
> 복지 사각지대의 비극… 정부는 '부정수급 찾기'만 바빠
>
> (b) '복지 구멍'서 혈세 줄줄… 대규모 수술 절실 부양가족 조사 대충 줄줄 새는 복지급여
>
> (c) 복지 부정수급자 꼼짝 마! 정부 합동으로 복지재정 누수 막는다
>
> (d) 줄줄 새나가는 복지 예산 얼마인 줄은 아나

2014년 2월 28일, 서울 송파구에 살던 세 모녀가 주인집에 죄송하다는 편지와 함께 집세와 공과금 70만 원을 남겨둔 채 번개탄을 피워 자살했다. (a)는 사건 직후 보도된 기사 제목들이다. 그 아래 (b)는 사건 발생 몇 달 전인 2013년 12월 중순 감사원이 지자체의 복지전달체계를 감사한 결과 다량의 부정수급 사례를 적발했다고 발표한 직후 보도된 기사 제목이다. (c)는 감사원 발표 보름 뒤에 보건복지부가 '복

지사업 부정수급 제도개선 종합대책'을 발표한 직후 나온 기사 제목이다. (d)는 '송파 세 모녀 사건' 3주 후의 기사 제목이다.

부정수급자를 막는 것은 중요하다. 비록 부정수급액 규모는 크지 않다 해도 부정수급자의 존재는 우리 사회의 공정성이라는 가치를 훼손한다. 나아가 사람들이 제도 자체를 반대하게 만들 수 있다. 하지만 적어도 취약계층에 대한 복지제도라면 정작 혜택이 필요한 사람이 혜택을 누리지 못하는 것 역시 중요한 문제로 다루어야 한다.

몇 년 전 프랑스에서는《나는 프로 실업자*Moi, Thierry F., Chômeur Professionnel*》라는 책이 논란이 되었다. 복지제도를 악용해 24년이나 놀고먹은 실업자가 자기 경험담을 담아 펴낸 책이었다. 그는 수당만으로 얼마든지 살 수 있었다며 직업을 가져야 할 이유를 찾지 못했다고 했다. 수당만으로도 가끔 집에 친구를 불러 식사를 대접하고 여름에는 한 달 넘게 바캉스를 떠날 정도였다고 한다. 책이 나오자 프랑스 언론은 복지제도의 문제점을 비판했다. 여기까지는 예상할 수 있다. 그다음이 눈여겨볼 만하다. 논란이 일자 담당 장관은 이렇게 밝혔다고 한다. '그럼에도 불구하고 우리는 수당 제도를 자랑스럽게 생각하며 유지해나가야 한다(이후 수당 제도의 허점을 보완하기 위한 개혁을 했다지만 어쨌든 맨 처음 대응이 멋있다).'

우리라면 어땠을까. 당장 수당 제도를 손봐서 그런 일이 재발하지 않도록 하겠다고 했을 것이다. 그리고 절차를 까다롭게 만들어서 '정당한 사유'로 수당을 받던 사람들까지도 힘들게 했을 것이다.

24년 동안 놀고먹는 수당 제도라면 누구나 반대할 것이다. 그러나 우리의 복지 현실은 프랑스와는 전혀 다르다. 우리는 부당하게 혜택을 누리는 사람보다는 지원이 필요한데도 받지 못하는 사람이 훨씬 더 많다. '송파 세 모녀' 사건 이전에도 많았다. 교회에서 행상이라도 하라고 준 낡은 차가 있다는 이유로 복지 수급자에서 제외되었던 '봉고차 모녀' 사건, 어린 세 남매가 학교도 못 다니며 아빠와 공원 화장실에서 노숙하던 '화장실 삼남매' 사건이 언론에 보도되었으나 보도 직후에만 요란했을 뿐 바뀐 것 없이 이전으로 돌아갔다.

엄밀히 따지면 '송파 세 모녀'나 '봉고차 모녀'가 복지 혜택을 받지 못한 것은 오류라고 보기 어렵다. 이들은 수급 자격에 미달해서 혜택을 받지 못했기 때문이다. '송파 세 모녀'는 두 딸이 일할 수 있다고 판단되기 때문에, '봉고차 모녀'는 자동차가 있어서 수급 자격이 없다.[10] 뿐만 아니다. 최근까지 수년간 (실제는 도움을 받지 못하고 있지만) 부양할 수 있는 자식이 있다는 이유만으로 수급 자격을 박탈당한 노인들이 잇따라 자살하기도 했다. 담당 공무원들도 이들의 사정이 딱하고 도움이 필요하다는 것은 안다. 그러나 '규정상' 지원할 수 없었다. 규정이 현실을 반영하지 못하면 바꾸는 게 맞다.

수급 자격에 이러저러한 조건을 다는 것은 부당한 수급자를 막기 위해서다. 부양할 수 있는 자식이 있는데도 혜택을 주면, 너도나도 '자식이 건사하지 않으니 나라에서 지원하라'라고 손 벌릴 것이라는 우려 때문에 조건을 달았다. 자식들과 사이도 괜찮고 자식들이 충분히 능력이 되는데도 나라에서 지원하는 것이 우리 정서에 맞지 않기는 하다. 하지만 전혀 왕래하지 않아도 단지 자식이 있다는 이유로 지원을 받지 못한다면 제대로 된 정책은 아니다. 이것은 비록 선정의 2종 오류는 아니라도 제도 설계의 2종 오류임은 분명하다.

지방정부 복지 전달의 핵심, 동주민센터의 복지허브화

1종 오류와 2종 오류를 동시에 줄이는 방법이 있다. 의사결정에 필요한 정보량을 늘리는 것이다. 2010년 산재해 있던 개인의 소득, 재산, 인적정보, 복지서비스 이력 같은 정보를 통합해 제공하는 사회복지통합전산망(행복e음)이 도입되었다. 이후 부정수급 문제, 즉 1종 오류는 크게 줄었다. 도입 후 2년간 기초생활수급자 11만 6천 명을 비롯해서 각종 복지수급자 45만 명이 수급 자격을 상실했다(부양가족이 있다는 이유로 수급권을 잃게 된 노인들도 이 통합전산망을 통해서 부양가족의 존재가 밝혀졌기 때문이었다).

이제는 2종 오류를 줄이는 데 신경 써야 할 때다. 즉 지원이 필요한데도 받지 못하는 경우를 줄여야 한다. 신청자 중 적격 여부를 가리는 것은 컴퓨터가 할 수 있다. 그러나 신청하지 않았지만 지원이 필요한 사람을 발굴하는 일은 컴퓨터가 할 수 없다. 또 신청한 A의 수급 자격이 없다는 것은 밝힐 수 있지만, 그 대신 B를 주선해주지는 못한다. 이런 일을 하려면 사람을 늘려야 한다.

최근 일선 지자체 사회복지담당 공무원들이 잇따라 자살하면서 이들의 업무 부담이 과중한 것 아니냐는 논란이 일었다. 박근혜 대통령이 후보 시절 복지 업무의 '깔때기 현상', 즉 중앙부처에서 갖가지 복지사업을 만들어내면 결국 이것들이 읍·면·동 일선에서 복지를 담당하는 공무원에게 집중되는 현상을 지적했을 만큼 이들의 업무가 많은 것이 사실이다. 통상 복지담당 공무원 두 명이 100여 개 업무를 처리하고, 담당 공무원 1인당 복지 대상자는 약 1500명이다. 나서서 발굴하는 것은 고사하고 들어오는 신청을 처리하기도 벅차다.

이 때문에 중앙정부도 최근 일선 사회복지담당 공무원 증원을 추진했다(2011년부터 2014년까지 7천 명을 증원해서 현재 약 2만 7천 명 수준이다). 그러나 여전히 태부족이다. 2016년까지 6천 명을 더 증원한다고 한다. 그래도 모자라다.[11] 증원만으로 부족하다면 다른 방도를 구해야 한다. 인력을 재배치하는 것도 방법이다. 여유 있는 업무를 담당하는 공무원들을 일손이 부족한 복지 업무 쪽으로 돌리는 것이다.

서울 서대문구 사례를 보자. 2013년 기준 서대문구 복지 대상자는 서대문구 전체 인구의 15%, 약 6만 명이다. 서대문구 공무원은 1133명이고, 사회복지 담당 공무원은 그중 4.5%인 51명이다.[12] 사회복지 공무원 한 명당 대상자가 천 명이 넘는다. 제대로 된 복지서비스를 전달하고 관리하기에는 터무니없이 적다. 이 문제를 해결하려고 서대문구에서는 복지담당 일선 기관인 동주민센터 구조조정을 단행했다. 우선 일반 민원업무를 줄였다. 청소와 불법 주·정차 단속, 민방위 같은 업무를 구청으로 이관했다. 주민자치센터 업무는 주민에게 위임하고, 각종 증명서 발급은 무인발급기로 대신했다. 줄어든 업무로 손이 비는 공무원을 사회복지 업무로 재배치했다.

또 통장과 반장을 '복지 도우미'로 활용했다. 통·반장 설치 조례를 개정하여 복지 대상자 발굴과 지역 복지사업 관리 지원을 맡겼다. 이렇게 해도 부족하거나 필요한 전문 인력은 새로 충원했다. 방문간호사나 노동 등 전문 분야 상담가가 주민센터에 배치되었다. 이렇게 업무와 인력을 개편해 서대문구의 동주민센터는 주민들의 '복지허브'로 탈바꿈했다. 동장의 명칭도 '복지동장'이 되었다. 서대문구에서 먼저 시작했지만 '동주민센터의 복지허브화'는 최근 정부에서 추진하는 지역의 복지 전달체계 개편의 중심으로 목하 전국의 동주민센터에서 동시다발적으로 진행되고 있다.[13]

40대 이상 독자라면 70, 80년대 은행 점포 풍경을 기억할 것이다. 창구 직원이 정말 많았다. 아무리 작은 동네 점포에도 열 명은 넘게 있었던 것 같다. 그럼에도 입출금을 하려면 창구마다 줄을 서서 차례를 기다려야 했다. 특히 월말이면 한참을 기다려야 자기 차례가 왔다. 90년대 들어 ATM이 도입되면서 은행 창구를 찾는 고객은 줄었고, 이후 인터넷뱅킹과 스마트폰뱅킹이 도입되어 창구 고객 수는 더욱 줄었다. 지금은 전체 거래의 약 10%만이 창구에서 이루어진다. 이에 따라 창구 직원 수도 대폭 줄었다. 우리 동네 점포는 창구 직원이 네 명이다 (이것도 많아서 업무량만 따지면 더 줄여야 한단다).

동주민센터는 은행 점포와 유사한 측면이 많다. 각종 서류 발급은 인터넷이나 무인발급기로 대체 중이다. 민원 신청·접수도 대개 인터넷으로 가능하다. 그런데 동주민센터 창구 직원 숫자는 예나 지금이나 별 차이가 없다. 업무량이 줄어도 인력은 줄이기 힘든 것이 공공부문의 '특성'이기 때문이다. 과거 동사무소가 동주민센터로, 다시 지역복지허브로 변신하는 것은 이런 환경 변화 때문이다. 인력을 줄이기는 어려우니 새로운 역할을 맡기려는 것이다. 다행히(!) 복지 업무가 대폭 늘었다. 정보화 등 행정 환경 변화로 감소한 업무량보다 더 많이 늘었다. 그러니 인력을 더 늘리면 늘려야지 줄일 필요가 없어졌다.

지금 동주민센터가 하는 일을 보면 전통적인 민원 업무는 최소화되고 복지와 자치 업무가 핵심이 되고 있다. 자치업무는 주민자치센터 운영(1장 참조)을 비롯한 마을 만들기 사업, 사회적 기업 육성 등 지역 공동체 활성화를 위한 사업이다. 그러니 이것도 넓은 의미의 주민 '복지'에 속한다. 따지고 보면 주민과 대면하는 일선 행정기관의 역할이 주민복리를 위한 서비스 제공이어야 함은 너무나 당연하다.[14]

지방분권이 대세인 까닭은 복지 역할 변화 때문이다

서구사회 중심의 견해이긴 하지만 19세기와 구별되는 20세기의 특징은 복지국가의 출현이다. 이전의 자유방임적 자본주의 국가는 20세기 들어 수정자본주의 복지국가로 전환되었다.

학자들은 복지정책을 '사회적 위험'에 대한 대비책이라고 말한다. 사전을 보면 '위험'은 해로움이나 손실이 생길 우려라고 풀이되어 있다. 또 '사회적'이라는 것은 개인적이지 않다는 말이다. 그러니 '사회적 위험'은 개인에게 고유한 것이 아닌 사회 전반적으로 발생할 수 있는 공통의 피해, 그래서 개인이 아닌 사회가 공동 대응해야 하는 것을 말한다.

복지국가는 산업사회의 산물이다. 산업사회에서는 남편이 공장에서 일하고 아내가 집에서 살림하는 것이 일반적인 가정의 모습이었다. 이런 집은 어떤 때 생계가 위험해질까? 남편이 돈을 벌어오지 못할 때다. 대표적으로 직장에서 다치거나, 쫓겨나거나, 병들거나, 나이 들어

은퇴하는 경우다.

이 네 가지 상황(산업재해, 실업, 질병, 은퇴)은 노동자라면 누구에게든 닥칠 수 있는 일반적인 위험이다. 산업사회에서 노동자가 안심하고 일하려면 이 네 가지 위험에 대한 대비가 필요했다. 한편 민주주의가 발전하면서 국민들의 안정된 생활을 국가의 책임으로 인식하게 되었다. 그래서 사회가 대비해야 할 이 네 가지 사회적 위험의 대책으로 사회보험이 만들어졌다. 사회보험은 일반적인 가구가 빈곤에 빠지는 것을 막기 위한 장치다. 여기에 어떤 이유에서든 이미 빈곤 상태에 빠진 가구가 최저 생계를 유지하게 하는 장치가 더해져 전통적인 복지제도가 만들어졌다.[15] 이러한 산업사회의 복지제도는 20세기 중후반까지는 잘 작동했다.

그러나 사회경제 구조가 변하기 시작했다. 가족이 해체되었고, 여성 노동이 늘었고, 고령화 사회가 출현했으며, 후기산업사회가 도래했다. 여성 노동 증가와 가족 해체는 육아를 더 이상 가정에만 맡기기 어렵게 만들었다. 아울러 고령화 사회가 도래해 노인 부양은 사회문제가 되었다. 후기산업사회의 빠른 기술 변화와 고용 불안정은 직업 훈련과 재교육, 취업 지원을 예외가 아닌 일상적인 제도로 만들었다. 육아, 노인 부양, 고용이 더 이상 사적인 문제가 아니라 사회가 책임져야 할 문제, 새로운 사회적 위험이 된 것이다.

과거 사회적 위험의 대비책은 해당 위험이 발생했을 때 현금을 지급하는 것으로 충분했다.[16] 그러나 새로운 사회적 위험은 다르다. 보육, 요양, 교육 훈련, 취업 알선은 서비스를 제공하는 것이다. 그래서 이들을 사회서비스라고 부른다. 서비스 제공은 현금 지급보다 훨씬 복잡하다. 아이를 키우는 '보육' 서비스의 구체적인 내용은 상황에 따라 다양하다. 또 내용이 같더라도 제공자에 따라 서비스 질에 차이가 크다.

상황에 따라 내용이 달라지므로 중앙집권의 획일적 제공보다는 지방분권의 신축적 제공이 더 적합하다. 제공자에 따라 서비스 질의 차이가 크다면 관리가 중요한데 그러려면 멀리 있는 중앙정부보다는 현장과 밀착한 지방정부가 더 효과적이다.

20세기 복지국가의 출현은 국가의 역할을 강화했다. 보편적 현금 급여인 사회보험 중심의 복지는 특히 중앙정부의 역할을 강화했다. 그러나 사회서비스 제공이 복지의 중심이 되면서 지방정부의 역할이 커졌다. 20세기 후반 들어 세계 각국에서 지방분권이 벌어진 데는 이렇듯 복지 역할 변화가 큰 몫을 했다. 우리나라는 경제도 그렇지만 복지도 압축 성장했다. 사회보험이 완전히 체계를 잡기도 전에 보육, 요양, 고용 등 사회서비스가 중요한 복지정책으로 들어왔다. 그래서 중앙도 지방도 제 역할을 잘하는 것이 좋은 복지국가를 만드는 데 아주 중요하다.

복지 누수를 방지한다며 부정수급자 찾는 데 열심인 것을 보면 한가지 의문이 든다. '서비스 대상자의 부당 행위에는 저리 민감하면서 왜 서비스 공급자의 부당 행위에는 이리 둔감할까.' 정부는 보육, 부양, 직업 훈련 서비스 제공에 많은 돈을 쓴다. 그렇지만 정작 제공되는 서비스 질에는 그다지 신경 쓰지 않는다. 무상보육으로 우후죽순 불어난 어린이집의 서비스에 누구나 불만을 털어놓는다. 정부가 보육료를 내주니 그냥 있지 100% 내 돈 내는 거라면 가만있지 않았을 것이다. 아니 아예 애를 보내지 않았을 것이다. 다른 서비스도 마찬가지다. 예산 낭비로 치면 부당 수급보다 부당 공급이 훨씬 크다. 정책은 집행했다고 끝이 아니다. 제대로 성과를 내야 가치를 지닌다. 그래서 현금 지원 복지보다 서비스 제공 복지가 훨씬 어렵다. 그만큼 지방정부가 복지에서 역할을 잘하는 것이 중요하다.

대행 복지사업이 제대로 되려면

이 책의 주제는 지방재정이다. 지방재정의 현안은 두 가지라고 했다. 하나는 건설사업 남발로 재정이 휘청대는 것, 또 하나는 대행 복지사업 분담금 마련하느라 살림이 빠듯하다는 것이다. 전자는 일부의 문제고 후자는 대다수의 문제다. 그러니 두 번째 문제를 한 번 더 간략히 정리하고 마무리하자.

이번 장 앞부분에서 대행 복지사업은 지방정부 분담금 마련을 강제한 탓에 결과적으로는 복지도 늘렸고 지출 구조조정도 가져왔다고 했다. 국민 입장에서는 중앙정부가 부담하든 지방정부가 부담하든 상관할 바 아니다. 필요한 서비스가 제대로 제공되고 또 내가 낸 돈이 알뜰하게 쓰이면 그만이다. 그렇다면 대행 복지사업을 하기 위해 지방정부에 재원 일부를 떠넘기는 것이 잘하는 일일까. 아니다. 정당하지 않다. 더구나 앞으로도 이런 구조를 끌고 가는 것은 바람직하지도 않다.

지방정부가 집행하고 지역주민에게 혜택이 가니 사업비 중 일부를 지방정부가 부담하는 것도 타당하기는 하다. 한 푼도 부담하지 않으면 4장에서 논의한 지방정부의 도덕적 해이가 극심할 것이라는 중앙정부 주장이 영 터무니없지는 않다. 문제는 '일부'가 과연 얼마큼이냐 하는 점이다. 보육료 지원 사업은 지방정부가 비용의 약 40%를 부담한다(그나마 지방정부가 항의해서 줄어든 수치다. 서울은 잘산다는 이유로 이보다 더 많이 부담한다). 2014년 7월부터 확대 시행되는 기초연금은 지방정부가 약 25%를 부담한다. 대상자가 워낙 많고 또 앞으로 더 늘어날 전망이라 지방정부의 부담이 크다.

대행사업 지방 부담금 문제는 워낙 많이 논란이 되었던 것이라 여기서 또 길게 설명할 필요는 없겠다. 다만 4장에서 다뤘듯이 대행 복지사업은 대한민국 국민이라면 사는 지역에 상관없이 동일한 기준에 따라 혜택을 받아야 한다고 생각되는 사업, 즉 국민기본선에 해당하는 사업이다. 이를 고려한다면 중앙정부 부담률을 더 높이는 것이 맞고, 복지 대상자가 많은 지역일수록 그에 비례해서 부담이 늘어나는 것을 완화하는 장치가 필요하다는 정도만 언급한다.[17] 중앙정부도 지금 구조가 정당치 않다는 것을 안다. 예산 때문에 모른 체할 뿐이다.

대행 복지사업에서 지방정부 부담액 조정이 워낙 첨예한 문제라 묻혀버렸지만 그 밖에도 개선해야 할 다른 문제들이 많다. 그중 하나가 경직적인 집행이다. 지방정부가 복지를 담당하면 지역 사정에 맞게 신축적으로 대응한다는 장점이 있다. 그런데 대행 복지사업은 현재로서는 이런 장점을 전혀 살리지 못하고 있는 실정이다. 수급 기준과 사업 내용을 시시콜콜하게 세부적으로 정해놓은 탓에 기계적인 집행에 머물고 있다. 집행하는 입장에서 이게 편하기는 하다. 받지 않아도 될 사람이 받든 받아야 할 사람이 못 받든 고민할 필요가 없다. 규정대로만 하면 된다. 수요에 비해 사업비가 많든 적든 따질 필요도 없다. 받은 것만큼만 쓰면 된다. 그러나 국민 입장에서는 아니다.

　다시 말하지만 국민 입장에서는 중앙이건 지방이건, 어느 쪽에서 더 많이 부담하건 마찬가지다. 그러나 서비스가 제대로 제공되지 못하고 예산이 낭비되는 것은 문제다. 국민을 위한다면 이를 해결하는 것이 훨씬 중요하다. 이미 백 년 전 베버(Max Weber)라는 학자가 지적했듯 내용보다 형식을 따지는 것은 행정의 특성이다. 그러나 백 년이 지났음에도 여전히 이 문제를 해결하지 못한다는 것은, 행정학자로서 부끄럽고 국민으로서 화가 나는 일이다.

9장

누구를 위해
무엇을 할 것인가

:

성장의 패러다임

"개도국 도시들은 선진국 도시들이 저지른 실수를 피하면서 성장할 수 있습니다. 앞으로 성장할 도시의 시민들은 현재보다 더 건강하고 자유롭고 즐거운 삶을 영위할 수 있습니다. 하지만 이를 위해서는 도시에 대한 생각을 바꾸어야 합니다. 지난 한 세기에 걸쳐 형성된 도시개발에 대한 통념을 버려야 합니다.

발전을 1인당 소득으로만 평가한다면 개도국들은 3, 4백 년이 지나도 선진국들을 따라가지 못할 것입니다. 그래서 우리는 성공에 대한 다른 기준이 필요합니다. 그것은 행복입니다.

행복하기 위해 무엇이 필요할까요. 새들이 하늘을 날아야 하듯 우리는 걸어야 합니다. 우리는 다른 사람들과 함께 있어야 합니다. 우리에게는 아름다움이 필요합니다. 우리는 자연과 함께해야 합니다. 무엇보다 우리는 배제되지 않아야 합니다. 우리는 평등하다고 느낄 수 있어야 합니다. 부유한 사람들은 도시를 떠나 자연 속에서 휴가를 즐깁니다. 그러나 도시에는 그렇게 할 수 없는 사람들이 많이 있습니다. 그래서 도시는 자연 친화적인 공원, 자전거도로, 편리한 대중교통 시설을 갖추어야 합니다. 도시는 개인들의 이해보다 공공성이 우위에 있는 곳이어야 합니다.

사람들이 상점에서 구입하는 물건은 사는 그 순간은 만족스럽지만 며칠이 지나면 만족감이 줄고 몇 달이 지나면 만족감이 완전히 사라집니다. 그러나 공원, 도서관, 편리한 대중교통 체계 등 공공재는 마법과 같습니다. 한번 만들어놓으면 계속 사람들에게 행복을 느끼게 해줄 수 있습니다."

엔리케 페날로사(Enrique Peñalosa), 콜롬비아 보고타 전 시장[1]

이 책을 쓰는 동안 2014년 지방선거를 치렀다. 각 후보마다 다양한 공약을 내세웠다. 선거 공약은 어떤 의미를 지닐까. 지난 대통령 선거 때 내세운 공약이 얼마나 지켜졌느냐(혹은 지켜지고 있느냐)를 두고 논란이 많았다. 당선 후 실천 여부는 매우 중요하다. 하지만 일단 이 문제는 접어두고 여기서는 선거 공약의 내용에 대해서만 얘기하자.

공약 내용은 두 가지를 반영한다. 하나는 유권자의 선호다. 당연한 말이지만 후보자들은 당선을 바란다. 그러니 가능하면 유권자들로부터 표를 많이 얻을 수 있는 공약을 만들려고 한다. 또 하나는 후보자의 선호다. 대부분의 후보자들은 당선되면 무엇을 하겠다는 나름의 포부를 갖고 있고, 이것이 공약으로 표현된다.

유권자의 선호를 반영하다 보면 후보자 간 공약 내용이 비슷해지기 쉽다. 반면에 후보자의 선호를 반영하다 보면 후보자 간 공약 내용은 차별화될 수 있다. 때로는 유권자의 선호를 반영할 때도, 유권자가 원하는 것이 무엇인지에 대한 생각이 후보자의 선호에 따라 다르기 때문에 공약 내용이 각양각색이 되기도 한다. 그래서 지방선거에서 단체장 후보들이 내세운 공약을 보면 지역주민들이 무엇을 바라는지, 그리고 단체장들은 무엇을 하고 싶어 하는지 알 수 있다. 주민과 단체장이 바라는 것이 무엇인지 파악하고 나면 단체장이 무슨 일을 해야 하는지에 대한 답도 얻을 수 있다.[2]

이런 의미에서 이번 장의 논의는 단체장 후보의 공약 내용을 분석하는 것으로 시작한다. 사례는 2010년도 서울시장 선거를 택했다. 2014년 선거는 지난 지 얼마 안 되어 민감하므로 조금 시차가 있는 사례를 택했다. 당시 서울시장 후보는 노회찬, 오세훈, 지상욱, 한명숙 네 명이었다. 이 중에서 한나라당(현 새누리당) 후보였던 오세훈 전 시장과 민주당(현 새정치민주연합) 후보였던 한명숙 전 총리의 공약을 분석하려 한다.

규모도 방향도 달랐던 2010년 서울시장 선거 공약

나와 좋은예산센터 상근자들은 2010년 지방선거 때 〈경향신문〉과 함께 서울시장 후보 공약을 분석했다. 그때 기사를 중심으로 얘기를 풀어

오세훈(한나라당)		한명숙(민주당)
사교육·학교폭력·준비물 없는 3무 학교 등	1	교육·복지 예산을 전체 서울시 예산의 50%로
소득 하위 70%까지 무상보육, 24시간 보육시설 확충	2	초·중등학교 친환경 무상급식 전면 실시
신고용정책으로 일자리 100만 개 창출	3	전면 무상보육 실시, 방과 후 학교 확대
서북·동북·서남권 르네상스로 강남권 불균형 해소	4	돌봄 서비스 등 생활복지 일자리 10만 개 창출
공공임대주택 10만 호 건설, 저층 주택타운 건설	5	일자리 거점 12개 육성
노인복지 인프라 '어르신 행복타운' 건립, 치매센터 확충	6	소방·방재·인명구조 인력 증원, CCTV 확대 등 '안전한 도시'
학교보안관 제도 도입, 석면 감시 강화 등 '안전한 서울'	7	지역맞춤형 재개발, 선진형 계약 임대주택 도입
저소득층 경제자립 금융지원 등 '그물망 복지' 완성	8	한강운하 계획 폐기, 한강을 생태형 자연하천으로
디자인·패션 신도시 조성, 1200만 관광객 유치 등	9	424개 동 주차장·도서관 확충
한강특화공원 조성, 서해 연결 한강주운 사업 등	10	대학 등록금 이자 지원, 최저교육비 지원
공약 실현에 소요되는 총 예산 규모 약 25조 원 추산		공약 실현에 소요되는 총 예산 규모 약 9조 8000억 원 추산

가자. 오세훈 후보와 한명숙 후보의 공약 중 대표적인 것 10개를 보자.

두 후보의 공약을 비교하면 내용과 규모 면에서 상당히 다르다. 오세훈 후보 공약에는 건설 관련된 것이 상대적으로 많다. 한강주운 사업, 디자인·패션 신도심 조성 같은 본래 토목·건축 사업은 물론이고 공공임대주택 10만 호 건설, 저층 주택타운 건설, 어르신 행복타운 건립 등 복지와 공공주택 정책도 건설 위주다. 한명숙 후보는 복지정책이 상대적으로 많다. 그리고 공공주택 정책도 계약 임대주택 도입을 내세워서 건설 중심인 오세훈 후보와는 차별화된다. 한명숙 후보의 공약 중 건설과 관련된 것은 주차장과 도서관 확충 정도다.

유사한 공약인 경우에도 사이즈가 다르다. 일자리 창출 부문에서 오세훈 후보는 신고용 정책으로 일자리 100만 개를 창출한다고 했고, 한명숙 후보는 생활복지 일자리 10만 개를 창출하겠다고 했다. 이처럼 내용과 규모의 차이가 커서 소요 예산 규모도 크게 차이가 난다. 오세훈 후보는 25조 원, 한명숙 후보는 9조 8000억 원가량이 필요하다고 주장했다(물론 공약의 특성상 이 금액은 과소추정한 혐의가 짙다).

타당성 분석: 무슨 돈으로 어떻게 할 것인가

독자들은 어느 쪽 공약에 더 끌리는가. 두 후보의 공약을 어떻게 평가하는가. 당시에 나는 두 가지 측면에서 공약을 평가했다. 타당성과 지향성이다. 타당성은 실현 가능성을 따지는 것인데 '재정 타당성'과 '내용 타당성'이라는 두 기준으로 평가했다. 재정 타당성은 각 공약을 실현하는 데 필요한 예산 규모 추정이 적절한가(소요재원 추정), 필요한 재원 마련 방안이 구체적이고 현실적인가(재원 마련 방안)에 의해 평가했다. 내용 타당성은 서울시장이 할 수 있는 공약인가(실현 가능성), 서울시정에 대한 미래 비전이 담겨 있는가(미래 청사진)로 평가했다. 그 결과 10점 만점에 오세훈 후보는 재정 타당성 5.8점, 내용 타당성 6.9점을 받았다. 그리고 한명숙 후보는 재정 타당성 7.8점, 내용 타당성 5.8점을 받았다.

오세훈 후보의 공약에는 굵직한 대형 사업이 많다. 모두 실현하려면 막대한 재원이 필요한데 조달 계획이 구체적이지 못했다. 그래서 재정 타당성은 낮은 점수를 받았다. 시정 경험이 있어서인지 서울시 미래에 대한 청사진은 구체적이었다. 반면에 '일자리 100만 개 창출' 같은 공약은 서울시장이 할 만한 공약은 아니었다(당시 대한민국 전체 실업자 수가 백만 명 정도였다). 내용 타당성에는 강점과 약점이 모두 있어서 중상 정도의 평가를 받았다. 한명숙 후보 공약에는 대형 건설사업이 없다. 주차장 10만 개 증설을 제외하면 단기간에 큰돈 들 게 없다. 그래서 재정 타당성은 높은 점수를 받았다. 반면에 서울시가 추진 중인 대형 사업을 축소하는 대신 국가 사업으로 하는 것이 더 적절할 각종 복지 확대를 공약으로 내세우고 있어서 서울시 미래 청사진 면에서는 감점 요인이 되었다.

이 정도면 오세훈과 한명숙 후보 공약의 차이가 어느 정도 이해됐을 것이다. 그런데 '타당성' 평가보다 두 후보의 차이를 극명하게 보여주는 것이 '지향성' 평가다.

지향성 분석: 개발이냐 복지냐, 하드웨어냐 소프트웨어냐

지방정부 업무는 일상 행정업무를 제외하면 사회정책과 경제정책으로 구분할 수 있다. 그래서 공약들이 이 두 분야 중 어디에 해당하는가를 가려낸 후, 각 분야 예산의 상대적인 비중에 의해 정책 지향성을 평가했다.

상대적인 비중은 두 측면에서 계산했다. 하나는 교육·복지(사회정책)와 경제·산업(경제정책) 간의 재원 비중이다. 또 하나는 건설 대 비건설 재원 비중이다. 같은 복지정책이라도 오세훈 후보의 어르신 복지

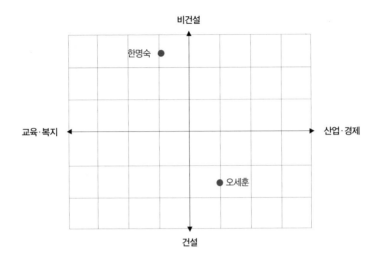

타운과 치매센터 건설은 '건설'에 해당한다. 반면에 한명숙 후보의 전면 무상보육 실시는 건설과는 거의 관련이 없다. 이처럼 같은 분야 정책이라도 하드웨어(건설) 위주냐 소프트웨어(비건설) 위주냐에 따라 실제 내용은 상당히 다르다.

　정책 지향성 평가 결과는 위 그림에 제시되어 있다. 교육·복지 대경제·산업의 비중은 X축에, 건설 대 비건설의 비중은 Y축에 나타냄으로써 각 후보 공약의 정책 지향성을 표현했다.

　오세훈 후보와 한명숙 후보의 정책 지향성은 대조적이다. 오세훈 후보는 상대적으로 경제·산업에 더 비중을 둔 데 비해 한명숙 후보는 교육·복지에 더 비중을 두고 있다. 강조하는 분야도 차이가 있지만 더 선명하게 구별되는 것은 건설 대 비건설 비중이다. 오세훈 후보의 공약은 건설에 치중되어 있는 반면에 한명숙 후보 공약에는 건설이 매우 적다.

그래서 광역 단체장은 무슨 사업을?

2010년 서울시장 선거에서 오세훈, 한명숙 여야 후보의 공약은 극명하게 달랐다. 물론 여야 후보의 공약은 각 당의 이념 지향을 반영하기 때문에 차이가 있는 것이 당연하다. 하지만 이 경우는 그 어느 때보다도 확실하게 구별되었다. 이유를 캐는 것도 흥미롭겠지만 우리 주제가 아니므로 생략하고 공약 분석의 시사점에 대해 얘기하자.

두 후보의 공약을 분석한 결과는 지방정부의 역할은 일상적인 행정업무를 제외하면 복지와 경제개발 두 가지라는 지금까지 논의를 확인시켜준다. 여기까지는 좋다. 그런데 더 자세히 들어가면 뭔가 이상하다는 걸 알 수 있다. 앞에서 지방정부 복지사업은 대부분 대행사업이며 자체적인 복지사업 규모는 작다고 했다. 그런데 한명숙 후보 공약을 보면 그렇지도 않다. 초·중등학교 친환경 무상급식 전면 실시, 전면 무상보육 실시, 방과 후 학교 확대, 대학 등록금 이자 지원, 최저 교육비 지원 등 복지 공약이 많다. 이걸 다 하려면 액수도 상당하다.

지금은 이 공약의 상당수가 시행 중이다. 하지만 무상급식을 제외하면 중앙정부 사업으로 하고 있다. 만일 그때 한명숙 후보가 당선되어 무상보육, 방과 후 학교 확대 등을 서울시 사업으로 추진했다면 어떻게 되었을까? 서울시는 이들 예산을 마련하느라 다른 사업들은 변변히 챙기지 못했을 것 같다. 다른 지방정부들 중 상당수가 울며 겨자 먹기로 서울시를 따라 하며 재원을 마련하느라 허덕였을 것이다. 그리고 중앙정부는 국가사업으로 하려던 것을 지자체가 알아서 해주니 예산이 굳었다며 좋아했을 것이다. 혹은 사업비 일부를 지원해주면서 생색깨나 냈을 것 같다. 앞 장에서도 논의했듯 우리 여건에서 복지정책의 대다수는 지방정부가 독자적으로 수행하기에는 적절하지 않다. 재정 부담 측면에서도 그렇고 다른 지역과의 형평성 측면에서도 그렇다.[3]

대규모 복지사업은 국가가 담당하는 것이 적절하다면 지방정부의 자체사업 중 생색낼 수 있는 것은 경제개발 분야밖에 없다. 별 탈 없이 현상 유지만 하겠다면 모르겠지만 업적을 남기겠다면 결국 경제개발에 치중해야 한다. 그리고 경제개발에 치중하다 보면 아무래도 토건예산이 커질 수밖에 없다…….

논리적으로 유추하다 보면 이런 결론에 도달한다. 하지만 이건 아닌 것 같다. 비록 과거에는 이러저러한 이유로 개발 위주의 행정을 했다고 쳐도 앞으로도 그래서는 안 될 것 같다. 그렇다면 대안은 무엇일까? 향후에 지방정부는 어떤 일을 해야 할까? 이에 대한 정해진 답은 없다. 이 분야 전문가들이라고 해도 각자의 가치관이나 경험 등에 따라 다른 처방이 가능하다. 이를 염두에 두면서 나도 나름의 대안을 제시해보려고 한다. 내가 생각하는 대안은 두 가지다. 하나는 복지와 경제 분야 말고 생색낼 수 있는 다른 분야를 갖자는 것이다. 다른 하나는 경제개발이라고 해도 토건 위주가 아니라 다른 방식으로 하자는 것이다.

국방, 외교, 통일 등 국가 존립을 위한 기본 기능을 제외하고 일반인이 일상생활과 관련하여 가장 관심이 큰 정부 정책은 무엇일까. 대략 일자리, 주택, 교육, 의료, 복지(보육·연금) 정도일 것이다. 의료, 보육, 연금은 중앙정부 업무다. 일자리, 주택, 교육 역시 중앙정부 역할이 크지만 지방정부 역할도 제법 있다. 이 중에서 일자리와 주택 정책은 경제개발 정책으로서 앞의 공약 분석에서도 봤듯이 원래부터 단체장이 신경 쓰는 분야다.[4] 교육은 다르다. 우리의 지방자치는 교육을 다른 행정 업무와 분리하고 있다. 그래서 지방교육의 책임자는 광역시장·도지사가 아니라 시·도 교육감이다.

교육을 다른 행정 업무와 분리해서 별도로 자치를 하는 데는 딱히 분명한 이유가 있는 것은 아니다. 해방 이후 우리의 교육 제도는 다방면에서 미국의 영향을 많이 받았는데, 교육 행정을 별도로 분리하는 미국 제도의 영향으로 그렇게 됐다는 것이 정설이다. 물론 교육자치를 적극 옹호하는 사람들은 역사적인 우연 때문이 아니라 정당한 이유가 있다고 한다. 바로 교육의 전문성과 자주성(혹은 정치적 중립성) 때문이라고 한다. 교육은 전문적인 영역이기 때문에 교육 전문가가 담당해야지 문외한들에게 맡길 수 없다는 것이 전문성 논리다. 교육은 인간의 기본권에 해당하는 존엄한 것이라서 정치적 상황으로부터 자유로워야 한다는 것이 자주성(정치적 중립성) 논리다.

교육의 자주성, 전문성, 정치적 중립성 보장은 헌법에서 천명하고 있는 것이니 백번 지당한 말이다. 그런데 헌법에는 교육이 그래야 한다고 되어 있지 교육 '행정'마저 그래야 한다는 구절은 찾아볼 수 없다.

중앙정부에서 교육 정책의 최고 책임자는 다른 정책과 마찬가지로 대통령이다. 대통령이 교육부 장관을 임명하며 교육 서비스 제공은 교사가 맡는다. 교육 서비스 제공을 교사가 한다고 해서 교육 정책의 최고 책임자를 별도로 선출하지는 않는다. 교육뿐만이 아니다. 최소한 교육 못지않게 정치적 중립성이 요구되는 국방도 서비스 제공자는 군인이지만 최고 통수권자는 대통령이다. 적어도 교육만큼이나 전문성이 요구되는 의료도 진료는 의사만 할 수 있지만 의료 정책의 최고 책임자를 별도로 의사 중에서 뽑지는 않는다.

유독 지방정부의 교육정책에 한해서만 단체장이 책임자가 될 수 없고 별도로 교육 전문가 중에서 책임자를 뽑아야 할 마땅한 근거는 없다. 사실 교육만을 분리해서 별도의 자치를 시행하는 제도는 세계적으로 보면 매우 예외적이다. OECD 국가들 중에서는 우리나라 말고 우리가 모방한 미국 그리고 스위스 정도가 있을 뿐이다.[5]

교육자치를 분리함으로써 성과만 좋다면야 비록 근거가 미약하더라도 시비할 일은 아니다. 그렇지 않기 때문에 문제 삼는 것이다. 초중고에 다니는 자녀를 둔 독자들은 자기 지역 교육정책에 대해 얼마나 알고 있는가. 정치적 파장을 불러왔던 무상급식 논쟁을 제외하면 각 시·도 교육감들이 어떤 정책을 펴고 있는지 아는 게 거의 없을 것이다. 나 역시 김상곤 전 경기도 교육감의 혁신학교와 학생인권조례 외에는 기억나는 게 없다(참고로 나는 경기도가 아닌 서울에 살고 있다). 교육감 선거 때도 후보들을 진보냐 보수냐로 편 가르기 했던 것만 떠오르지 각 후보들이 어떤 공약을 내세웠는지는 전혀 기억에 없다.

대한민국 학부모, 아니 대한민국 국민치고 공교육에 불만을 품지 않은 사람이 누가 있으랴. 그런데도 내가 뽑은 교육감이 어떤 교육정책을 펼치고 있는지 모른다. 공약도 모르고 당선 후 무엇을 하고 있는지도 모르니 당연히 공약 이행 여부도 따지지 않는다.

단체장은 다르다. 내가 살고 있는 서울만 봐도 전임 시장 이명박과 오세훈의 시정에 대해 찬성이든 반대든 관심이 많았다. 박원순 현 시장에 대해서도 마찬가지다. 각 지역마다 선거 때면 후보들의 공약을 평가한다. 당선 후 펼치는 정책도 당연히 관심의 대상이 되며 재선을 노리는 단체장(혹은 다음 단계로 진출을 노리는 단체장)은 좋은 평가를 받기 위해 열심히 노력한다.

이런 상황에서 교육이 단체장 업무가 되면 어떻게 달라질지 상상해보자. 일단 단체장 선거에서 교육 공약이 큰 비중을 차지하고 핵심 이슈가 될 것이다. 앞서 분석한 2010년 서울시장 후보 공약에서도 교육 공약은 꽤 많이 등장했다. 한명숙 후보의 10대 공약 중 4개가 교육 관련 공약이었고 오세훈 후보 공약 중에는 2개가 교육 관련 공약이었다. 교육이 단체장 업무가 아닌데도, 그래서 공약을 이행하려면 교육감의 협조를 얻어야 하는데도 그 정도니 하물며 단체장 업무가 된다면 어떨까. 단언컨대 교육만큼 유권자들의 절대적인 관심을 끌 수 있는 분야는 없다.

당선을 바라는 단체장 후보들은 유권자의 마음을 끄는 멋진 교육 공약을 만들려고 애쓸 것이 분명하다. 후보자 간 토론에서도 교육 공약이 주요 이슈가 될 것이고 어떤 교육 공약을 내세웠는가는 당락 결정에도 큰 영향을 줄 것이다. 또한 당선 후 교육 공약을 얼마나 실천하는가가 주목받을 것이고 당선된 단체장도 자연히 교육 공약을 실천하려고 노력하게 될 것이다.

단체장들이 경제개발에 치중하는 데는 유권자들에게 달리 어필할 수 있는 게 마땅치 않다는 이유가 크다. 교육이 단체장 관할이 된다면, 그래서 교육정책의 품질로 유권자들에게 어필할 수 있다면 무리할 정도로 경제개발에 치중하는 일도 상당히 줄어들 수 있다.

교육을 단체장 관할로 해서 생기는 문제점은 무엇일까. 교육의 자주성(정치적 중립성) 훼손? 내 기억으로 이념 논쟁은 단체장 선거보다는 교육감 선거에서 더 심했던 것 같다. 전문성 훼손? 대통령이 모든 분야의 전문가여야만 정책의 전문성이 유지되는 게 아니듯이 단체장이 교육의 전문가여야만 지방교육의 전문성이 유지되는 것은 아니다.

정책의 품질을 좌우하는 요소는 여러 가지다. 그런데 아무리 따져봐도 단체장이 교육을 관할하는 것이 현행처럼 교육만을 따로 떼어내는 것보다는 더 나은 교육정책을 만들고 집행하는 데 유리한 것 같다.

교육자치 분리에 따른 문제점은 익히 알려져 있다. 그래서 과거에도 대통령과 국회는 이를 바꾸려고 수차례 시도했다. 그러나 교육단체의 반대에 부딪혀 번번이 좌절되었다.[6] 정치가 원래 그런 것이기는 하다. 하지만 보다 나은 지방자치를 바란다면 교육자치 분리는 통합으로 바꾸는 것이 맞다.

참고로 헌법이 보장하는 교육자치(전문성, 자주성, 정치적 중립성)에 대해 한마디만 하자. 앞에서도 잠시 언급했지만 헌법이 보장하는 교육자치는 교육 행정을 다른 행정과 분리하라는 것이 아니다. 학생들이 받는 교육이 그래야 한다는 것, 즉 교육은 전문가에 의해 제공되어야 하고, 외압으로부터 자유로워야 하며, 정치적으로 휘둘리지 말아야 한다는 것이다. 지방 교육정책의 최고 책임자를 별도로 선출하는 것이 중요한 것이 아니다. 학생들이 교육을 받는 현장인 학교의 전문성, 자주성, 정치적 중립성이 제대로 지켜지는 것이 중요하다.

지역개발의 패러다임을 바꾸자[7]

이러니저러니 말이 많아도 지역개발이 단체장의 중요한 임무임은 분명하다. 경제가 얼마나 좋아졌는가를 빼놓고 대통령의 업적을 평가하기 어렵듯이 지역개발을 빼놓고 단체장의 역할을 평가하기는 힘들다.

단체장이 지역개발에 신경 쓸 수밖에 없는 현실적인 이유로 흔히 지방토호의 영향을 든다(10장 참조). 지방의 건설업자와 부동산 소유자로 구성된 지방토호의 회유(!)와 압력(?) 때문에 지역개발을 하지 않을 수 없다고 한다. 그런 측면은 분명히 있다. 그런데 지역개발을 원하는 것은 지방토호들만이 아니다. 일반 주민들 역시 지역개발을 원한다. 조정래 작가가 몇 년 전에 출간한 《허수아비춤》에 이를 잘 보여주는 대목이 있다.

"우리가 경제통이라 빤히 아는 사실이지만, 국민소득 1만 5천 달러 상태에서 성장률 4~4.5%는 아주 건강한 경제라고 국제적 평가가 내려져 있잖아. 그런데 대선 바람이 몰아치면서 그 멀쩡히 살아 있는 경제가 '죽은 경제'로 매도되고, 그 분위기 속에서 '경제 살리겠다'는 구호가 유권자들에게 먹히기 시작했잖아. 태풍 휘몰아치듯 하는 그 분위기 속에서 상대 후보는 아무리 좋은 소리를 외쳐대도 전혀 효과 없이 다 분산되어버리는 거야.

나는 그때 민심이라는 것이 무엇인지, 민심이라는 것이 얼마나 무서운 것인지 처음으로 실감했어. 그전에는 '민심이 천심이다' 하면 막연하기만 했고, 그 실체를 보기가 어려웠거든.

그리고 총선의 뉴타운 공약 말야. 그 공약 하나 때문에 야당 현역 국회의원들을 네댓이나 떨어뜨려버린 것은 참 너무했었지. 아주 양심적으로 말하자면, 그 물먹은 국회의원들이 우리하고는 생각도 기질도 맞지 않았지만, 정치가로서 그래도 쓸 만한 인물들이라는 건 틀림없거든.

그런데 유권자들은 여당을 당선시켜 뉴타운 개발이 되면 1~2억은 벌 수 있다는 꿈에 부풀어 야당을 인정사정없이 모조리 떨어뜨려버린 거지. 헌데 그 뉴타운 공약이 모두 속임수였음이 당선 직후 곧바로 다 드러났잖아.

그 꼴을 보며 기분이 참 묘하더군. 돈에 미친 사람들의 꼴이 저런 것이구나 싶은 게. 자네들 말이 맞아. 세상 사람들은 배신을 모르는 충성심으로 언제까지나 우리한테 자발적 복종을 다할 거야."

"예, 정확히 지적하셨습니다. 사람들은 다음 선거에서 똑같은 식의 속임수를 써도 또 그런 후보를 찍을 겁니다. 그게 모든 사람들의 마음속에 도사리고 있는 잘살고자 하는 욕심의 발동이고, 그 욕심의 노예니까요."[8]

집값이 얼마나 올랐는가가 단체장을 평가하는 기준이 되는 상황에서 어느 단체장이 지역개발에 관심을 쏟지 않겠는가. 그나마 다행인 것은 4대강 사업과 지자체의 무리한 개발사업이 논란이 되면서 대규모 개발사업을 우려하는 분위기가 형성되고 있다는 점이다.

문제를 정리하자. 지역개발은 단체장의 주요 업무이자 집값 변동은 지역주민의 최대 관심사다. 하지만 대규모 개발사업에 부정적인 시각도 제법 있다. 더구나 2008년 글로벌 금융위기 이후 부동산 경기 침체가 계속되고 있어서 개발사업이 성공하리라는 보장도 없다.

이럴 때 단체장은 어떤 선택을 할까. 부정적인 시각이나 불투명한 사업성에 아랑곳하지 않고 의연하게 대형 개발사업을 밀고나갈 수도 있다(여전히 대형 개발사업은 지역 유지들의 지원을 끌어낼 수 있는 가장 좋은 아이템이다). 하지만 정말 지역주민의 복리를 추구하고 지자체 재정을 염려하는 단체장이라면 고민이 될 수밖에 없다.

이런 단체장에게 충고 혹은 제안을 하고 싶다. 이제는 과거와는 다른 지역개발을 해야 할 때라고. 대형 건설사업 위주의 지역개발은 전통적인 방식이다. 아직도 SOC 등 인프라가 절대적으로 부족한 지역에서는 대형 건설사업이 개발의 중심이 될 필요가 있다. 그러나 그렇지 않은 지역에서는 개발의 패러다임을 바꾸는 게 필요하다.

작년부터 창조경제라는 말이 유행이다. 대체 창조경제가 뭐냐 하는 질문부터 시작해서 갖은 논란이 있었지만 어쨌든 당분간은 대세가 될 전망이다. 그런데 창조경제라는 말이 어느 날 갑자기 튀어나온 것은 아니다. 중앙정부가 이 용어를 사용하기 전에 이미 몇몇 지자체를 중심으로 창조도시라는 말을 사용했다. 오세훈 전 서울시장은 창조 대신 창의라는 용어를 사용했지만 영어로는 동일하게 'creative'였다.

창조도시는 1990년대 후반부터 지역개발 분야에서 대세가 되었다. 어떤 개념인지는 '창조'라는 단어에서 대충 감이 올 것이다. 산업적으로는 지식 기반, 문화예술 등 창의성이 중요한 분야가 중심이 되어야 한다는 것, 도시 생태계의 다양성·유연성·독자성을 확보해야 한다는 것, 대량의 물적 자본 투여보다는 인적 자본을 유치하고 지역 역량을 키워야 한다는 것 등이다. 한마디로 창조 기능을 십분 발휘할 수 있는 도시가 되어야 한다는 것이다.

왜 1990년대 후반부터 '창조'를 강조했을까. 가장 큰 이유는 사회경제 구조가 달라졌기 때문이다. 대규모 제조업 중심의 산업사회에서 지식 기반, 서비스업 중심의 탈산업사회로 바뀌었다. 지식 기반의 탈산업사회는 변화가 빠르고 콘텐츠가 중요하며 재능 있는 인재의 역할이 크다. 이런 환경에서 전통적 방식인 대규모 물량 투입에 의한 개발은 도시의 활력을 떨어뜨리고 혁신을 더디게 한다. 그래서 개발의 방식이 바뀌어야 한다는 것이다(조금 다른 얘기지만 2000년대 초중반 많은 국가에서 부동산 가격이 크게 상승한 것은 정상적인 것은 아니었다. 금융 규제 완화 등으로 돈이 대량으로 풀린 데서 기인한 것으로 거품이 많았다. 그래서 금융위기가 지난 후에도 예전만큼 오르지 않았다. 우리나라는 여기에 인구구조 변화 같은 요인이 겹쳐서 예전 같은 부동산 가격 상승은 기대하기 어렵다. 더더욱 개발 패러다임 전환이 필요한 이유다).

창조도시를 만들기 위한 전략은 대도시냐 중소도시냐, 경쟁력을 갖춘 지역이냐 낙후 지역이냐 등에 따라 다소 다르다. 하지만 공통적으로 제시되는 것들이 있다.

정부 주도에서 민관 파트너십으로 정부가 일방적으로 하지 말고 지역주민 등 민간과 협의하면서 공동으로 진행하라는 말이다.

대형 프로젝트에서 소규모 지역별 프로젝트로 특정 지역을 설정해서 기존에 있던 것을 뒤엎고 새로 건설하는 것보다는 각각의 지역 공동체마다 특성에 맞게 소규모로 다양하게 개발하라는 얘기다. 그래서 투자의 과실이 외부 자본가에게 돌아가는 대신 지역주민의 삶이 윤택해지도록 하라는 것이다.

인프라 건설에서 지역의 역량 강화로 SOC나 대형 건물 등 하드웨어 구축보다는 인재를 중시하고 지역 경제가 자생력을 갖출 수 있는 생태계를 조성하는 데 중점을 두라는 얘기다.

다소 뜬구름 잡는 말 같기는 하다. 하지만 지역개발 분야의 많은 학자들이 (비록 구체적인 방법론은 약간씩 다르나) 입을 모아 중요하다고 강조하고 세계의 많은 도시들이 이런 전략을 따르고 있으니 이런 제안이 올바른 방향인 것은 분명해 보인다. 이들은 도시 재개발(redevelopment) 대신 도시 회생(revival) 혹은 재생(regeneration)이라는 표현을 쓴다. 이 단어들에서 이들이 추구하는 바가 무엇인지 알 수 있다.

오세훈 전 서울시장은 취임 후 서울을 창조(창의)도시로 만들겠다고 선언했다. 시장으로서 서울을 창조성이 마음껏 발현되는 활력 있는 도시로 만들겠다는 포부를 밝힌 것은 잘한 것이다. 그런데 이를 구현하는 방법은 다소 문제가 있었던 것 같다. 그는 문화, 디자인, 예술 등을 강조하며 한강의 세빛둥둥섬, 디자인 서울 거리, 동대문디자인플라자 등을 조성했다. 이에 대해 일부에서는 '계획은 창조도시이나 실행은 과거의 개발사업과 마찬가지'라고 비판했다. 문화와 예술에도 인프라는 필요할 테니 대형 구조물 건설을 부정적으로만 볼 일은 아니다. 그러나 창조도시의 핵심은 대형 인프라 건설에 있는 것이 아니다. 일을 기획하고 진행하는 과정에서 주(主)와 종(從)의 분별, 선후와 경중의 선택이 썩 적절했던 것 같지는 않다. 그리고 더 근본적으로 행정이 주도해서 단기간에 바꾸려했던 것은 '창조'의 속성과는 그다지 맞지 않는 것 같다.

'창조도시' 이론의 세계적인 대가들을 불러다 세미나까지 열었던 정성을 감안하면 오세훈 전 시장이 이런 것들을 몰랐을 것 같지는 않다. 어쩌면 전임 이명박 시장의 청계천 복원 사업 성공이 부담(혹은 부러움)으로 작용해서 임기 중에 가시적인 업적을 남겨야 한다는 조급함이 작용했는지도 모르겠다. 오세훈 전 시장이 창조도시 주창자들의 제언대로 소통하는 기획을 하고 차근차근 진행시켜 나갔다면 어땠을까 하는 아쉬움이 남는다.

참고로 도시개발 분야의 최근 경향을 보면 '일상 도시(ordinary city)'라는 개념이 주목받고 있다.[9] 이는 '디자인 경성', '패션 달구벌', '문화 빛고을' 등 단편적인 특성으로 도시를 규정하고 거기에 맞춰 개발하는 것을 반성하면서 나온 개념이다. 온갖 직업, 경험, 생각을 가진 사람들이 모여 있는 도시를 어떻게 몇몇 특성으로 규정할 수 있겠는가 하는 얘기다.

"도시에는 문화와 예술, 지식산업 전문가들만 살고 있는 것이 아니다. 서울에는 광화문, 명동, 여의도, 강남만 있는 것이 아니다. 잘난 사람과 못난 사람, 뜨는 지역과 낙후 지역이 공존하는 것이 도시다. 도시는 다양한 특성들이 어우러져 있는 것이 보통이고 정상이다.

경쟁력 있는 산업을 육성하는 산업 정책은 필요하다. 그러나 '도시' 정책은 전체로서의 도시를 대상으로 해야 한다. 보통 사람들의 입장에서, 보통 사람들의 터전을 윤택하게 가꿔나가야 한다."

대충 이런 얘기다. 생각해보면 당연한데도 그동안 너무나 간과되어왔다. 지역을 개발하려는 단체장은 누구를 위해서 무엇을 바꾸려는지 다시금 고민해볼 일이다.

얼마 전 《도시 기획자들》이라는 책을 읽었다. 인상적인 글귀가 있어서 여기에 인용하면서 이번 장을 마무리하자. 마지막 문장의 '도시 기획자'만 '단체장'으로 바꾸면 딱 내가 하고픈 말이 된다.

과거 개발시대의 도시기획은 건물 증축, 대형 퍼포먼스 기획, 도시의 인프라 건설이었습니다. 현대의 도시기획은 다릅니다. 도시 문제의 솔루션을 제시하는 것입니다. 온라인에 몸과 마음을 빼앗긴 아이들을 야외활동으로 데려오는 방법, 방향을 잃은 청년이 도시의 주인공이 되게 하는 방법, 수십 년간 경쟁에 이골이 난 시니어들이 젊은 세대와 잘 협력해 행복한 노후를 보내는 방법. (…) 이 모든 세대의 문제들을 마을과 지역에서 실타래 풀 듯 풀어가는 일, 그리고 시민과 주민이 도시공간의 진정한 주인으로 서는 방법을 모색하고 제시하는 일이 현대사회 도시기획자의 임무입니다.[10]

미국 뉴욕 관광에서는 들러야 하는 곳들이 대충 정해져 있다. 자유의 여신상, 그라운드 제로(9.11 테러 현장), 타임스퀘어, 메트로폴리탄 미술관, 엠파이어스테이트 빌딩 등등.

그런데 최근 들어 한 곳이 추가되었다. 하이라인(Highline) 공원이다. 하이라인 공원은 이름에서 짐작할 수 있듯이 폐기된 고가철로를 재생해서 만든 공원이다. 스토리는 이렇다.

1934년 개통된 하이라인은 뉴욕의 미래 지향적 근대화를 상징했다. 당시 시내를 통과하는 지상철도가 교통 혼잡과 잦은 사고를 유발하자 이를 근본적으로 해결하기 위해 공중에 높이 떠 있는 고가철도를 만든 것이다. 한때는 지역 경제를 견인하는 역할을 했지만 자동차 교통이 발달함에 따라 차츰 이용이 줄다가 1980년에 운행이 중단된 이후로 오랜 기간 방치되었다.

고가철로는 흉물이 되었고 주변의 땅 주인들은 철거를 요구했다. 1999년 뉴욕 시장이 철거 요구를 수용하면서 고가철로는 역사 속으로 사라질 운명에 처했다. 그런데 같은 해 결성된 '하이라인의 친구들'이라는 시민단체가 하이라인을 공원으로 만들자는 운동을 펼쳤다. 결국 2003년 뉴욕 시는 이를 받아들여 철거하는 대신 공원으로 개발하겠다고 결정했다. 공사는 차근차근 진행되었다. 2009년 1구간, 2011년 2구간이 완공되고 현재 마지막 3구간 공사가 진행 중이다. 하이라인 공원 개발의 특성으로 다음과 같은 것들을 꼽는다.

– 민(하이라인의 친구들)과 관(뉴욕 시)의 협력을 통한 진행

– 투명한 개발 과정과 주민을 비롯한 관계자들의 다양한 의견 반영

– 완공 후 커뮤니티의 구성원들이 참여할 수 있는 다양한 프로그램 운영

– 지역의 발전 계획에 따라 장기적 관점으로 프로젝트 추진[11]

흉물스런 철로가 공원으로 탈바꿈한 것도 감탄스럽지만 개발 과정도 창조
도시론의 제안을 거의 그대로 따랐다. 나는 하이라인 공원을 작년 여름에
가봤다. 공원에서 바라보는 전망도 멋졌고 도심 위를 여유롭게 걷는 시민
들과 놀이에 열중하고 있는 아이들 모습도 보기 좋았다.

우리나라에도 유사한 사례가 있다. 전남 광주의 '푸른길 공원'이다. 광주
시내를 관통하는 경전선은 과거에는 편리한 교통수단이었으나 도시 발달
에 따라 소음, 교통 체증의 원인으로 지목되어 2000년에 외곽으로 이전했
다. 광주시는 시내의 폐선 부지를 공원으로 개발하기로 결정하고 민간단
체(광주 푸른길 가꾸기 운동본부)와 함께 2003년부터 공원 조성을 시작해서
10년 만인 2013년에 완성했다. 지금은 광주 시민들이 즐겨 찾는 산책로,
도심 속의 쉼터가 되었다. 나는 푸른길 공원이 광주를 살기 좋은 도시로
만드는 데 큰 역할을 한다고 믿는다.[12]

10장

토호냐 주민이냐,
부동산이냐 공동체냐

:
주민참여

2014년 봄, '황제노역' 사건으로 토호의 힘이 새삼 주목받았다.[1]
주인공은 호남에 기반을 둔 건설그룹 회장이었다. 그는 2007년 508억
원을 탈세하고 회사 돈 100억 원을 횡령해 수사를 받았다. 법원에서는
2010년 1월에 징역 2년 6개월에 집행유예 4년, 벌금 254억 원을 선고
했다. 그런데 선고 직후 그는 당당히 뉴질랜드로 출국했다. 거기서 버
젓이 영주권을 취득하고 살았다. 카지노 VIP룸에서 게임을 하는 등 호
화롭게 생활했다. 이 사실이 현지 교민에게 발견되었고, 국내 언론에
보도가 되어 논란이 일었다. 더 이상 버티기 어렵게 되자 그는 귀국했
다. 그런데 그는 벌금 254억 원을 내는 대신 광주교도소 노역장에 유
치되었다. 그리고 하루 일당을 5억 원으로 환산해 50일 동안 노역장에

서 청소를 하는 것으로 벌금을 탕감하려고 했다.

황제노역의 주인공은 1심에서는 징역 3년에 집행유예 5년, 벌금 508억 원에 일당 2억 5000만 원 노역장 유치 판결을 받았다. 그런데 2심에서는 징역은 6개월, 벌금은 절반으로 줄어들었다. 그리고 노역장 일당은 1심보다 두 배인 하루 5억 원으로 늘어났다. 벌금은 줄고 일당은 늘었으니 노역 기간은 훨씬 줄어들었다. 이때 그를 변호했던 사람은 호남에서만 30년 판사로 재직했던 이른바 향판(鄉判)이다.

한편, 얼마 전 강릉의 어느 시민단체에서 활동하는 분이 내가 소장으로 있는 좋은예산센터에 하소연한 일이 있었다. 강릉-원주 복선철도 도심지하화 사업 때문이었다. 강릉역은 오래전에 세워져 시내 한복판에 있다. 도시가 확장되면서 철로가 도심을 갈라놓는다는 지적이 잇따랐다. 이에 따라 강릉역을 도심 외곽으로 이전하는 방안이 1997년에 확정되었다. 강릉 도심 남쪽 금광리가 이전 부지로 정해졌고, 그곳이 현재 추진 중인 원주-강릉 복선전철의 종착역이 될 예정이었다. 그런데 강릉시장은 2011년에 종착역을 기존의 강릉역으로 변경했다. 이 결정에 따르면 금광리에서 강릉역까지 철로를 연장해야 한다. 그런데 강릉역 이전은 노선이 도심을 지나기 때문에 논의된 것이었다. 때문에 연장하는 철로를 지하화하는 방안이 대두되었다. 노선 연장과 지하화에 따르는 비용은 4600억 원 이상으로 추정된다. 그런데 한국개발연구원에서 타당성을 분석하니, 비용에 비해 편익이 너무 작다는 결과가 나왔다. 편익이 비용의 9분의 1 수준이었다. 하지 말아야 할 사업이다. 그럼에도 불구하고 강릉시에서는 이 계획을 추진 중이다. 평창 올림픽 개최라는 명분까지 얹어졌다.

시민단체 활동가의 말에 따르면 연장 노선과 지하화 사업에 들어가는 돈도 문제지만 종착역이 변경되면 국가 전체적인 철도 이용의 효율성이 떨어진다고 한다.[2] 그러면서 문제투성인데도 불구하고 추진되는 이유는 토호들의 이권 때문이 아니겠느냐고 덧붙였다. 지하화 사업은 도심에 부동산을 소유한 토호들과 종착역 연장이 득표에 유리하다고 판단한 시장의 합작품이라는 얘기였다.

노선 연장, 종착역 변경으로 도심에 부동산을 소유한 몇몇 사람들만 이득을 보지는 않을 것이다. 많은 강릉시민들에게도 이득이기 때문에 추진될 수 있을 것이다. 하지만 국가 전체로는 손해라는 것도 사실일 것이다.[3] 6장에서 봤듯이 국가 전체로는 '비용〉편익'이지만 보조금 덕에 실행되는 지역 개발사업의 전형적인 사례다.

내가 지방재정에 대한 책을 쓰겠다면서 지방은 중앙보다 비리와 낭비가 더 심한 것 같다고 하자 후배 교수가 이런 말을 했다.

"선배는 서울 출신이라서 안 돼요. 그런 책은 내가 써야 해요. 고향에 내려가면 단체장, 지방의원, 공무원, 사업가가 전부 형, 동생 해요. 이 사람들이 다 좌지우지합니다."

후배 교수는 지방 중소도시 출신으로 그 지방 명문고를 졸업했다. 서울 토박이인 나는 잘 실감하지 못하지만 지방 출신 혹은 지방에 거주하는 지인들은 이 말에 모두 동의했다. 앞서 말한 두 가지 사례에서 등장하는 집단도 바로 토호다. 토호를 중심으로 돌아가는 지역의 정치와 행정은 문제가 심각하다. 앞서 9장에서 지역개발의 패러다임을 바꾸어야 한다고 말했다. 시대가 바뀌었고 삶이 바뀌었기 때문이라고 했다. 그렇다면 지방 정치인과 단체장이 추구하는 목표도 이에 걸맞게 바뀌어야 한다. 그런데 지금 지방 정치와 행정을 쥐고 흔드는 이들이 누구인가를 생각하면 쉽지 않은 일이다. 무엇이 문제인지, 그리고 이를 바꾸기 위해 주인인 시민들이 할 수 있는 것들이 무엇인지 함께 살펴보자. 본문 마지막 장인 이 글에서 지금부터 다룰 이야기다.

토호, 풀뿌리 카르텔

흔히 토호라고 불리는 지역 유지, 이들은 지역 언론을 장악한 경우도 많고, 지방의원으로도 대거 진출해 있다. 건설회사를 운영하거나 대규모 부동산 소유주인 경우가 대부분이다. 주요 관변단체 직함도 당연히 달고 있다. 혈연·지연·학연으로 지방 정치인, 공무원과 촘촘하게 연결되어 지방의 정치와 행정에 큰 영향력을 행사한다.

2장에서 지방자치 유형에는 단체자치와 주민자치가 있다고 했다. 그리고 지방자치를 '풀뿌리 민주주의'라고 할 때는 주민자치를 의미한다고 했다. 토호 역시 지역주민이다. 그러니 토호가 지역의 정치행정에 영향을 행사하는 것도 주민자치의 일종이라고 할 수 있을까. 전혀아니다. '풀뿌리 민주주의'로서 주민자치는 지역주민의 의사가 고르게반영되고 참여가 폭넓게 이뤄진다는 것이다. 소수만 참여하고 자기들이해만 반영하는 것과는 전혀 다르다.[4]

그래서 토호의 영향력 행사를 '풀뿌리 민주주의'에 빗대어 '풀뿌리 보수주의'라고 부르기도 한다. 하지만 보수주의는 토호의 영향력을 제대로 드러내는 표현이 아니다. 그보다는 '풀뿌리 카르텔' 혹은

'풀뿌리 삼각동맹'이라고 부르는 게 타당하다. 이때 삼각동맹은 지방 정치인-공무원-토호를 말한다.

지방자치 이전에도 토호의 영향력은 컸다. 하지만 그때는 지방정부가 주도해서 개발사업을 벌이는 경우가 지금보다는 적었다. 또 단체장은 중앙에서 임명하고 임기도 짧았다. 그래서 비록 토호들에게 포획되기는 했어도 지금처럼 토호와 오랜 기간 끈끈한 관계를 유지하지는 않았다. 그리고 토호들이 지방정치에 개입하는 공식 통로인 지방의회도 없었다.

지역개발이나 도시계획에 관한 정보를 남보다 먼저 입수해 시세차익을 얻는 것은 그나마 작은 일이다. 이들의 사적 이익은 흔히 지역주민 전체의 이익이라는 명분으로 포장된다. 지역주민들 역시 각종 연고를 매개로 직간접으로 이들과 연결된 경우가 많다. 그래서인지 지역시민단체 등에서 이를 지적하고 공론화하려 해도 그다지 호응이 없다. '정권은 바뀌어도 토호는 영원하다.' '토호 세력 척결 없이 지방자치는 없다.' 이런 주장까지 대두되는 형편이다.[5]

토호의 역사는 매우 길다. 토호를 지방의 토착화된 지배 세력이라는 의미로 이해하면 부족국가, 아니 씨족국가 때까지 거슬러 올라갈 수 있다. 중앙집권적 국가가 나타나기 이전에는 지역마다 토착화된 지배 세력이 있었을 것이기 때문이다. 토호를 좁은 의미로 중앙에서 파견된 지방관과 대립 혹은 협조 관계에 있는 지역의 토착 지배계층이라고 이해하면 조선시대부터라고 할 수 있다. 오늘날의 토호는 후자에 해당하니 조선시대부터라고 해야겠다.

7장에서 몇 차례 인용한 다산 정약용의 《목민심서》는 지방관이 알아야 할 행정지침서다. 토호에 대해서도 몇 차례 언급한다. 가장 유명한 것은 〈형전〉 제5조 금포(禁暴) 편에 있는 다음 구절이다.

"토호들이 힘을 믿고 날뛰는 행동은 백성들에게는 승냥이나 호랑이처럼 무섭다. 이들의 해악을 제거해서 양 같은 백성을 살려야만 고을을 제대로 다스린다고 할 수 있다(土豪武斷 小民之豺虎也 去害存羊 斯謂之牧)"

당시 토호들의 행패가 어땠는지 짐작할 수 있다. 그런데 내게 더 인상적이었던 것은 〈부임〉 제1조 제배(除拜) 편의 구절이다.

"오늘날의 수령은 임기가 길어야 2년이고 짧으면 몇 달 만에 바뀌니 마치 여관에 머물다 가는 나그네와도 같다. 그러나 토호들은 아비가 전하고 자식이 이어받아 대대로 세습한다. 주인과 손님의 형세가 이미 다르고 오래 사는 사람과 잠깐 머무는 사람의 마음가짐이 전혀 다르다. 비록 죄를 지었더라도 도피하였다가 손님인 수령이 떠난 뒤에 다시 주인으로 돌아와서 예나 다름없이 안녕과 부를 누리니 무엇을 또 겁내겠는가."[6]

당시 지방관과 토호의 관계가 어땠을지 상상된다. 현대에도 지방자치 이전까지 단체장과 토호의 관계는 이 내용을 그대로 빼닮았다. 다만 지방자치 이후에는 단체장의 임기, 특히 기초자치단체장의 임기가 훨씬 길어졌고 그 지역 출신이 선출되는 경우가 대부분이라는 점이 달라졌다. 그렇다면 다산이 지적했던 토호 문제는 나아졌을까. 아니다. 더 심해졌다. 이제는 '주객'이 아닌 '한 식구'가 된 것이다.

'정치'를 한 줄로 요약하면 누가 권력을 행사하는가에 대한 다툼이다. 이에 대해서는 다양한 이론이 존재하지만 두 가지 관점으로 정리할 수 있다. 엘리트주의(elitism)와 다원주의(pluralism)다. 엘리트주의는 소수 집단, 가령 서로 이해(利害)가 들어맞는 정치인, 고위 관료, 기업가 등 이 실질적으로 사회를 지배한다는 관점이다. 다원주의는 이해가 저마다 다른 다양한 이익집단들이 타협과 조정을 함으로써 권력이 행사된다는 관점이다. 즉 민주주의가 제대로 작동된다고 보는 것이 다원주의, 형식만 민주주의일 뿐 실제로는 소수 집단의 이익만 대변한다고 보는 것이 엘리트주의다.

현실 정치가 엘리트주의에 가까운가, 아니면 다원주의에 가까운가를 두고 많은 논쟁이 있다. 하지만 적어도 지역 정치에서만큼은 엘리트주의에 가깝다고 보는 쪽이 우세하다. 그런데 이런 평가는 우리나라가 아니라 미국에서 나왔다. 다시 말해 우리나라에서만 그런 것이 아니라 미국에서도 지역 정치에 토호가 영향력을 행사하는 것이 문제가 되고 있다. 할리우드 영화만 해도 지역 유지들이 자신들의 이익을 위해 시장이나 경찰 등과 결탁해 음모를 꾸미는 이야기를 심심치 않게 볼 수 있다(최근에 본 영화로는 톰 크루즈 주연의 액션극 〈잭 리처〉가 그런 예에 해당할 것 같다).

지역의 정치와 행정을 엘리트주의 관점에서 설명하는 이론 중에 성장기구(growth machine) 이론이 있다. 성장기구는 '지역의 성장을 이끄는 수단'이라는 의미다. 부동산 개발을 중심으로 뭉친 집단과 그 영향을 받는 지방정부가 성장기구에 포함된다. 부동산 개발로 이득을 보는 사람들끼리 성장연합(growth coalition)을 결성해서 지방정부로 하여금 부동산 개발에 집중하도록 만든다는 것이다.[7]

　성장연합을 구성하는 첫 번째 계층은 지역의 건설업자, 투자자, 부동산 소유주다. 이들은 부동산을 개발하면 직접 이득을 얻는 집단이다. 두 번째 계층은 지역의 정치가, 언론인과 가스·수도·교통 등 지역 SOC 공급자들이다. 첫 번째 계층만큼 직접적이진 않지만 역시 부동산 개발로 상당한 이득을 얻는 집단이다. 이 두 계층이 성장연합의 핵심이다. 이들 외에 보조 역할을 수행하는 집단이 있다. 바로 지역의 대학, 예술·문화계다. 이들은 부동산이 개발되었을 때 과실을 간접적으로 누리기도 하고, 핵심 성장연합 집단과 우호적인 관계를 맺는 게 이득이 되는 집단이다.

　성장연합은 지역의 정책 결정을 좌지우지한다. 지방정부에 부동산 개발을 독려하는 것은 물론이며 지역주민들이 이를 지지하도록 여론을 형성한다. 부동산 개발 혜택이 실제로는 소수에게 집중됨에도 지역을 개발해야 일자리를 창출하고 지역주민의 자산(집) 가치도 올라간다는 식의 성장 이데올로기를 적극적으로 전파한다. 이로써 지역의 정치, 행정, 경제는 결국 소수 집단의 이익을 위한 부동산 개발을 중심으로 돌아가게 된다. 그러나 이렇게 부동산 개발을 중심으로 성장하면 결국 지역 공동체가 훼손되고, 중산층 이하 계층에게는 득보다 실이 많으며, 지방정부 재정도 멍이 든다.

토호와 지역 정치·행정의 연결고리, 관변단체

토호와 지역의 정치·행정을 연결하는 매개체가 있다. 관변단체다. 관변단체는 말 그대로 풀이하면 관(官)의 언저리(邊)에 위치한 단체다. 의역하면 정부 지원금에 의지하면서 친정부 활동을 하는 단체다. 관변단체는 많다. 대표적인 것이 3대 관변단체라고 불리는 새마을운동중앙협의회, 바르게살기운동협의회, 한국자유총연맹이다. 이들의 역사를 보면 관 주변에서 친정부 활동을 한다는 게 무엇인지 훤하게 이해된다.

'새마을'이라는 이름은 박정희 전 대통령과 자연스럽게 연결된다. 그러나 관변단체 '새마을'은 제5공화국 전두환 정권과 더욱 밀접하다. 1980년 말에 단체 등록을 했는데 이를 추진한 건 전두환 전 대통령의 친동생 전경환 씨였다. 바르게살기운동협의회의 전신은 더욱 놀랍다. 1980년대 사회정화위원회다. 30대 중반 이상이라면 〈모래시계〉, 더 젊은 세대라면 〈자이언트〉 같은 드라마를 통해서 알고 있을 삼청교육대 사업을 주도했던 바로 그 단체가 바르게살기운동협의회로 이름을 바꿨다. 한국자유총연맹의 탄생은 조금 더 위로 거슬러 올라간다. 광복 이후 활동한 반공단체 청년단을 시작으로 이승만 대통령 시절 아시아민족반공연맹 한국지부로 이어지다가 1989년에 현재 이름을 달았다.

세 단체 모두 5공 시절부터 본격적인 정부 지원을 받으면서 정권 유지의 도구로 활용되었다. 문민정부가 들어서고, 기존 야당이 정권을 잡고도 이 단체들은 건재했다. 그리고 거액을 지원받았다. 누구든 정권을 잡으면 이 단체들이 활용성이 높다는 것(혹은 이 단체들이 반발하면

4부 지방재정, 어떻게 바꿀까

꽤 부담이 된다는 것)을 알게 되기 때문이다.

2013년 한 해에 이 세 단체에 지원된 금액은 346억 원이었다. 중앙부처인 안전행정부에서 27억 원, 광역자치단체에서 23억 원, 기초자치단체에서 296억 원을 지원했다. 이들은 각기 새마을운동조직육성법, 바르게살기운동조직육성법, 한국자유총연맹육성법과 관련 조례에 따라 중앙·지방정부로부터 조직 운영에 필요한 자금을 지원받기도 하고 사무실을 제공받기도 한다. 과거 이 단체들은 다른 민간단체와는 별도로 특별 지원을 받았으나 2000년대 이후 형평성 논란이 일면서 지금은 다른 민간단체들과 동일한 자격으로 지원받는다. 그러나 여전히 '특혜'로 의심될 만한 지원이 이루어지고 있는 것은 사실이다.

정부는 특별히 사업을 만들어 이들 단체에 위탁하면서 사업비를 지원하기도 한다. 예를 들어 안전행정부는 2010년부터 2013년까지 '성숙하고 따뜻한 사회구현'이라는 사업을 수행하라면서 세 단체에 매년 사업비 28억 원(2010년은 20억 원)을 지원했다. 이 돈으로 성숙하고 따뜻한 사회 구현을 위해 무엇을 했을까. 잘 모르겠다. 여하튼 매년 국회예산처에서 문제 사업으로 지적받았다.

정부로부터 특혜성 지원을 받고 정부 행사에 자주 동원된다는 이유로 이 단체들을 부정적으로 보는 시각이 많다. 또 과거 기억 때문에 새마을을 만들자고 외치거나 바르게 살자고 다짐하거나 자유를 수호하자고 궐기하는 것에 마음이 불편하다. 하지만 민주주의 사회에서 다른 사람들에게 피해를 주지 않는 한, 이들이 내건 모토나 행동을 두고 시비할 일은 아니다. 또 이 단체들은 지역사회를 위한 선행도 한다. 특히 새마을운동 단체는 나머지 두 단체에 비해 정치색이 옅고 봉사활동을 많이 해서 지역에서도 긍정적인 이미지를 갖고 있다. 사랑의 집 고쳐주기, 독거노인 돌보기, 불우이웃을 위한 김장이나 연탄 배달처럼 지역의 소외계층을 위한 다양한 봉사활동을 한다. 새마을운동 단체 회원 대부분은 순수하게 이웃을 위해 좋은 일 한다는 뜻에서 참여하고 있을 것이다.

관변단체들이 지방자치에 부정적인 영향을 끼치는 것은 주로 요직을 꿰찬 토호들 탓이다.[8] 관변단체 임원 직함은 토호들이 지방의회에 진출하는 데 유용한 도구다. 토호들 중 상당수가 관변단체의 주요인사인 동시에 지방의원이다. 1991년 구성된 초대 지방의회 의원들중에서 새마을운동과 바르게살기운동 출신은 약 1700명이었다. 그 후숫자가 많이 줄어들기는 했지만 여전히 무시할 수 없는 규모다. 이들이 무슨 목적으로 의회에 진출하고, 의회에서 어떤 활동을 하는가는불문가지다.

관변단체 임원 직함 그 자체가 회원 동원력을 나타낸다. 그래서지방의원이라는 공식 명함이 없더라도 지역의 정치와 행정에 막강한영향력을 행사할 수 있다. 회원이란 선거에서는 바로 유권자가 되고, 회원 동원력이란 그가 끌어 모을 수 있는 득표나 다름없기 때문이다(이 세 단체의 '진짜' 회원 수가 몇 명인지는 알기 힘들다. 단체들에서 스스로 주장하는 바에 따르면 회원 수가 새마을 350만 명, 바르게살기 65만 명, 자유총연맹170만 명이라고 한다).

새마을운동중앙협의회, 바르게살기운동협의회, 한국자유총연맹말고도 관변단체는 많다. 특히 토호들이 임원직을 차지하고 영향력을행사하는 수단으로 더 적극적으로 활용하는 단체들이 있다. 지역상공회의소를 비롯한 ○○번영회, △△협회 같은 각종 직능단체다.

다양한 이익집단들이 모여서 서로의 이해를 조정하고 타협하는 것이 민주주의다. 그러니 각종 관변단체와 직능단체를 백안시할 수는 없다. 그러나 이 단체들이 본래의 취지와 다르게 토호 등 소수의 이익만을 대변함으로써 지방자치를 심각하게 왜곡하고 있는 것은 분명하다.

어떻게 하면 각종 단체들의 부정적인 기능을 막고 본래의 취지대로 활동하게 할 수 있을까. 더 나아가 지방자치를 왜곡하는 토호 문제를 해결하는 방안은 무엇일까. 누구라도 이 문제를 명쾌하게 해결할 수는 없다. 그래서 제대로 된 지방자치는 아직 요원하다.

이 책은 교양서다. 교양서는 원래 현실을 잔뜩 비판하다가도 끝은 희망적인 메시지로 마무리하는 법이다. 그러니 여기서도 희망적인 얘기를 해야 할 순서다. 한번 이런 식으로 생각해보면 어떨까. '지금의 지방자치는 암울하다. 앞으로 크게 좋아질 것 같지도 않다. 하지만 지금보다 더 나빠질 것 같지는 않다.'

더 나빠질 게 없다는 것은 더 좋아질 게 없다는 것보다는 희망적이다. 일거에 좋게 만들 묘수는 없지만 조금씩이라도 나아지게 할 방안은 찾을 수 있다. 그런 방안의 하나가 또 다른 의미의 주민참여다. 토호 등 소수 집단이 자신들만의 이익을 관철하려고 지역 정치·행정과 결탁하는 것이 지방자치에 드리운 어둠이라면, 지역주민들이 공동체의 이익을 위해 스스로 행동하는 주민참여는 지방자치에 비치는 빛과도 같다. 이러한 주민 참여 활동 중에 여기서 소개하려는 것은 주민참여예산제도와 마을 만들기 사업이다.

주민이 감시하고 만든다, 주민참여예산

정치인의 약속은 장밋빛이고 공무원들의 사업 설명은 번드르르하다. 이와 달리 예산은 정부의 민낯이다. 예산은 속임수를 부리기 힘들다. 투입된 재원과 예정된 산출물이 명확히 드러나기 때문이다. 그래서 시민이 예산을 모니터링하고 예산을 결정하는 과정에 참여하는 것이 중요하다. 시민이 예산을 꼼꼼히 살피면 정치인과 공무원이 쉽게 큰소리 치거나 거짓말하지 못한다. 또한 시민들이 직접 예산을 어디에 쓸지 제안하면서 예산 과정에 참여하면 정치인과 공무원의 배려에만 기대는 수동적 위치에서 벗어나게 된다.

우리나라에서 주민참여예산은 2004년 광주 북구, 울산 동구 등 지자체가 자발적으로 시행하면서 시작되었다. 이후 조금씩 퍼져나가던 참여예산제는 2011년 지방재정법 개정으로 모든 지자체가 시행해야 하는 의무사항이 되었다. 이에 따라 거의 모든 지자체에서 주민참여예산 운영 조례를 제정하고 참여예산제를 시행하고 있다. 물론 모든 지역에서 활발하게 운영되지는 않는다. 많은 정치인과 공무원들이 이 제도를 달갑지 않아 하기 때문이다. 법적인 의무라니 어쩔 수 없이 시행하기는 하나, 주민들 몰래 '쉬쉬' '후딱' 면피용으로 한번 운영하고 넘어가는 지역이 많다. 그러나 주민 참여 확대를 바람직한 흐름으로 받아들이고, 적극적으로 주민참여예산제도를 시행해 국내외에서 좋은 평가를 받는 지역도 여럿 나타나고 있다.

서울 서대문구 참여예산 운영은 모범 사례로 소문이 나 있다. 외국에서 벤치마킹을 위한 견학단이 오기도 한다. 서대문구가 좋은 평가를 받는 이유는 주민들 스스로 '서대문 주민참여예산모임'을 만들어 참여예산 운영을 이끌고 있기 때문이다. 이 모임의 중추는 구청이 매년 초 여는 주민예산학교 수료생들이다. 주민 누구나 무료로 수강할 수 있고, 이 과정을 충실히 이수하면 주민강사로 위촉된다. 주민강사가 되면 다른 주민들에게 참여예산을 설명하고 참여 과정을 주도하는 주민리더로 활동한다. 이 리더들이 모임을 이루면서 자발적인 홍보와 의견 수렴, 참여예산제 시행 과정 모니터링과 개선 방안 연구 등 주도적인 역할을 한다. 예를 들어 동별 주민회의를 할 때도 주민리더들과 공무원이 함께 기획하고, 주민들이 강사와 진행자를 맡는다. 공무원은 주민들의 활동을 뒤에서 지원하는 데 집중한다.[9]

서울 은평구에서는 전체 예산 중 일부를 주민이 제안하는 사업으로 편성할 뿐만 아니라 전체 예산안을 주민이 검토해 필요성을 점검하고 삭감한다. 주민제안 사업 선정은 동별 회의와 개인별 제안을 받아서 100명으로 구성된 주민위원회의 검토를 거친 후 주민투표로 결정한다. 주민제안 사업으로 편성하는 예산 규모는 매년 약 10억 원이다. 주민투표는 휴대전화와 인터넷으로도 할 수 있다. 이렇게 해서 만 명 이상의 주민이 투표에 참여하여 주민제안 사업을 선정한다.[10] 여기까지는 주민참여예산이 활성화된 다른 지역과 유사하다. 하지만 은평구는 여기에 머물지 않는다. 은평구 주민위원회 위원들은 구청의 각 부서에서 요구한 예산사업을 검토하여 필요성이 적다고 판단되는 사업의 예산은 삭감한다. 즉 주민이 자치단체 전체 예산안 편성까지 참여하여 의견을 개진한다. 이는 주민'참여'예산의 취지를 구현하는 데 매우 중요하다. 주민참여예산의 발전 방향을 앞서서 보여주는 셈이다.

주민참여예산이 의무 시행된 지 3년이 지났다. 짧은 기간을 감안하면 순조롭게 정착되고 빠르게 발전하고 있다는 평가가 온당할 것이다. 아직 주민 의견을 참고하는 수준에 머무는 지역도 많지만 주민참여가 활발하게 이루어져서 의미 있는 주민제안 사업들이 실현되기도 하고, 서울 은평구처럼 과거에는 기밀처럼 취급하던 각 부서의 예산요구서를 놓고 공개 토론을 벌이고 요구액을 삭감하는 지역도 있다.

주민참여예산은 예산 편성에 참여하는 정도를 넘어 예산 집행과 평가, 나아가 행정 전반에 대한 주민의 직접참여를 강화하는 데도 기여할 것으로 기대된다. 일부 지역에서는 주민들이 명예감독관으로서 사업 집행과정을 모니터링하는 제도를 시행하고 있다. 서울 은평구에서는 2013년부터 아예 모든 관급공사의 설계, 착공 등 주요 단계마다 주민들에게 설명하고 의견을 수렴하도록 의무화했다. 그저 우리가 요구하는 것을 들어달라는 데 그치지 않고, 지역 예산 전체가 보다 효과적으로 쓰이도록 적극적으로 나서는 단계로 발전하고 있다.

예산뿐 아니다. 충청남도에서는 주민 수백 명이 참여해 직접 행정 전반에 대한 의견을 개진하고 토론해 정책을 결정한다. 이 제도는 '충남도민 정상회의'라고 불린다(명칭이 이상하지만 주민이 곧 도지사라는 의미에서 이렇게 부른다). 2010년 10월 첫 도민 정상회의가 열렸다. 인터넷 공모로 선정된 일반 시민과 직능별 추천을 받은 관계기관 종사자, 전문가 등 3백여 명이 모여 원탁회의 방식으로 분야별로 토론하고 10대 전략과제와 우선순위를 직접 투표로 결정했다. 거듭되는 토론과 투표를 통해 정책을 종합하고 추려가는 과정을 반복하며, 주민 3백여 명의 의사를 직접 반영해 최종 결과를 도출했다.[11]

주민 '참여'라는 특성상 주민참여예산 시행이 의무화된 것은 기초자치단체다. 그런데 광역자치단체인 서울시에서는 자체적으로 2012년부터 참여예산제를 시행하고 있다.

서울시는 천만 명이 사는 거대 도시다. 주민참여예산을 한다고 해도 기초지자체와 같은 방식일 수는 없다. 서울시 주민위원회는 250명 규모다. 일부는 자치구별 추천을 받지만 대부분 공개모집과 추첨으로 선정된다. 서울시민 누구나 응모할 수 있다. 서울시 주민참여예산으로 편성되는 규모는 500억 원이다. 사업 제안은 자치구를 통해 이루어진다. 각 자치구 참여예산위원회가 서울시 참여예산에 제안할 사업을 선정해서 올린다. 이 중에서 서울시 주민위원회 투표로 우선순위를 결정한다. 2014년부터는 250명 주민위원뿐 아니라 각 자치구별 백 명씩 총 투표인단 2500명을 추가로 조직해서 더 많은 시민들이 사업 선정에 참여하도록 했다.

자치구별로 사업을 제안하기 때문에 서울시 참여예산은 500억 원이라는 예산을 두고 자치구별로 경쟁하는 양상을 보인다. 자치구로서는 시 예산으로 자치구 사업을 할 기회니 더 많은 예산을 따내려고 애쓸 수밖에 없다. 물론 자치구 사업을 제안하고 서로 많이 따내려고 경쟁하는 것이 본래 취지는 아니다. '서울시' 주민참여예산이라면 자치구 사업이 아닌 서울시 사업이 대상이 되어야 하기 때문이다. 비록 본래 취지와 다르게 운영되는 면이 있지만 서울시 참여예산이 자치구 참여예산을 활성화하는 역할을 톡톡히 하고 있다.

주민참여에는 주민 스스로 지역 공동체 사업을 수행하는 방식도 있다. 대표적인 것이 전국의 많은 지자체에서 시행 중인 '마을 만들기' 사업이다. 마을 만들기는 1990년대에 일본 사례가 국내에 소개되면서 정부 지원 없는 시민운동의 일환으로 시작됐다('마을 만들기'라는 말 자체가 일본의 '마치즈쿠리(まちづくり)'를 직역한 것이다). 그러다 2000년대 들어 정부가 지원하는 마을 만들기 사업으로 옮겨갔다. 2003년부터 전북 진안군과 광주 북구 등이 마을 만들기 지원 조례를 제정했다. 2007년부터는 중앙정부 차원에서도 '살고 싶은 도시 만들기 사업'이 추진되면서 정부의 마을 만들기 지원이 본격화됐다.

서울시에서는 2000년부터 북촌 한옥마을 가꾸기 사업을 시행했고, 2008년부터 지구단위 계획을 세워 마을 만들기 사업을 본격적으로 시작했다. 특히 2012년 뉴타운 사업 출구전략의 일환으로 마을 만들기가 대안으로 제시되면서, 그해 3월 '마을공동체 만들기 지원 조례'를 제정하고, 700억 원 규모의 마을 만들기 사업 계획을 발표하는 등 적극적인 모습을 보이고 있다.[12]

서울시 외에도 많은 지자체에서 지원 조례를 제정하고 기본 계획을 만들고 지원센터를 설치하는 등 최근에는 붐이라고 할 정도로 마을 만들기 사업이 급속히 확산되고 있다. 하지만 아직까지 마을 만들기의 모범 사례로 꼽히는 것은 정부 지원이 활성화되기 이전 주민들의 자발적인 노력으로 이루어낸 것들이 대부분이다. 사실 정부 지원은 양날의 칼이다. 4장에서 이야기했듯이 정부 지원, 즉 보조금을 받는 사업은 구조적으로 낭비를 유발하기 쉽다. 100% 자비면 절대 하지 않았을 사업도 지원받으면 하게 된다. 지원이 없을 때는 서로 도우며 하던 일도 지원을 받게 되면 경쟁이 붙고 누가 얼마나 받았는지 따지게 된다. 정부 지원 확대가 마을 만들기를 더욱 발전시키는 밑거름이 될지, 주민들의 자발성을 약화시켜 마을 만들기의 형식화와 침체를 가져올지는 좀 더 두고봐야 할 것 같다.

마을 만들기 대표 사례 중 하나가 서울 마포구의 성미산마을이다. 성미산마을은 서울시가 마을 만들기 사업계획을 세울 때 모델로 삼았을 만큼 성공 사례로 꼽힌다. 성미산마을은 마포구 성산동과 망원동 일대의 마을공동체를 일컫는 말이다. 마을공동체 운동에 참여하는 주민은 대략 400여 가구 천여 명이다.[13]

성미산마을이 외부에 널리 알려진 데는 2010년경 성미산 개발 반대 투쟁이 큰 몫을 했지만 실상 이 마을공동체의 역사는 20년 전으로 거슬러 올라간다. 1990년대 중반 주민들이 자발적으로 공동육아를 위한 공동체를 형성했던 것이 시작이다. 이후 이 지역의 공동체 활동은 점차 확대되어 생활협동조합(두레생협), 대안학교(성미산학교), 각종 마을기업과 문화공간(재활용 가게, 유기농 식당, 카페, 책방, 마을극장) 등이 생겼다.[14] 다양한 주민 조직과 공간이 갖추어지면서 이를 바탕으로 자발적인 주민 공동체 운동이 더욱 활발하게 벌어지는 선순환이 이루어졌다. 또한 이렇게 강화된 주민 역량이 마을 축제 등 더욱 확대된 활동을 주도하면서, 공동체 운동에 참여하는 사람들뿐만 아니라 지역주민 전체의 삶의 질과 자긍심이 높아지는 효과를 거두고 있다.

농촌에서도 마을 만들기는 활발하다. 전북 진안군 마을 만들기를 보자. 2000년 당시 진안군은 농어촌 지역이 공통으로 겪는 침체에 더하여 용담댐 건설로 전체 농경지의 4분의 1이 수몰되는 통에 인구가 급감하는 등 위기 상황에 처했다. 지역 회생 방안을 고민하던 진안군은 2000년 '주민 주도의 지역개발'을 모토로 민관 협력조직인 군정기획평가단을 만들고 주민들의 자생력을 키우는 지역 발전 방안을 만들기 시작했다. 당시엔 생소한 방식이어서 반발이 상당했지만 외부 전문가를 계약직 공무원으로 특채하고, 2001년부터 주민 주도형 마을 가꾸기 사업을 시작했다.

당시 대상 지역을 선정했던 기준을 보면 참신한 발상이 느껴진다. 선정 기준이 '젊고 의욕적인 지도자가 있는 마을', '그 지도자를 중심으로 단합이 잘 되는 마을'이었다. 주민 내부의 역량과 단합을 우선시했기 때문에 이후 진안군 마을 만들기는 외부에 의존하기보다 주민 중심으로 알차게 진행될 수 있었다.

진안군의 마을 만들기 사업은 2003년 '으뜸마을 만들기'라는 이름으로 본격화되었다. 전국 최초의 마을 만들기 지원 조례도 이때 만들어졌다. 이후 진안군의 마을 만들기는 착실히 성과를 축적하면서 내외부의 좋은 평가를 얻었다. 2001년부터 10년간 진안군 300여 마을 중 마을 만들기 사업을 실행한 마을이 60%인 180여 곳에 이른다.[15]

진안군은 마을 만들기가 성공하기 위한 지자체 역할이 무엇인지를 다양한 시도를 통해 보여준다. 담당 공무원을 순환 보직으로 바꾸는 대신 전담 공무원을 고정 배치한 것이라든가, 귀농인 등 민간 전문 인력을 '마을 간사'로 채용한 것 등을 들 수 있다. 마을 간사 제도는 '마을 사무장' 사업이라는 중앙정부 사업으로 전국 지자체에 파급되었다. 또한 매년 마을 만들기 대학을 열어 주민 교육과 토론의 장을 제공해 '학습형 마을 만들기'에도 힘쓴다. 주민들이 스스로 역량을 키워 주도하지 않고서는 마을 만들기가 성공할 수 없다고 보기 때문이다. 그리고 마을 만들기 종합지원센터를 설치해서 체계적인 지원이 가능하도록 했다. 2011년 주민 백 명이 주주가 되어 로컬푸드 사업체 '진안마을 주식회사'를 세우기도 하는 등 다양한 사업이 상시적으로 실행되고 있다.

진안군 마을 만들기 사업 전담 공무원은 어느 인터뷰에서 10년이 걸려 이 정도까지 왔다면서 이런 말을 했다. "농촌의 발전은 절대 하루아침에 이루어지지 않습니다. 느리지만 차근차근 가는 게 진짜 가는 것이지요."

대도시, 중소도시, 농촌 등 전국 곳곳에서 마을 만들기 사업이 활발히 진행 중이다. 나는 마을 만들기가 더 나은 지역 공동체를 만드는 데 큰 역할하기를 바란다. 그리고 주민이 주도하고 행정이 도와서 성공적인 결과를 가져온 모범 사례가 되기를 희망한다. 그러기 위해서는 진안군 공무원이 지적했듯 당장 가시적인 성과가 나타나야 한다는 조급증, 하나가 성공하면 우르르 따라 하는 획일화를 피해야 할 것이다. 관련하여 어느 마을 만들기 활동가의 말을 들어보자.

"저는 마을이 문제를 해결하는 솔루션이길 바라요. 외과수술 같은 큰 질환을 해결하는 솔루션이 아니라 감기에 걸렸을 때 견디게 해주는 아스피린 정도의 솔루션이면 좋겠어요. 일하느라 바빠서 마을에 무슨 일이 있는지도 알 수 없는 사람들에게 마을 공동체 만들기 사업이 시간을 만들어줄 수 있을까요? 힘들겠죠. 하지만 일주일에 한 번이라도 아이들과 편히 갈 수 있는 시설이 동네에 있다면 좋겠죠.

현재의 생활양식에서, 특히 서울의 경우는 마을이 큰 부분을 해결해줄 수도 없고 그럴 필요도 없다고 생각해요. 대도시의 마을은 그냥 흐르는 마을이어야 한다는 거죠. 거쳐가는 사람도 안심하고 살 수 있는 마을을 만드는 게 정말 서울에 맞는 마을을 만드는 게 아니냐, 그런 식으로 고민이 진화하고 있어요."[16]

부동산 성장연합 대신 공동체 성장연합으로

이번 장의 주제는 지방자치의 빛과 그림자가 되는 주민의 참여 혹은 개입이다. 지방토호의 지역 정치·행정 개입은 지방자치에 어둠을 가져온다고 했다. 그리고 주민참여예산과 마을 만들기는 지방자치에 빛을 비춘다고 했다. 하지만 오해하지는 말자. 이들을 빛과 그림자로 묘사했다고 해서 빛이 강하면 어둠을 몰아낼 수 있다는 말은 아니다.

이들의 관계는 한쪽이 커지면 다른 쪽은 작아지는 상충관계라고 하기는 어렵다. 현재의 주민참여예산제도는 전체 예산의 1~2%로 정해진 규모만큼 주민들이 예산을 편성하는 방식이다. 그리고 마을 만들기도 본질은 지역 공동체 활동에 보조금을 지원하는 것이다. 이것들이 실행된다고 해서 토호와 지역 정치·행정의 유착이 사라질 이유는 크지 않다. 풀뿌리 카르텔을 줄이려면 더 직접적인 대안이 필요하다.

앞서 봤던 성장기구 이론은 오래전 미국에서 개발된 이론이지만 우리 지방자치 현실과 놀랍도록 일치한다. 우리만 그런 게 아니라는 사실에 위안을 삼아야 할까, 미국마저 그렇다는 현실에 영 해결될 수 없다고 낙담해야 할까. 우울하긴 해도 낙담할 필요까지는 없다. 성장기구 이론은 일말의 '희망'을 남겨두고 있기 때문이다.

성장기구 이론에는 두 가지 연합이 등장한다. 하나가 앞서 말한 성장연합이다. 또 하나는 성장연합에 대항하는 반성장연합(antigrowth coalition)이다. 반성장연합은 지역의 시민단체, 중간계층의 전문가, 협동조합원 등으로 구성된다.

반성장연합은 명칭 때문에 오해할 소지가 있다. 반성장연합은 지역의 '성장'에 반대하는 것이 아니다. 다만 소수인 성장연합에게 '만' 이득을 주는 부동산 개발 중심 성장을 반대한다. 이름은 중요하다. 특히 '성장' 같은 의미 단어가 들어가면 이름만 갖고서 목적과 하는 일을 연상하게 된다. 그러니 이름은 목적과 하는 일을 제대로 표현해야 한다. 이론에 등장하는 성장연합과 반성장연합에 제대로 된 이름을 붙인다면 각각 '부동산 성장연합'과 '공동체 성장연합'으로 고쳐 불러야 옳다. 이래야 이름이 목적과 하는 일을 제대로 반영한다.

부동산 가치는 매매를 통해 이득을 얻는 교환가치와 땅과 건물을 사용하는 이용가치로 구분할 수 있다. 부동산 성장연합이 교환가치를 극대화하려는 데 비해 공동체 성장연합은 이용가치를 고민한다. 앞의 9장 말미에서 다룬 뉴욕 하이라인 공원이 이용가치를 높이는 개발 사례다. 그리고 역시 9장 말미에 인용한 《도시기획자들》의 고민이 바로 공동체 성장연합이 추구하는 가치다.

성장기구 이론을 발표한 몰로치(Harvey Molotch) 교수는 비록 부동산 성장연합이 승리하는 경우가 많지만 때로는 공동체 성장연합이 승리하기도 하며 지역이 그런 방향으로 가야 한다면서 책을 마무리한다. 어떤 경우에 공동체 성장연합이 승리하는지를 우리의 토호 문제와 연결해서 따져보자. 꼭 어느 한 편의 승리와 패배라는 관점보다는 토호 문제를 완화하고 지역 공동체가 함께 발전하는 방안이라는 측면에서 살펴보자.

성장기구 이론이 주목하는 토호 폐해 완화책은 지역 정치인의 역할이다.[17] 공동체 성장연합에 공감하는 단체장과 지방의원이 선출되고 이들이 제 역할을 하는 것이 중요하다고 말한다. 당연한 말이라 좀 허탈하기는 하다. 단체장과 지방의회가 주민 의사를 제대로 대변하고 지역주민 전체를 위한 정치·행정을 한다면야 무슨 걱정이 있겠는가. 이런 단체장과 지방의원이 드물어서 문제가 된다. 성장기구 이론 역시 제 역할을 하는 지역 정치인은 소수임을 인정한다. 그럼에도 이들의 역할이 중요하다고 강조한다. 하긴 지역 정치가 엉망이라 문제라면 결국 지역 정치를 개선하는 것에서 해결의 실마리를 찾을 수밖에 없겠다.

성장기구 이론에 따르면 공동체 성장연합에 공감하는 정치인이 선출되면 개발제한구역을 설정하거나 개발이익을 환수하는 조세를 제정해 부동산 개발에 따르는 수익률을 낮추는 정책이 필요하다고 한다. 수익이 떨어지면 부동산 개발이 감소할 것이기 때문이다. 그러나 우리나라에서 부동산 수익률을 낮추는 정책이 그동안 어떤 부침을 겪었는지를 보면 이것이 얼마나 어려운 일인지 짐작할 만하다(게다가 지방은 조세 개정 권한도 없다). 다만 인위적인 규제가 아니라도 사회경제 구조가 변해서 과거보다 부동산 수익률이 현저히 낮아졌다(성장기구 이론은

70~80년대에 등장했다). 부동산 개발 중심과는 다른 패러다임, 즉 교환가치보다는 이용가치를 높이는 지역개발로 전환하기가 좀 더 용이해졌다는 점은 희망적이다.

7장에서 베커의 이론을 거론하며 지방 공무원들의 부당과 부정을 막는 데는 정보 공개가 중요하다고 했다. 베커의 이론은 모든 떳떳하지 못한 행위에 적용할 수 있으니 당연히 토호 문제에도 적용이 가능하다. 토호와 지역 행정·정치의 유착이 빚어내는 행위에는 불법이나 부당 거래가 많다. 또 겉으로 드러난 하자는 없더라도 실상이 제대로 알려지면 지역주민의 공분을 살 일들이 대부분이다(아니라면 굳이 행정·정치와 유착할 이유가 없다). 그래서 이런 행위들에 대한 정보 공개, 혹은 정보가 공개될 것이라는 '위협'은 그런 행위를 줄이는 데 제법 효과를 발휘할 수 있다. 황제노역 사례도 뉴질랜드에서의 호화 생활과 일당 5억 원짜리 노역이 언론에 공개되었기 때문에 향판의 폐해를 없애는 방안이 추진되었다.

정보 공개를 위해서는 지역 시민단체의 역할이 중요하다. 7장에서 언급한 광주의 '시민을 위한 밝은 세상'처럼 정보공개 청구를 통해 불법·부당 행위를 밝히는 것도 필요하다. 또한 부동산 중심의 지역개발이 누구에게 득이 되고 누구에게 해가 되는지를 따져보는 것도 지역 시민단체가 해야 할 일이다. 지역 시민단체에게는 공동체 성장연합으로서의 역할도 요구된다. 공동체를 더 풍성하게 하고 지역주민 다수에게 혜택이 되는 지역개발을 만들기 위해 필요한 자기 몫을 해야 한다.

앞에서 현재 실행되고 있는 주민참여예산과 마을 만들기는 토호 문제 해결과 직접 연관되는 것은 아니라고 했다. 하지만 이들이 지금보다 더욱 활성화되고 계속 발전한다면 토호의 폐해를 줄이는 데 제법 기여할 수 있다. 가령 주민참여예산이 지금처럼 미리 배정된 일정 금액 내에서 예산을 편성하는 것에서부터 전체 예산을 검토하고 토론하는 방향으로 확대된다면 소수 집단을 위한 사업을 상당히 막을 수 있다(지방개발공사 예산도 대상에 포함하면 더욱 효과적이겠다).

사실 주민참여예산이 처음 도입된 배경도 이와 관련이 있다. 주민참여예산은 1989년 브라질의 포르투 알레그레(Porto Alegre)에서 시작되었다. 당시 이 도시는 기반시설과 복지시설이 부족했지만 시 정부는 이를 위해 예산을 투입하는 대신 다른 곳에 사용했다. 1988년 새로 당선된 시장이 이 문제를 개선하려 했으나 반대 당이 점유한 지방의회가 번번이 발목을 잡았다. 그래서 이를 우회하는 방안으로 주민참여예산을 도입했다. 주민참여예산 도입 이후 사회 기반시설과 주민 복지시설 예산이 크게 증가했다.

마을 만들기 사업이 활성화되고 발전하면 주민이 주체가 되는 지역 공동체 개발의 좋은 모델이 될 수 있을 것이다. 9장에서 대형 건설 사업 위주의 개발 패러다임을 바꾸자고 하면서 보통 사람들의 터전을 윤택하게 가꾸어나가는 지역개발이 되어야 한다고 말했다. 이런 지역개발이 바로 공동체 성장연합이 추구하는 지역개발이다. 마을 만들기가 제대로 성장하면 이런 지역개발을 이끄는 유용한 수단이 될 것이다.

제 역할을 하는 지역 정치인, 지역의 정치와 행정을 감시하고 대안을 고민하는 시민단체, 지역 공동체를 생각하는 활발한 주민참여. 모두 바람직한 지방자치를 위해 필요한 역할들이다. 이런 것들이 잘만 갖춰지면 토호 문제를 해결하는 것은 물론이고 제대로 된 지방자치가 이뤄질 것이 분명하다. 누가 몰라서 못하느냐, 원론적인 얘기 말고 당장 실현할 수 있는 것을 내놓으라고 힐난해도 할 수 없다. 원론적인 처방 외에 달리 방도가 없다면 더디더라도 그렇게 하는 것이 정답이다. 적어도 지금보다는 낫게 바꿀 수 있다는 데 만족하고 꾸준히 해야 한다. 세상의 많은 일에는 거북이의 우직함이 토끼의 영악함보다 필요한 법이다.

영화 〈이키루〉와 좋은 공무원

요새는 대학 강의에도 영화나 드라마를 즐겨 활용한다. 행정학 수업에 활용하는 영화 중에 〈이키루〉라는 일본 영화가 있다. 〈라쇼몽〉과 〈7인의 사무라이〉를 만든 구로자와 아키라 감독의 1952년 작품이다.

이키루(生きる)는 '살다'라는 뜻이다. 주인공 와타나베는 종일 서류더미에 묻혀 지내는 전형적인 시청 공무원이다. 그는 민원인의 요구에 늘 영혼 없는 대답으로 일관한다. "우리 소관이 아닙니다." "선례가 없습니다." 그런 와타나베가 암에 걸렸다. 시한부 삶을 살던 그는 지나간 삶을 후회하며 방황하다 남은 시간 동안 의미 있는 일을 하겠다고 나선다. 그동안 계속 보류되었던 민원, 즉 웅덩이가 있는 공터에 어린이 놀이터 짓는 일에 발 벗고 나선 것이다. 와타나베는 놀이터를 완성하고 죽음을 맞는다.

이 영화는 죽음을 앞둔 사람이 새로운 삶의 의미를 찾는 휴머니즘 영화로 알려져 있다. 암 발병을 알고 나서 생의 의미를 찾으려는 다양한 상황이나, 마지막에 노을 진 하늘을 보면서 '너무 아름답다. 30년간 못 보고 지냈다'라고 회한에 젖는 장면은 확실히 휴머니즘 영화로 불릴 만하다. 하지만 수업에서는 '행정이란 무엇인가, 혹은 무엇이어야 하는가'를 보여주는 영화로 활용된다.

영화 초반에는 행정의 문서주의와 무사안일을 꼬집는 장면과 대사가 나온다. "도내 쓰레기통을 정리하려면, 그 쓰레기통에 가득 찰 만큼 서류가 필요하다." "아무것도 안 하는 것 말고는 월권행위니까, 우리는 일하는 표정으로 아무것도 안 하는 것밖에 할 수 없다." 후반에는 민원을 해결하려고 상관을 설득하고 서류더미가 잔뜩 쌓인 책상에서 벗어나 현장에서 분투하는 주인공의 모습, 장례식장 풍경(민원인들의 감사와 상사·동료 공무원들의 대화)에서 행정의 가치와 한계가 잘 드러난다.[1]

공직 진출이 많은 전공 특성상 행정학 교수들은 학생들에게 행정과 공직의 가치에 대해 'PR'을 많이 한다. 행정이 사람들의 삶을 얼마나 윤택하게 해줄 수 있는지, 사람들을 행복하게 해주며 돈을 버니 공무원이 얼마나 좋은 직업인지. 우리끼리는 행정은 아름답다, 행정은 사람과 사람을 연결해주는 다리이자 고립된 섬들을 이어주는 연락선이다 하는 식으로 자화자찬도 즐긴다.

이 책에서 공무원에 대해 비판적인 애기를 꽤 했는데 행정학자로서 다소 미안하다(행정학자가 공무원을 북돋워주지 않으면 누가 하겠는가). 사실 시민을 위해 애쓰는 좋은 공무원도 많다. 왜 안 그렇겠는가. 어디든 본연의 목표를 달성하려고 애쓰는 사람과 딴짓하는 사람 모두 있게 마런이다. 어느 쪽이 더 많은지가 다를 뿐이다.

〈이키루〉의 와타나베는 암 선고 후 인생관이 달라지고, 《크리스마스 캐롤》의 스크루지는 동업자였던 말리의 유령이 나타나 자신의 과거·현재·미래 모습을 보여주자 개과천선한다. 그러나 현실에서 대오각성할 계기가 흔할 리 없다. 사람이 변하기를 기대하느니 시스템을 바꿔야 한다. 시민을 위해 적극적으로 일해야 본인에게 이득이 되는 인센티브 구조를 설계하는 것, 이것이 좋은 행정을 위한 기본이다.

드라마 〈시티홀〉과 좋은 정치인

"여러분 혹시 커피와 정치의 공통점이 뭔지 아십니까? 한번 중독되면 끊기 어렵다, 빠지면 빠질수록 돈도 축나고 몸도 축난다, 내용물보다 잔의 화려함에 끌리기도 한다, 거품이 많을수록 커피 양은 적다, 다수가 좋아하는 커피가 꼭 좋은 커피는 아니다.

제 원래 공약은 명품 커피 잔처럼 화려하고 달콤합니다. 하지만 전 그 공약들을 지킬 자신이 없습니다. 그래서 지킬 수 있는 공약만 말씀드릴까 합니다.

제가 만약 시장이 되면 봄마다 보도블록 교체 안 하겠습니다. 쓸데없는 다리 안 놓겠습니다. 정치 비자금 안 만들겠습니다. 여러분이 내신 세금 저 위해 한 푼도 안 쓰겠습니다. 인사 청탁 안 받겠습니다. 이권이 개입된 그 어떤 시정도 안 펼치겠습니다. 안 하겠다고 한 건 반드시 안 하겠습니다."

수년 전 〈시티홀〉이라는 드라마가 방영되었다. 시장실에서 커피 서빙하는 것이 주 업무였던 말단 공무원 신미래는 시장이 공금을 유용했다가 발각되어 물러나자 보궐선거에 출마한다. 위 글은 신미래의 선거 연설 중 한 대목이다.[2] 이 드라마엔 명대사가 많다. 정치에 대한 정의도 그중 하나다.

> "정치란, **정**당끼리 **치**고받고 싸우는 거, **정** 떨어지고 **치** 떨리는 거, **정**기적으로 **치**사한 짓 하는 거, **정**상인은 없고 **치**기배만 가득한 거, **정** 줄 만하면 뒤통수 **치**는 거, **정**정당당은 **치**외법권 취급하는 거, 근데 내가 바라는 정치는 **정**성껏 국민의 삶을 **치**유하는 거."
>
> "정치요? 그까짓 게 뭔데요. 못사는 사람은 잘살게, 잘사는 사람은 좀 베풀게 하면 되는 거 아녜요?"

가상의 지방도시를 배경으로 지역 정치와 행정을 풍자적으로 그린 이 드라마에 등장한 에피소드 대부분이 실제 지방 행정에서 비일비재로 발생하는 일들이다. 지역 축제를 둘러싼 비리, 보조금 받으려 멀쩡한 보도블록 교체하기, 친인척 땅 주위에 다리 놓아주기, 지역 유지 부동산 옆으로 시청 이전하기…… 시청 국장은 신미래에게 충고한다. '지역 유지들은 우리 시의 어제이며 오늘이고 내일이니 그들 비위를 건드리지 말라.'

드라마 속 신미래는 지역 유지 뜻에 반하는 시정을 펼치고도 성공한 시장이 되었다. 그러나 현실이 어디 그럴까. 수년 전 우연찮게(?) 특별한 연고 없이 지방도시 단체장에 당선된 인물이 있었다. 정말 지역주민이 바라는 멋진 행정을 하겠다는 뜻을 품었지만 결국 지역 유지들 압력에 부동산 위주로 지역을 개발해야 했다고 한다. 지역 색이 옅은 수도권에서는 그나마 가능할지도 모른다. 그러나 지역 색이 강한 지역에서 단체장 개인의 선의만으로는 힘들다. 당선조차 쉽지 않을 것이다. 개인으로 힘들다면 시스템이 받쳐주어야 한다.

어떻게 하면 시스템을 바꿀 수 있을까

최근 전혀 다르면서도 닮은꼴인 책 두 권을 읽었다. 하나는 국가 흥망성쇠의 원인을 다룬 애스모글루(Daron Acemoglu)와 로빈슨(James A. Robinson)이 쓴 《국가는 왜 실패하는가 Why Nations Fail》다. 이들은 잘사는 나라와 못사는 나라가 있는 이유가 정치경제 제도의 차이 때문이라고 설명한다. 포용적인 정치경제 제도를 갖춘 나라는 잘살게 되고, 착취적인 정치경제 제도를 지닌 나라는 못살게 된다는 얘기다. 포용적인 제도란 개방, 공정한 경쟁, 누구나 재능을 발휘하도록 인센티브가 주어지는 제도다. 착취적인 제도는 정반대다. 소수에게만 기회와 혜택이 집중되는 제도다. 포용적인 정치제도는 포용적인 경제제도를 낳고 성장과 번영의 선순환을 이룬다. 반면 착취적인 정치제도는 착취적인 경제제도를 낳고 빈곤과 쇠퇴의 악순환을 겪는다.

가난한 나라가 성장과 번영을 이루려면 착취적인 제도를 포용적인 제도로 전환해야 하고, 그러려면 두 가지가 중요하다. 핵심은 언론이다. 소수가 착취로 이득을 얻는 구조를 널리 알리고 공론화해야 한다. 다음은 이를 바탕으로 광범위한 계층이 연합 세력을 형성해서 포용적 제도로 정치 변혁을 이끌어야 한다.

다른 한 권은 인천 송도의 어느 아파트에서 동 대표를 지낸 김지섭과 김윤형이 지은《아파트 관리비의 비밀》이다. 아파트 관리비가 얼마나 새고 있고 이를 어떻게 줄일 수 있는지 설명한 책이다. 다음은 이 책에서 인용한 구절이다.

우리나라 전체 세대 가운데 60% 이상이 아파트에 거주하고 있고 아파트에서 징수, 집행되는 관리비와 장기수선충당금이 연간 10조 원에 이른다. 그러나 대부분의 주민들은 아파트가 어떻게 관리되는지, 관리비가 어떻게 쓰이는지 관심이 없다. 10% 정도의 일부 주민들만이 아파트에 관심을 보인다. 이 중 아파트에 적극 관여하는 사람들이 있다. 이들이 관여하는 이유는 여러 가지다. 이권에 관심 있는 사람, 잘못된 것을 바로잡고 싶어 하는 사람, 나서기 좋아하는 사람, 친분이나 감정으로 발을 들이는 사람도 있다.

아무래도 이권과 관련된 사람들은 밤낮으로 생업같이 열심히 활동할 수 있으나, 이권이 없는 사람들은 본업에 충실해야 하니 한계가 있을 수밖에 없다. 결국 이권에 관련된 사람들이 주도권을 잡고, 관리회사나 부녀회, 노인회 같은 자치단체와 게이트를 형성하게 되면 비리의 온상이 완성되는 것이다. 상황이 이렇기 때문에 아무리 주택법을 강화시킨다고 한들 입법권과 행정권을 쥐고 있는 입주자대표회의를 장악하기만 하면 얼마든지 합법적인 비리를 저지를 수 있다.

다툼이 있는 아파트에서 누가 잘못하는 사람인지 판단하는 것은 간단하다. 아파트 돈이 어디로 샜는지 살펴보면 된다. 누군가에게 여러 가지 명목으로 돈이 지불되거나 실거래 가격보다 높은 가격에 계약이 체결되고 구매가 이루어진다. (…) 아파트 안에 왜곡된 민주주의를 바로 잡고 모든 주민들에게 올바른 정보를 주고 다시 민주적인 방법으로 결정할 수 있는 여건을 만들어야 한다.[3]

한 권은 세계적인 석학들이 오랜 기간 연구해 국가의 흥망성쇠라는 거창한 담론을 다룬 책이고, 다른 한 권은 각자 생업에 종사하는 아마추어들이 2년간 맡았던 동 대표 경험을 밑천으로 아파트 관리비라는 소박한 소재를 다룬 책이다. 전혀 다른 두 권이지만 제기하는 문제의 본질과 처방은 유사하다.

두 경우 모두 문제의 본질은 다수로부터 위임받은 소수가 다수가 아니라 자신들 이익만 챙긴다는 것이다. 2장에서 논의한 주인-대리인 문제가 발생하는 것이다. 주인-대리인 문제는 국가 운영이든 아파트 관리든 어느 조직에서나 발생한다. 어느 조직에서건 대리인이 주인을 위해 최선을 다하도록 설계되고 운영되는 조직은 번성하고, 대리인이 본인 이익을 우선 챙기게끔 짜이고 움직이는 조직은 망하기 십상이다.

처방도 두 경우에 공통으로 적용된다. 대리인이 딴짓을 못 하게 하는 기본은 정보 공개다. 대리인이 무슨 일을 하는지 주인이 파악하고 있다면 주인 몰래 제 이득을 챙기기는 힘들다. 《국가는 왜 실패하는가》에서 포용적인 제도를 형성하기 위한 기본 조건으로 언론을 꼽은 이유다. 《아파트 관리비의 비밀》에서 관리비를 줄이기 위한 기본으로 아파트 돈이 어디로 샜는지 살피고 주민들에게 정보를 공개하는 것

이라고 꼽은 이유도 마찬가지다.[4]

　정보 공개 다음으로 중요한 것이 민주적인 의사결정 구조다. 주인의 권리가 보유 주식 규모에 비례하는 영리기업과 달리 누구나 한 표를 행사하는 비영리조직에서는 구성원 간의 민주주의가 중요하다. 대리인이 일부가 아닌 전체의 이익을 위해 일해야 하기 때문이다. 포용적인 제도가 개방과 공정을 강조하는 것이나 아파트 관리에서 민주적 의사결정을 중시하는 것 역시 그 때문이다.

　국가 운영과 아파트 관리 문제의 본질과 처방이 유사하듯 지방 정치·행정 문제의 본질과 처방도 마찬가지다. 정보를 투명하게 공개하는 것, 주민 의사가 고르게 반영되는 정책결정 구조를 만드는 것이 핵심이다. 특히 투명한 정보 공개가 중요하다. 투명하게 공개되면 제 이득만 챙길 수 없기 때문이다(그나저나 《아파트 관리비의 비밀》을 쓴 저자들은 100만 원이던 아파트 관리비를 60% 줄여서 40만 원으로 만들었다는데, 정부 재정을 연구하는 나는 정부 낭비를 60%는 고사하고 6% 줄일 방도도 아직 마련하지 못했다. 참……).

신뢰, 투명성 그리고 시민 규범

　국가운영에는 무역적자나 재정적자보다 신뢰적자가 더 위험하다.[5]

　행정학자들 중에는 우리나라 행정의 가장 큰 문제로 신뢰가 낮다는 점을 꼽는 사람들이 많다. 정치학자와 사회학자들 중에도 우리나라 정치와 사회의 가장 큰 문제로 낮은 신뢰를 지목하는 사람들이 제법 된다. 경제학자들 중에도 낮은 신뢰가 앞으로 경제성장에 걸림돌이 될 것이라는 사람들이 있다. 이들의 주장대로라면 '낮은 신뢰'는 우리나라 모든 공적 문제의 핵심 요인이다.

저신뢰 사회라고 알려진 우리나라에서만 이런 얘기가 나오는 것은 아니다. 해외의 많은 학자들도 사회 발전과 국가 번영에 신뢰가 관건이라고 주장한다(따지고 보면 애스모글루와 로빈슨이 말하는 포용적 제도를 구축한 사회도 결국 신뢰 수준이 높은 사회를 말한다).

연애든 사업이든 통치든, 모든 관계는 자신과 상대방 사이의 상호작용이다. 서로를 믿지 못하면 상호작용이 원활하게 이루어지기 힘들다. 그래서 노벨 경제학상 수상자인 애로우(Kenneth J. Arrow)는 신뢰를 일컬어 사회를 움직이게 하는 윤활제라고 했다. 신뢰가 낮은 사회에서는 신뢰가 높은 사회에서라면 지불하지 않아도 될 유·무형의 비용을 경제사회 활동에 지불해야 한다.

한국사회는 거의 모든 영역에서 신뢰 수준이 낮다. 공공 부문에 대한 신뢰는 특히 낮다. OECD 32개국 중 31위다.[6] 낮은 신뢰가 우리 사회의 큰 문제이고 정치·행정 발전의 장애 요인이라는 데는 대부분 동의한다. 그래서 신문 칼럼마다 한국사회의 신뢰 수준을 높이라고 단골 메뉴처럼 주문한다. 그러나 신뢰는 어느 날 갑자기 뚝딱 만들어낼 수 있는 물건이 아니다. 오랜 시간 상호작용이 쌓인 결과다. 꾸준히 노력을 보태갈 수밖에 없다.

공공 부문에서 신뢰를 구축하는 첫걸음 역시 투명한 정보 공개다. 사랑에 눈먼 한창 때 연인이라면 무조건 상대를 믿을 수 있다. 그러나 정부와 국민 관계는 다르다. 공식적 사회관계에서 신뢰는 역설적이게도 불신을 전제로 만든 시스템이 있어야 가능하다. 계약을 이행할 때보다 위반할 때 훨씬 손해인 것이 분명해야 위반하지 못한다. 서로 상대방이 계약을 위반하지 않을 것임을 알기 때문에 믿고 계약한다. 불량식품을 만들어 팔면 바로 들통 나고 엄청난 처벌을 받을 것이 확실해야 식품업자들은 음식을 갖고 장난칠 생각을 못 한다. 그래야 소비자들은 안심하고 식품을 사 먹는다.

마찬가지로 정부가 신뢰를 얻으려면 믿어달라고 읍소하는 대신모두 까발릴 테니 철저히 검사해보라고 해야 한다. 정보가 공개되면정치가와 공무원은 딴짓을 할 수가 없고, 국민은 못 미더워 불안해할이유가 없다. 투명한 정보 공개가 정치·행정 관행으로 정착되어야 신뢰를 형성하는 바탕이 마련된다.

> 사회공학에 대한 기대가 사라진 오늘, 진지한 관찰자라면 누구나 자유주의 정치·경제제도가 생명력을 지니려면 건강하고 역동적인 시민사회가필요하다는 데 동의할 것이다.[7]
>
> 프랜시스 후쿠야마(Francis Fukuyama), 《트러스트 *Trust*》

사회과학에서 신뢰와 유사한 의미로 쓰이는 용어가 '사회자본'이다. 투자자금이나 도로·항만 등 물적자본, 교육이나 기술력 등 인적자본과 마찬가지로 경제성장과 사회발전의 밑천이 되는 사회적 가치를말한다.[8] 나는 사회자본을 사회 구성원들이 공동의 목적을 위해 함께일할 수 있게 해주는 규범·구조라고 풀이한다. 신뢰는 사회자본의 으

뜻이다. 신뢰 다음으로 많이 언급하는 사회자본이 각종 사회적 활동에 대한 시민들의 참여다.

시민권은 영어 'citizenship'을 번역한 것일 텐데 의미가 썩 들어맞지는 않는 것 같다. '권(權)'이라는 글자 때문에 국어사전에는 '시민으로서 누리는 권리'라고 뜻풀이가 되어 있다. 그런데 citizenship에는 시민으로서 '누리는 권리'라는 뜻뿐 아니라 '지켜야 할 의무'라는 뜻도 포함된다. 물론 이때 의무는 납세나 국방 같은 법적인 의무를 지칭하는 것이 아니다. 시민으로서 요구되는 도덕적 규범을 말한다. 마치 영어 단어 젠틀맨십(gentlemanship)이 신사로서 갖추어야 할 규범을 뜻하는 것과 비슷하다. 이런 시민 규범으로 학자들은 정부에 대한 비판 능력 갖추기, 사회문제에 관심을 가지고 공론에 참여하기, 공동체 활동하기를 꼽는다.

이 책에서는 지방 정치와 행정, 재정에 대한 많은 얘기를 했다. 이 책을 정독한 독자들은 내가 이 책의 곳곳에서 지방정부가 제 역할을 하는 데 두 가지가 필요하다고 강조하고 있음을 알 것이다. 바로 정부 활동을 투명하게 공개할 것과 정부가 하는 일에 관심을 갖고 다양한 관련 활동에 참여하라는 것이다. 다시 말하지만 '정부 활동의 투명한 공개'와 '시민으로서의 비판과 참여'는 좋은 정부를 가능하게 하는 기본 요소다. 좋은 정부는 좋은 시스템과 좋은 시민이 만든다.[9]

끝으로 한 가지 더. "국가 번영은 엔지니어링이 아니다." 앞에서 언급한 《국가는 왜 실패하는가》에 나오는 문장이다. 고장 난 기계는 수리하면 바로 제 기능을 찾지만 국가의 번영은 뚝딱 제도만 고친다고 이루어지지 않는다는 말이다. 특히 요즘 음미할 만한 글귀다.

이 책 집필을 마무리할 무렵 세월호 참사가 발생했다. 한 인간으로서 느낀 슬픔과 분노에 더하여 행정학자로서 자괴감이 들었다. 누군가 한국사회는 세월호 참사 이전과 이후로 구분되어야 한다고 했다. 그렇다면 세월호 이후 행정학은 무엇을 해야 할 것인가를 생각하게 된다. "한 아이를 키우려면 온 마을이 필요하다"라는 아프리카 속담이 새삼 와 닿는다.

보론 | 지방자치 개편안 정리

"헛똑똑이들은 어떤 형태의 정부가 가장 좋은지 논쟁한다. 하지만 일 잘하는 정부가 가장 좋은 정부다."

3백여 년 전 어느 영국 시인이 한 말이다.[1] 다분히 위험하고 오용되기 쉬운 말이긴 해도 전하려는 메시지는 이해할 수 있다. 목적과 수단을 혼동하지 말라는 뜻이다. 수단의 가치는 (수단이 공정하다는 전제 하에) 목적을 얼마나 잘 달성하는가에 있다는 말이다.

정치사회 용어 중에는 개념 정의(定意)에 사용된 단어에 담긴 숭고한 이미지 덕에 무조건 정의(正義)로운 것으로 인식되어 비판하기 어려운 것들이 있다. 민주주의가 대표적이다. 우리나라에서는 지방자치도 그중 하나였던 것 같다. 민주화와 함께 지방자치 부활이 논의되었기 때문에 지방자치 실시는 민주주의를 구현하는 것이라는 인식이 자연스럽다. 여기에는 초중등 시절부터 지방자치 하면 '풀뿌리 민주주의'라는 말을 조건반사처럼 암기했던 것도 한몫할 것이다.

그러나 지방자치가 부활된 지 20년 남짓 지난 지금, 지방자치의 비민주성과 지방행정의 비능률이 도마에 올랐다. 이제 지방자치는 '성역'에서 벗어난 것 같다. 물론 지방자치를 폐지하자는 사람은 없다. 나를 포함한 대다수는 여전히 지방자치는 추구해야 할 가치고 지켜야 할 제도라고 믿는다. 하지만 지금과 같은 지방자치제를 바꿀 필요가 있다는 데 동의하는 사람들이 제법 많다. 정치권에서도 그동안 여러 차례 지방자치제도 개편 논의가 있었다.

이 책을 쓰던 2014년 봄, 지방선거를 앞두고 최대 이슈는 기초선거 정당공천 여부였다. 그리고 연초에는 여당에서 자치구 기초의원을 폐지하자고 주장했다. 또 자치구 단체장을 임명제로 하자는 얘기도 나왔다. 좀 더 시간을 거슬러 올라가면 광역과 기초라는 두 단계로 이루어진 자치 계층을 하나로 줄이자는 지방행정 체계 개편 논의도 있었다.

정부 형태를 고민하는 이유는 그에 따라 정부가 일을 잘하고 못하는 것이 좌우되고, 국민들의 행복 수준이 달라진다고 생각하기 때문이다. 따라서 지방분권을 옹호하는 이유도 중앙집권보다 국민들이 더 행복해질 수 있기 때문이어야 한다. 현행 지방자치나 지방행정 체계를 개편해서 정부가 일을 더 잘하게 된다면, 그래서 국민들이 더 행복해질 수 있다면 마땅히 그렇게 해야 한다. 그런 의미에서 지방재정을 다룬 이 책을 마무리하면서 그동안 논의되었던 지방자치와 지방행정 체계 개편 논의를 정리해보자.

2014년 지방선거를 앞두고 기초선거 정당공천제가 쟁점이 되었다. 애초 2012년 대통령 선거를 앞두고 여야 대통령 후보들은 기초선거 정당공천제 폐지를 공약했다. 그런데 막상 지방선거가 다가오자 여당인 새누리당에서 없던 일로 했다. 야당인 민주당은 기초선거 정당공천을 하지 않기로 하면서 안철수 측과 통합했다. 그러나 통합한 새정치민주연합도 '여당은 하는데 우리만 안 하면 선거에 불리하다'라는 후보자들의 불만이 쏟아지자 여론조사를 거쳐 다시 기초선거 정당공천을 하는 쪽으로 선회했다.

이 '사건'에 대해, 대체 왜 기초선거 정당공천 여부를 두고 그 난리가 벌어졌는지 따져보는 것부터 논의를 시작하자. 기초선거는 지방의원 선거와 단체장 선거로 나뉜다. 그래서 기초선거 정당공천 여부는 지방의원과 단체장 선거 모두에 적용된다. 그런데 주로 쟁점이 되는 것은 지방의원 선거다. 그러니 지방의원 선거를 대상으로 이 사건을 따져보자.

기초선거 정당공천의 장단점

기초의원 정당공천의 장단점은 그간 언론에서 많이 다루었다. 정리하면 이렇다. 장점은 두 가지다. 첫째, 후보 자질 검증이 이루어진다. 지방의원 선거는 '깜깜이' 선거다. 개인적 친분이 있는 사람 아니면 후보들에 대해 아는 게 거의 없다. 그래도 누군가를 택해야 하는 상황에서 정당공천은 후보자에 대한 제법 쓸 만한 정보가 된다. 정당공천 후보가 무소속 후보보다 반드시 더 낫다는 것은 아니지만, 최소한 정당이 공천했다면 아주 형편없는 사람은 아닐 것이다. 단감인지 땡감인지 구별할 수 없는 상황에서 그나마 최악은 피할 수 있는 장치라는 말이다. 둘째, 책임정치를 한다. 정당 소속 의원은 정당 뜻에 따라 의정 활동을 하게 된다. 정당에 의한 정치는 현대 정치의 기본이다. 이뿐만 아니다. 정당 이름표가 붙은 탓에 개인이 일탈행위를 해도 정당이 욕을 먹는다. 이 때문이라도 정당 소속 의원은 무소속 의원보다 무책임한 행동을 덜할 것이라는 얘기다.[2]

정당공천의 단점은 공천권을 쥔 당, 구체적으로 지역구 국회의원에게 종속된다는 점이다. 정당공천이 당선을 보장한다면 당연히 그럴 수밖에 없다. 공천권을 둘러싸고 금품이 오가는 것도 문제지만 당선된 뒤에도 다음번을 위해서 국회의원에게 종속될 수밖에 없다는 점이 더 큰 문제다. 기초의원이 국회의원 하수인으로 전락한 상황에서는 제대로 된 지방정치가 이루어질 수 없다.

정당공천의 장점은 정당공천의 본질적인 기능에 해당한다(특히 두 번째가 그렇다). 하지만 단점은 잘못된 운영에 따른 현실적인 폐해다. 그렇다면 정당공천제는 유지하되 공천 방식을 바꾸면 문제가 없다는 주장도 가능하다. 실제로 새누리당에서는 정당공천은 유지하되 위에서 지명하는 공천 대신 당원과 일반국민이 투표로 후보자를 선출하게 함으로써 기존의 폐해를 없애겠다고 했다. 그대로만 되면 문제는 없다. 하지만 지금까지 경험에 비추어볼 때 그대로 이뤄질 가망은 별로 없다(이미 무늬만 경선이지 실제는 예전과 달라진 게 별반 없다는 얘기가 나온 바 있다).

정당공천의 장점이 본질적인 기능에 해당한다는 것은 뒤집으면 현실은 그렇지 않을 수 있다는 말이 된다. 정당공천을 해서 실제 얼마나 더 나은 후보가 당선되었고 얼마나 책임정치가 구현되었을까?

1991년 지방의원 선거가 재개될 때만 해도 정당공천은 기초는 제외하고 광역에만 적용되었다. 그러다가 2006년 지방선거부터 기초의원도 정당공천을 허용했다. 그래서 기초의원의 경우 정당공천을 했던 경험과 하지 않았던 경험을 모두 가지고 있다. 그렇다면 정당공천 후에 지방의원의 자질이 더 높아졌고 지방정치가 더 제대로 이루어졌을까. 2006년 이전에 비해 정당공천 실시 이후에 확실히 좀 더 나아진 것 같기는 하지만 정당공천 때문인지, 제도 정착 과정에서 자연스레 이루어진 현상인지 구분하기는 어렵다.

어쨌든 정당공천에 따른 이득과 폐해를 종합하면 정당공천 유지와 폐지 중 어느 것이 더 기초의회 발전에 도움이 될지는 명확하지 않다. 정당공천 덕에 기초의원의 자질과 의정 활동의 성과가 뚜렷하게 높아진 것 같지는 않다. 반면에 정당공천이 없던 시절에도 '내천'이라고 해서 실질적인 정당공천이 이루어졌고 기초의원은 국회의원 눈치를 봐야 했다.

현실의 손익 판단이 불분명할 때는 원칙을 되돌아보는 것이 도움이 된다. 즉 지방자치의 현실이 아닌 '이념'에 비추어 기초의원 정당공천 여부를 따져보는 것이다. 앞에서 정당공천의 장점으로 책임정치를 들었다. 현대 정치는 정당정치다. 그래서 대통령과 국회의원은 정당에서 후보를 공천한다. 그런 맥락에서 광역선거도 정당공천이 당연하다.

누구도 국회의원과 광역의원의 정당공천을 폐지해야 한다고 주장하지는 않는다. 하지만 기초는 좀 다르다. 기초의원 역시 정치를 하는 것은 맞다. 그런데 기초자치단체의 역할은 주민에게 생활밀착 서비스를 제공하는 것이다. 즉 기초의원의 정치란 '생활'정치다. 그래서 국회나 광역에 비해 정당의 이념이 덜 중요하다. 주차 단속, 마을 도서관 확충, 아파트 앞 공원 조성 여부 등을 판단하는 데 정당이 개입할 여지는 크지 않다.

정당이 개입할 여지가 적다는 것이 정당공천을 금지해야 한다는 것은 아니다. 정당 소속이든 아니든 기초의원의 역할 수행은 별반 달라질 이유가 없다는 말이다. 그래서 외국 사례를 보면 정당공천을 하는 경우도 있고 하지 않는 경우도 있다. 다만 뒤에도 나오지만 우리의 기초단체는 외국에 비해 상당히 규모가 크다는 점은 고려할 필요가 있다. 특히 수도권 시의 경우 주민 수가 백만 명에 이르는 곳이 여러 군데다. 이 정도 규모면 기초지방의회의 역할은 주민밀착형 '생활'정치를 넘어서게 된다.

정리하면 원칙을 들여다봐도 정당공천 유지냐 폐지냐에 대한 딱 부러진 답은 찾기 힘들다. 결국 정당공천 유지와 폐지는 현실의 정치 상황에서 결정 날 수밖에 없다. 그리고 우리의 현실 정치는 정당공천 유지를 택했다. 이를 비난할 생각은 없다. 다만 대통령 선거를 앞두고 여야가 합의했던 것을 번복한 데 대한 사과와 해명이 있었어야 했다.

결말은 허탈했지만 이 때문에 기초의원 선거에 대한 유권자들의 관심이 조금이라도 높아졌다면, 그것만 해도 괜찮은 소득이라 할 수 있겠다.

자치구 의회 폐지 논쟁

2014년 초 새누리당은 기초의회를 폐지하자고 주장했다. 우선 자치구부터 없앤 다음에 차차 시·군 기초의회 폐지도 검토하자고 했다. 이에 대해 기초선거 정당공천 폐지를 번복하면서 여론 물 타기 용으로 나온 방안이라는 비판이 제기되었다. 의도는 모르겠지만 기초의회 폐지 주장이 느닷없이 튀어나온 것은 아니다.

2010년 국회의 지방행정체제개편 특별위원회에서도 같은 주장을 했다. 2012년 대통령 직속 지방행정체제개편 추진위원회도 같은 주장을 했다. 2013년 말 대통령 직속 지방자치발전위원회의 심대평 위원장도 마찬가지 주장을 했다. 왜 정치권과 정부는 기초의회 폐지, 그중에서도 자치구 폐지를 계속 거론할까?

2장에서 봤듯이 기초의회가 제 역할은커녕 낭비와 비리를 조장한다는 것이 폐지 주장의 중요한 이유다. 그러기에 기초의회 폐지 주장이 제기되었을 때 당사자인 기초의회와 시민단체, 관련 전문가들은 반발했지만 일반 국민들은 그다지 반대하지 않았다(정확히는 시큰둥하니 별 관심이 없었다).

하지만 기초의회가 제 역할을 제대로 못한다는 것만으로는 폐지의 명분이 약하다. 국회가 제 역할을 못한다고 생각하는 사람이 훨씬 많겠지만, 그렇다고 국회를 폐지해야 한다고 주장하지는 않는다. 즉 기초의회 폐지를 내세우려면 운영 잘못 이외에 보다 근본적인 이유가 필요하다.

시·군·구 기초의회 중에서 유독 자치구에 대해서만 거듭해서 폐지 주장이 제기되는 것은 자치구의 특성이 시·군과는 다르기 때문이다. 지금은 그렇지 않은 경우도 많지만 시와 군은 오랜 기간 그 지역 주민들에게 하나의 생활권으로 기능해왔다. 자치구는 다르다. 개별 자치구는 거주 주민들의 생활권과 그다지 일치하지 않는다. 나만 해도 집과 직장은 서로 다른 자치구(그것도 꽤 멀리 떨어져 있다)에 있다. 그리고 퇴근 후 친구들(이들은 또 다른 자치구에 직장과 집이 있다)과의 술 한잔은 또 다른 자치구에서 주로 이루어진다. 이에 비해 특별·광역시는 그 자체가 하나의 생활권이기 때문에 1장에서 본 것처럼 도에서는 시·군이 담당하는 업무도 특별·광역시가 자치구 대신 담당하는 것이 많다.

역사적으로도 시·군은 오래전부터 생활권에 따라 분리된 개별 행정 구역이었지만 구는 아니었다. 구는 일제강점기 말 경성부에 처음 생겼는데, 그때도 행정의 효율성을 위해 인위적으로 나눈 것이었다. 게다가 광역시들은 원래는 그냥 기초자치단체에 해당하는 시였다가 인구가 늘어나면서 광역시가 된 것이다.

이처럼 자치구는 독립된 생활권이 아니라서 자치구 의회의 역할도 시·군 의회에 비해 명확하지 않다. 예를 들면 도시개발, 대중교통, 지역 경제 육성처럼 지역에 큰 변화를 초래하는 업무는 정치적 과정을 거쳐 결정할 필요가 있다. 그런데 이들은 시·군 업무에는 속하지만 자치구 업무는 아니다. 자치구 업무여야 하지만 광역으로 이관하여 처리하고 있다. 그래서 자치구는 시·군에 비해 '큰 결정'을 해야 할 업무가 많지 않다. 그리고 더러는 자치구 기초의회 기능이 광역의회 기능과 중복되는 것처럼 보이기도 한다. 가령 광역에서 도시개발 계획을 세워도 기초는 자신들의 이해에 맞지 않으면 반대한다(이것이 나쁘다는 얘기는 아니다. 다만 일을 할 때 찬성이 '중복'으로 필요하다는 예시일 뿐이다). 별도로 의회를 둬야 할 필요성도 적고 오히려 도시 전체의 종합계획을 세우고 실행하는데 '훼방꾼(?)' 노릇을 하는데다가 의원들의 행태도 밉상인지라 자치구 기초의회를 폐지하자는 논의가 나오는 것이다.

자치구 의회 폐지의 손익계산서

당사자인 자치구 의회나 시민단체에서는 강하게 반발한다. 폐지 반대 논리는 이렇다. 첫 번째는 위헌이라는 것이다. 헌법 제118조 1항에는 "지방자치단체에 (지방)의회를 둔다"라고 명시되어 있다. 따라서 자치구가 지방자치단체로 존재하는 한 기초의회를 폐지하는 것은 위헌이라고 주장한다. 얼핏 들으면 맞는 것 같다. 하지만 이는 지방자치단체의 요건을 잘 몰라서 하는 말이다. 바로 앞의 제117조 2항을 보면 "지방자치단체의 종류는 법률로 정한다"라고 되어 있다. 따라서 법률을 개정하여 자치구를 지방자치단체에서 제외하면 된다. 이 경우 자치구는 지방자치단체가 아니라 그냥 행정구 혹은 준자치구가 된다. 행정구는 구청장도 임명하는 경우를 말하고 준자치구는 구청장은 선출하는 경우를 말한다. 구청장은 선출해도 지방의회가 없으면 자치단체가 아니다.

두 번째 반대 논리는 기초의회 폐지는 풀뿌리 민주주의를 파괴한다는 것이다. 앞에서 얘기했듯이 초중고 시절부터 워낙 '지방자치는 풀뿌리 민주주의다'라는 말을 듣고 자랐기 때문에 이 논리는 정서적으로 매우 강력하다. 그런데 냉정하게 따져보면 이 논리 역시 타당성이 그리 높지는 않다.

그동안 자치구 기초의회가 풀뿌리 민주주의 구현 역할을 했는가 생각해보라. 대다수는 그렇지 않다고 답할 것이다. 왜 못했을까. 익히 알다시피 기초의원들의 행태가 주민 의사를 대변하는 것과는 영 괴리가 있었기 때문이다. 하지만 그보다 더 중요한 이유는 풀뿌리 민주주의를 구현하기에는 기초자치단체가 너무 크기 때문이다.

2장에서 이야기했듯이 풀뿌리 민주주의의 핵심은 주민참여다. 주민 스스로 지역 문제를 결정하는 것이다. 외국의 기초자치단체는 대체로 우리보다 단위가 훨씬 작다. 우리의 읍·면·동 수준이거나 그보다도 더 작다. 그래서 주민들이 직접 지역 문제를 결정하는 것이 가능하다. 그러나 우리는 그렇지 못하다. 물론 기초자치단체 수준에서도 부분적인 주민자치는 이루어진다. 주민투표, 주민소환, 주민소송, 주민참여 예산 같은 것들이다. 그런데 이런 제도는 기초의회가 없어도, 자치구가 아니라도 가능하다(오히려 기초의회가 없어 자치구가 아닌 경우라면 구 행정에 자치적 성격을 보완한다는 측면에서 주민참여가 더 강화될지도 모른다).

내 생각에 기초의회 폐지 반대 논리 중 가장 타당한 것은 세 번째다. 기초의회가 생긴 지 겨우 20여 년'밖에' 안 됐는데 일을 못한다고 없애자는 것은 너무하지 않느냐는 주장이다. 분명한 논리가 있는 것은 아니고 그저 상식과 인정에 호소하는 주장이다. 어쨌든 20년 이상 존재해온 것이고 일부나마 희망적인 싹도 보이니 좀 더 지켜보자, 없앨 궁리를 하는 대신 일을 잘할 수 있는 여건 조성을 고민해보자, 그런 얘기다.

기초의회 의원들이 제 역할을 못해 자치구 의회 폐지론의 빌미를 제공했다. 하지만 따지고 보면 제 역할을 못하는 것은 시·군 기초의회가 더 심하다. 자치구는 시·군보다 권한이 적다. 권한이 적으니 오용하거나 남용할 일도 적다. 자치구 의원 입장에서는 왜 우리한테만 그러느냐고 항의할 만하다.

기초선거 정당공천 여부를 어느 한쪽이 맞고 다른 쪽이 그르다고 할 수 없듯이, 자치구 의회 폐지 여부도 어느 한쪽이 옳다고 단정하기 어렵다. 행정의 효율성만 고려한다면 자치구 의회를 폐지하고 광역의회 기능을 보강하는 쪽이 조금은 더 나을지도 모른다. 그러나 기왕에 있는 것을 없앨 때 발생하는 각종 반발과 갈등을 고려하면 굳이 그렇게까지 없애야만 할 절실한 이유도 없어 보인다.

읍·면·동 자치를 강화한다?

1장에서 얘기했듯 읍·면·동의 자치 기능을 강화하는 개편이 진행 중이다. 읍·면·동 단위로 지방의회와 유사한 주민자치회를 설치해서 본래 의미의 '풀뿌리 민주주의'를 구현하겠다는 것이다. 확실히 '풀뿌리 민주주의'를 구현하려면 현행의 시·군·구 기초자치단체보다는 읍·면·동 수준이 더 적합하다.

원래 우리나라의 기초자치단체는 시·군·구가 아니었다. 1951년 지방자치가 처음 실시되었을 때는 시·읍·면이 기초자치단체였다(면의 규모가 커져서 읍, 읍의 규모가 커져서 시가 되었기 때문에 애초 시·읍·면은 같은 계층이었다. 그리고 시 아래의 동은 원래는 리였는데 읍이 시로 되면서 동으로 전환된 것이다). 그런데 5.16 이후 지방자치가 중단되었다가 1991년 부활되었을 때 읍·면 대신 군·구를 기초자치단체로 정했다.[3]

대한민국 인구가 5천만 명이고 기초자치단체가 약 230개니 기초자치단체당 주민 수는 평균 21만 명이 넘는다. 도저히 풀뿌리 민주주의를 할 수 있는 규모가 아니다. 아파트 앞 놀이터, 뒷산 산책로, 약수터 체육시설처럼 말 그대로 생활밀착형 서비스를 제공하기에 규모가 크다. 그러니 정말 주민 생활과 밀착된 '작은 일'들은 시·군·구 행정에서 자칫 소홀해지거나 주민이 원하는 것과는 다른 모습으로 이루어지기 쉽다.

이런 면에서 읍·면·동 단위에 주민자치회를 설치해 자치 기능을 강화하겠다는 의도는 바람직하다. 구체적인 진척 사항을 보면 전국에서 31개 읍·면·동을 선정해 2013년 7월부터 1년간 주민자치회 시범사업을 진행 중이다. 시범사업 결과를 토대로 보다 구체적인 모델을 만들고 전국으로 확대할 예정이라고 한다.

기존에 주민자치센터를 운영하던 주민자치위원회와 어떻게 다른지, 얼마나 민주적이고 자주적으로 운영될 수 있을지, 읍·면·동 사무소와의 관계는 어떻게 될지 등 아직은 많은 것이 불확실하다.

주민자치회가 제대로 작동한다고 해도 여기에 관심을 갖고 참여하는 주민은 소수일 것이다. 그렇더라도 마을 공동의 문제를 주민들이 주체가 되어 결정하는 것, 소위 근린자치는 지방자치의 중요한 기능이다. 비록 일부 지역이라도 주민회의가 제대로 운영되어 풀뿌리 민주주의가 구현되는 모습을 봤으면 좋겠다.

지금의 지방행정 계층은 광역(특별)시·도 - 기초 시·군·구 - 읍·면·동으로 이루어져 있다. 이런 체계는 언제부터 존재해온 걸까? 광역자치단체 중 가장 먼저 생긴 것은 '도'다. 도라는 명칭은 중국 당나라 때 처음 사용했다는데, 우리나라에서는 고려 성종 때부터 사용했다. 지금과 유사한 형태를 가지게 된 것은 조선 초기에 8도제(함경, 평안, 강원, 황해, 경기, 충청, 경상, 전라)를 실시하면서부터다. 구한말 충청도·전라도·경상도가 남북으로 분리되고 해방 후 전라남도에서 제주도가 분리되어 지금과 같은 9도가 되었다. 지금의 특별시와 광역시는 구한말과 일제강점기 때는 '부(部)'로 불렸다. 1장에서 보았듯 서울특별시는 해방 직후부터 특별시였고 나머지는 시로 전환되었다가 이후 순차적으로 도에서 분리되어 직할시가 되었다. 이후 1995년 지방자치가 실시되면서 명칭이 광역시로 바뀌었다.

도 밑에 군을 설치한 것은 구한말 때부터다. 해방 이후 도시화가 진행되면서 군의 일부 지역(주로 읍)이 인구 5만 이상의 도시가 되면 시로 전환되었다. 구는 일제강점기 때 당시의 서울(경성부)에 처음 설치되었다.

읍·면·동은 주민과 직접 접촉하는 말단 행정기관이다. 통일신라와 고려시대의 말단 행정기관은 촌이었고 조선시대에는 면·방·사 등으로 불리다가 1906년 면으로 통일됐다. 이후 일제강점기 때 면에서 읍과 동이 분리되었다. 면 중에서 군청 소재지 등 규모가 큰 지역이 읍이 되었다. 동은 경성부(서울)의 말단 행정기구로 처음 설치되었다.

도 아래 군을 두고 그 아래 읍·면을 두는 것은 일제강점기 때부터고, 지금과 같은 3계층제가 시작된 것은 1949년 지방자치법 실시 이후다. 그러니 현행 지방행정 체계는 길게 잡으면 백 년 이상, 짧게 잡아도 60여 년 전에 만들어진 체계를 지금껏 유지하고 있는 셈이다.

현행의 지방행정 체계는 문제가 없는 걸까. 태어날 때부터 있었으니 으레 그러려니 하고 특별히 생각해보지 않은 게 당연하다. 하지만 우리는 지방정부 문제를 다루었으니 한번쯤 지금과 같은 지방행정 체계가 바람직한지 따져보는 것도 필요하다.

1장에서 효율성 원칙을 말하면서 공공업무는 가장 잘할 수 있는 정부가 맡게 하라고 했다. 중앙이 잘하면 중앙이, 광역이 잘하면 광역이, 기초가 잘하면 기초가 한다는 것이었다. 이는 기존 체계는 그대로 유지한 채 일의 배분만을 따진 것이다. 그런데 만일 체계 자체도 바꿀 수 있다면 어떨까.

지방정부가 해야 할 일을 죽 나열한 다음, 이를 가장 잘할 수 있는 지방행정 체계를 설계한다면 과연 어떤 체계가 나올까? 현재 상태를 변경하는 데 수반되는 유·무형의 비용은 고려하지 말고, 백지상태에서 처음 설계한다고 가정해보자.

가장 이상적인 체계가 무엇인지는 알기 어렵지만, 어쨌든 현행 지방행정 체계와는 다를 것이다. 현행 지방행정 체계의 기본 틀은 60여 년 전에 만들어졌다. 그때의 체계도 긴 역사 속에서 진화해온 것이니 일을 가장 잘할 수 있도록 계획적으로 만든 것은 아닐 것이다. 백번 양보해서 당시에는 가장 잘할 수 있게 설계한 것이라 해도 60여 년 전의 최적이 지금도 최적일 리는 만무하다.

지금의 광역 간 구분이나 기초 간 구분보다 더 일을 잘할 수 있는 구분은 얼마든지 가능하다. 나아가서 아예 광역-기초-읍·면·동이라는 3층 체계 대신 새로운 체계, 가령 2층이나 1층 체계로 만들면 일을 더 잘할지도 모른다.

완전 백지상태에서 시작하는 것은 아니지만 전면적인 지방행정 체계 개편 논의가 2000년대 중반부터 있었다.[4] 왜 하필 그때였을까. 가장 큰 이유는 지방자치가 부활하고 어느 정도 시간이 흐른 뒤였기 때문이다. 중앙집권일 때는 대한민국 전체가 하나의 행정 단위에 해당해서 위에서 명령하면 아래에서는 일사불란하게 움직이므로 별 문제가 없었다. 그런데 지방자치가 되고 나니 광역은 광역대로, 기초는 기초대로 각자 이해득실에 따라 행동한다. 이래저래 갈등이 생기고 나라 전체의 공공업무 처리라는 면에서 비효율적인 모습이 많이 발생할 수밖에 없었다. 이에 따라 지방행정 체계 개편 논의가 등장했다.

여야의 대안이 달랐고 같은 정당 안에서도 여러 가지 대안이 제시되었지만 핵심은 같았다. 광역과 기초라는 두 단계 자치 체계를 단층체계로 바꾸자는 것이다. 지방정부가 광역과 기초로 나뉘다 보니 업무가 중복되거나 이해가 충돌하는 등 비효율이 발생한다. 그러니 광역과 기초의 중간 규모로 헤쳐 모이게 하자는 것이다. 즉 기초자치단체들을 합쳐서 전국을 50~70개의 통합시로 만들자는 것이다. 그리고 전국 사무는 중앙정부에서, 지역 사무는 통합시에서 담당하게 하자는 것이다. 보다 구체적인 논리와 방안은 이렇다.

지역 사무는 정책의 영향 범위에 따라 지역 경제개발 등 마스터플랜 수행, 상·하수도와 도로교통 등 지역 기반시설 제공, 근린공원·체육시설·복지서비스 전달 등 생활밀착 서비스 제공이라는 세 단계로 구분할 수 있다. 물론 지역 경제개발이 범위가 가장 넓고(대) 다음이 지역 기반시설 제공이며(중), 생활밀착 서비스 제공이 범위가 가장 협소하다(소).

현재는 '대'에 해당하는 업무는 광역자치단체, '중'에 해당하는 업무는 기초자치단체, '소'에 해당하는 업무는 읍·면·동에서 맡는다. 그런데 지금의 광역자치단체는 지역 경제를 효과적으로 개발하기에는 지나치게 쪼개져 있다.[5] 지역 정책을 지금보다 효과적으로 수행하려면 다음과 같은 대안이 적절하다.

지역 기반시설을 효과적으로 제공할 수 있는 범위로 지방정부를 재설계한다 지역 기반시설을 효과적으로 제공하기 위한 적정 인구 규모는 50만 ~100만 명이다. 그러니 현행 기초자치단체를 통합해서 전국을 50~70개의 지방정부(통합시)로 재편해서 지역 기반시설 제공을 맡긴다.

생활밀착 서비스를 제공하는 읍·면·동을 준자치화한다 지금처럼 생활밀착 서비스는 읍·면·동에서 담당한다. 단 읍·면·동에 주민자치회를 설치해서 생활밀착 서비스를 제공하는 데 지역주민 의사가 반영될 수 있게 한다(주민자치회의 의의는 앞에서 설명했다).

전국을 몇 개의 대단위권으로 구분해서 경제개발 마스터플랜을 추진한다 지역 경제개발을 효과적으로 추진하려면 전국을 5~8개 정도의 경제권역(예를 들어, 동남권-서남권-동중권-서중권-서울)으로 구분해 권역별로 수행하는 것이 적절하다. 대단위 경제권역의 경제개발은 중앙정부가 설치하는 광역행정청이 담당한다. 광역행정청은 각 권역의 경제개발 기능만 수행하고 나머지 기존 광역자치단체 기능은 통합시에서 맡는다.

이것저것 고려하지 않고 지역 정책을 수행하는 효율성만 따진다면 이 대안이 현행 체계보다 더 나을 것 같기는 하다. 현행 광역은 경제개발 마스터플랜을 수행하기에는 적합하지 않다. 광주와 전남, 대구와 경북이 각각 경제개발을 추진하는 것보다는 이들을 묶어서 추진하는 것이 더 효과적임은 분명하다(다만 담당 주체가 지방정부가 아닌 중앙정부인 것은 논란의 여지가 있다. 이 때문에 통합된 광역자치단체를 설치해야 한다는 주장이 제기되기도 했다).

그리고 현행 기초자치단체의 상당수는 지역 기반시설을 제공하기에는 규모가 너무 작다. 예를 들어 '군'의 절반은 주민 수가 5만 명 이하다. 그러니 작은 기초자치단체를 통합하는 것이 서비스 제공에서 규모의 경제를 달성할 수 있어 더 효과적이기는 할 것이다. 또 앞에서도 말했듯 읍·면·동 수준의 자치 활성화는 지역주민 의사가 반영된 생활 밀착 서비스 제공에 유용하다.

이 대안이 나온 지 꽤 되었고 이명박 정부 초기에 정치권에서 제법 진지하게 검토했다. 그러나 결국 실현되지 못했다. 현실은 백지상태가 아니고 이것저것 고려해야 할 것이 많기 때문이다. 상식적으로 생각해도 이미 광역과 기초 자치단체마다 단체장과 의회가 있는 마당에 자치 계층을 줄이고 단체를 통합하려는 시도가 순순히 먹힐 리 없다. 기초선거 정당공천도 폐지하기가 그렇게 힘든데 하물며 자치단체

통폐합이 쉽겠는가. 게다가 지방공무원도 자리가 대폭 줄어들 테니 좋아할 리 없다. 주민들 역시 오랜 기간 익숙해진 지역 체계가 바뀌는 것을 그다지 반기지는 않을 듯하다.

이 대안은 폐기되었지만 애초의 문제의식은 다른 정책으로 수정되어 반영되었다. 광역행정청을 설치하지는 않았지만 몇 개의 광역단체를 묶어서 광역권 단위의 개발은 추진했다. 이명박 정부 때 추진된 이 계획은 '5+2 광역경제권'으로 불렸다. 전국을 인구 5백만 명 이상인 5대 광역경제권(수도권, 충청권, 호남권, 동남권, 대경권)과 5백만 명 미만인 2대 특별경제권(강원권, 제주권)으로 나누었다. 애초 계획은 원대해서 5년간(2009~2013) 100조 원 이상을 투입해서 대대적으로 선도산업 육성, 인재 양성, 산업인프라 확충을 추진하려고 했다. 그러나 실제 집행된 규모는 이에 훨씬 못 미쳤다. 그나마 박근혜 정부가 들어선 이후 기존의 광역단체 중심 개발로 회귀했다.

또한 전국을 50~70개 통합시로 재편하는 계획은 폐기되었지만 규모가 작은 일부 기초자치단체들을 통합하는 방안은 꾸준히 추진 중이다. 이러한 부분 통합은 1995년 단체장 선거 부활을 앞두고 이미 이뤄진 바 있다. 인접한 시와 군을 합쳐서 30여 개의 도농복합시를 만든 것이다.

도농복합시는 이후에도 계속 만들어져 2013년 말 기준으로 55개가 있다. 기초자치단체 통합을 시와 군에만 한정할 이유는 없다. 자치구 간에도 가능하며 시와 시 간에도 가능하다. 2010년에는 창원시, 마산시, 진해시가 통합되었으며 2013년 현재 36개 시·군·구 통합이 추진 중이다(서울의 종로구와 중구의 통합도 포함되어 있다). 통합을 반대하는 지역도 많아서 실제로 얼마나 이루어질지는 두고 볼 일이다.

　기초자치단체 통합은 소기의 성과를 달성했을까? 1995년에 통합된 도농복합시의 경우 이미 20년 가까이 시간이 흘렀으니 성과를 평가할 만하다. 이에 대한 지금까지의 연구 결과들은 통합에 따른 긍정적인 성과는 미미하다고 전한다.

:: 지역국가론, 일본 도주제, 한국 대단위 경제권역

광역자치단체들을 합쳐 덩치를 키운 대단위 지역경제 블록을 만들자는 구상이 어느 날 갑자기 불쑥 튀어나온 것은 아니다. 외국 사례를 참고한 것이다. 그중에서도 일본의 도주제(道州制)가 많은 영향을 미쳤다. 일본의 광역자치단체는 47개다(일본 인구가 우리의 2.5배이므로 인구 대비로 따지면 우리보다 광역 개수가 약간 많은 셈이다). 도주제는 이를 합쳐서 도(道)와 주(州)로 불리는 10개 내외의 지역으로 만들자는 것이다. 그리고 중앙정부는 외교·국방 등 중앙정부가 맡아야 할 필수적인 역할만 담당하고 나머지는 모두 도주정부로 넘겨서 연방국가처럼 만들겠다는 것이다.

대단위 광역정부인 도주제의 기본 구상은 20세기 초반까지 거슬러 올라가지만 최근 들어 구체화된 계기는 세계적인 경영 컨설턴트 오마에 겐이치의 지역국가론이 등장하면서부터다. 그는 전통적인 국가가 산업화 시기에는 효과적으로 역할을 수행했지만, 오늘날 같은 세계화 시대에는 더 이상 경쟁력을 지닐 수 없다고 주장했다. 그리고 인구 5백만~2천만 명의 대도시를 중심으로 하는 지역이 가장 효과적인 경제 단일체 규모라고 했다.

2001년 처음 도주제가 공론화되었으며 정권에 따라 부침은 있었지만 논의는 진전되어왔다. 2018년경까지 도주제로 전환할 예정이라고는 하는데, 과연 그렇게 될지는 좀 더 지켜봐야 할 것 같다. 도주제로 전환은 지방행정 체계를 바꾸는 일일 뿐만 아니라 국가 시스템을 근본적으로 뜯어고치는 일이라 이런 환골탈태가 순조롭게 이루어지기는 어렵기 때문이다.

우리나라 행정은 많은 면에서 일본을 참고하고 있으니, 만일 일본이 도주제로 전환하면 우리나라도 광역자치단체 통합이 논의될 수 있을 것이다. 물론 그렇더라도 우리나라에서 통합된 광역정부로 중앙정부 권한을 대폭 넘겨서 연방정부처럼 될 리는 없다.

소프트웨어 업그레이드 | 지방자치의 역할 정비

지금까지 지방자치와 지방행정 체계 개편 논의를 살펴봤다. 이 중에서 최근 정치 쟁점이 되었던 기초선거 정당공천을 제외하면 나머지는 일반 국민들에게 생소하다. 직접 이해관계가 걸린 정치인들만 관심을 가질 뿐이다.

그동안 논의된 것 중에서 폐기·축소·변형되지 않고 추진 중인 것은 읍·면·동 자치 기능 활성화가 유일하다(물론 의도대로 잘될지는 별개 문제다). 이것만 살아남은 이유는 명확하다. 이렇게 해서 손해 보는 정치인이 없기 때문이다.

　광역·기초자치단체를 해체하거나 재구성하는 데는 수많은 지역 정치인의 이해가 달려 있다. 그보다 규모가 훨씬 작지만 자치구 폐지에도 지역 정치인의 이해가 걸려 있다. 기초선거 정당공천 폐지가 불발된 것도 명분이야 책임정치 구현 등 그럴듯하나 결국 정치인들의 이해관계 때문이었다.[6]

　제도를 둘러싼 환경과 상황은 워낙 복잡다단하다. 제도란 게 원래 취지대로 굴러가는 경우는 드문 법이다. 더 좋아질 줄 알고 바꿨더니 혼란과 갈등만 초래하고 별반 나아진 게 없는 경우가 허다하다.

　이해관계가 걸린 정치인 문제는 그렇다 치고 광역·기초의 재구성이나 자치구 폐지가 과연 현행보다 더 나은 결과를 가져올지도 불확실하다. 최근 재정 지원을 당근으로 이뤄진 마산·창원·진해 통합도 아직까지는 성과보다 갈등만 보인다. 프로야구 NC 구단 야구장 입지를 둘러싼 갈등도 한 예인데 어떻게 결론이 날지 궁금하다.

　기존 제도를 바꾸는 데 신중한 입장을 취하는 것은 바람직하다. 그러나 신중한 것과 기득권을 옹호하는 것은 다르다. 문제가 있으면 해결하기 위해 노력해야 한다. 그게 정치와 행정의 역할이다. 다만 그 과정에서 충분히 소통하고 다양한 변수를 고려해야 한다는 얘기다.

　우리의 지방자치와 지방행정이 많은 문제를 안고 있다는 데는 대부분 동의한다. 앞에서는 자치제도와 행정구역 개편만 얘기했다. 그러나 지방 자치와 행정 문제 해결을 위해서는 하드웨어 개편보다 소프트웨어 개편이 더 중요할 것이다. 그동안 논의된 소프트웨어 개편 중 몇 가지를 알아보자.

지방의회 인사권 독립 현재는 지방의회 직원 인사권이 의회가 아니라 단체장에게 있다. 지방의원이 일하는 데는 의회 직원의 협조도 중요하다. 의회 직원이 단체장 눈치를 보는 한 제대로 된 협조가 이루어지기 힘들다. 이는 보좌관 허용과 함께 지방의회에서 줄기차게 요구해온 사항이다.

자치사무와 국가사무 체계 정비 지방정부는 고유 업무 외에 많은 국가사무를 대행한다. 국가사무 대행은 '자치'가 아니다. 어차피 지방정부에서 수행하는 일이고 국가사무로 정해야 할 뚜렷한 이유가 없다면 자치사무로 전환하는 것이 맞다. 그리고 국가사무를 대행하는 경우에도 지방정부의 자율성을 높일 필요가 있다.

특별지방행정기관 정비 일부 중앙부처는 지방에 일선 집행기관을 설치해서 업무를 수행한다. 지방노동청, 지방세무서, 지방경찰청, 지방보훈청, 지방산림청 등이 그 예다. 특별지방행정기관은 5천 개가 넘어서 읍·면·동 수보다 많다. 이들은 지방정부와는 별개 조직이다. 지방행정이 이원화되어 비효율과 불편을 초래한다. 그러니 이들 업무 중에서 지방정부가 담당해도 되는 것은 지방정부로 넘기고 가급적 특별지방행정기관은 줄일 필요가 있다.

자치경찰제도 실시 지역 치안은 핵심적인 생활밀착 공공서비스다. 따라서 국가경찰과는 별도로 자치경찰제를 도입해서 지방정부가 지역주민의 수요에 맞는 치안 서비스를 제공하게 하자.

분리된 교육자치 개선 현재 교육은 일반 행정과 분리되어 별도로 지방자치가 이루어지고 있다. 이에 따라 종합적인 지방행정이 어렵고 주민참여도 미흡하다. 교육행정의 질을 높이려면 일반자치와 훨씬 더 연계를 강화해야 한다.

지방재정의 자주성과 책임성 제고 공공재정의 중앙 대 지방의 지출 비중은 4 대 6으로 지방이 더 많다. 그러나 조세수입은 8 대 2로 중앙이 월등히 많다. 지방정부가 비용 일부를 중앙정부에게 의존하는 것은 어쩔 수 없는 측면이 있다. 그러나 지금과 같은 재정의존 수준은 지방'자치'를 저해할 정도다. 제대로 된 지방자치를 하려면 지방자치의 자주성과 책임성을 높여야 한다.

이러한 소프트웨어 개편은 구체적인 실행 방법이야 논란이 있겠지만 내용에 대해서는 관련 학자, 실무자, 정치인들이 대체로 동의한다(실행 방법에서는 특히 교육자치와 지방재정이 논란이 많은데 이는 앞서 각각 9장과 4장에서 상세하게 다루었다). 확실히 하드웨어 개편에 대해서는 우려할 만한 요소가 많다. 그러나 소프트웨어 개편은 하지 말아야 할 이유는 적고 해야 할 이유는 많다. 주도면밀하게 계획을 세워서 차근차근 개편해가는 것이 바람직하다.

: : 제주특별자치도의 실험

2장에서 지방자치의 장점 중 하나로 정책의 실험과 전파가 가능하다는 점을 들었다. 전국적인 실행에 앞서 일부 지역에서 먼저 실시해본 후 성과에 따라 다른 지역으로 전파할 수 있다는 얘기다. 실제 지역에서 먼저 실시한 정책이 전국적인 정책으로 전환한 사례들은 여럿이다(출산장려금, 무상급식 등이 그랬고 10장에서 다룬 주민참여예산과 마을 만들기 사업도 그렇다).

앞서 논의한 지방자치 및 행정 개편과 관련해서 제주도가 중요한 정책 실험 사례가 될 수 있다. 제주도는 노무현 정권 때인 2006년 7월 제주특별자치도로 전환되면서 행정 체계와 자치 권한이 기존과 크게 달라졌다. 행정 체계 면에서는 종래의 기초자치단체인 2시 2군에서 2개 행정시로 바뀌었다. 그리고 다른 광역자치단체들에 비해 높은 수준의 자치권이 부여되었다.

다른 지역은 그냥 두고 제주도만 특별자치도로 전환한 데는 두 가지 이유가 있다. 하나는 제주국제자유도시의 성공을 위해서다. 제주도를 국제적인 관광·휴양지로 만들려면 외국인 투자를 활성화하고 관광·의료·교육 등 다방면에서 규제를 완화해야 하는데 이를 위해서는 관련 권한을 아예 제주도로 넘기는 것이 효과적이기 때문이다. 둘째는 지방자치 확대를 위한 교두보 역할을 하기 위해서다. 제주도는 섬이다. 지리적 위치나 사회경제 구조 면에서 다른 광역자치단체들과 연계가 약하다. 그래서 우선 제주도에 고도의 자치권을 부여하는 실험을 한 뒤에 이의 성과를 바탕으로 다른 지역까지 확대한다는 계획이었다.

기초자치단체인 2시 2군을 2개 행정시로 바꾼 것은 지방행정의 효율성 향상을 위해서였다. 행정시는 자치단체가 아니라서 의회가 없고 시장은 도지사가 임명한다. 이는 앞서 논의한 자치구 폐지, 행정구 전환 방안의 좋은 실험 사례가 된다.

고도의 자치권 부여는 원래는 국방, 외교 등 국가 존립에 필수적인 사무와 사회보험 등 전국에 공통으로 적용하는 사무를 제외한 나머지 권한은 거의 다 이양해서 연방국가 수준으로 한다는 계획이었다. 이후 정권 교체 등 여러 가지 사정이 겹쳐서 애초 계획만큼 자치권이 부여되지는 않았지만 그래도 중앙정부 권한 중 상당 부분이 이양되었다. 예를 들면 앞서 소프트웨어 개편 과제로 논의한 자치경찰제나 특별지방행정기관 정비는 이미 이루어졌다. 또한 입법, 조직, 재정 측면에서도 다른 광역에 비해 자치권한이 크다. 그 밖에도 의료·교육·관광 등 서비스 분야 규제가 대폭 완화되었으며 행정에 주민이 참여하는 폭도 더 크다.

현재는 애초에 특별자치도로 전환한 두 가지 목적인 국제자유도시 개발과 지방자치 실험 중에서 첫 번째에 더 치중하고 있는 것 같다. 하지만 두 번째 목적도 중요하다. 아직까지는 그다지 성공적인 실험이었다고 하기 힘들다. 그러나 앞으로 본래의 취지를 살리는 제대로 된 자치를 실시하고 그 경험이 우리나라 지방자치를 발전시키고 국가운영의 효율성을 높이는 토대가 되면 정말 좋겠다.

공리주의 이론과 자유론 등의 저술로 널리 알려진 영국의 철학자 존 스튜어트 밀은 한때 국회의원을 지내기도 했다. 여기에는 재미있는 일화가 있다.

철학자로 명성을 떨치고 있던 밀에게 그가 살던 웨스트민스터 주민들이 하원의원 출마를 요청했다. 세속의 영예에 '초연'했던 밀은 내키지 않았지만, 간곡한 부탁에 응하면서 다음과 같은 공약을 내세웠다. 자신은 국회의원에 연연하지 않으므로 선거비용을 얻으러 돌아다니지 않을 것이며 당선되더라도 지역구 이해에 관계하지 않고 오직 사회개혁을 위해 일하겠노라는 것이었다.

뜻밖의 공약에도 불구하고 높은 지지율로 당선되었고, 당선 이후 노동자와 여성의 권리 확대 등 진보적 사회개혁 운동에 매진했다. 참으로 멋지지 않은가. 그런데 결말은 조금 머쓱하다. 의원 활동에 고무되어 재선에 도전하였으나 실패했기 때문이다.

지방정치 얘기를 마무리하면서 문득 국회의원의 역할에 생각이 미쳐서 소개했다. 국회의원의 업무는 국가 정책을 논의하고 결정하는 것이고 지방의원의 업무는 지방 정책을 논의하고 결정하는 것이다. 그러나 실제로는 지역구 국회의원은 국가 정책 못지않게 자기 지역구 정책을 챙겨야만 생존한다. 국가 예산 낭비에는 국회의원의 지역구 챙기기도 한몫한다. 그리고 지방정치가 왜곡되는 데도 지역구 국회의원의 '역할'이 크다.

국회의원이 지역구보다 국가 일을 고민하게 하는 효과적인 수단이 있다. 지역구 의석을 줄이고 지역구 자체가 없는 비례대표 의석을 늘리는 것이다. 비례대표는 국회의원이 지역 문제에 골몰하는 것을 막는 것뿐만 아니라 투표 결과의 공평한 반영, 거대 정당의 독주 견제, 국회의원의 전문성 제고, 개혁 입법의 추진 용이 등 장점이 많다(물론 취지대로 운영된다는 전제 하에 하는 말이다). 참고로 유럽에서는 비례대표제가 일반화되어 있다.

하지만 지역구를 줄이고 비례대표 의석을 늘리는 것이 쉽게 이루어질 리 없다. 기초의회 폐지 같은 지방자치 개편안을 국회에서 진지하게 검토한 것은 자기 밥그릇과 직접 관계가 없기 때문이다. 하지만 지역구 축소는 다르다. 지역구는 그대로 둔 채 비례대표만 늘리는 것은 혹시 가능할지도 모르겠다(이런 경우라면 국민의 싸늘한 시선을 감당해야 한다).

지방자치의 장점이 정책 실험이 가능한 것이라고 했는데, 지방 광역의회부터 우선 비례대표 확대를 실시해보면 어떨까. 그래서 성과가 좋으면 중앙 정치에 적용할 수 있지 않을까.

들어가는 글

1 여전히 개선안 제시가 미흡하다고 불만인 독자도 있을 것 같다. 이해해주기를 바란다. 사실 잘못을 비판하고 왜 그런지 설명하기는 쉬워도 책임 있는 개선안을 내놓기는 어려운 법이다.

1장 _ 지방정부는 무슨 일을 하는가

1 그나저나 이제는 도로명 주소로 바뀌어서 주소에서 '동'이 사라졌으니 앞으로는 '동'이라는 행정기관(구역)이 있다는 것조차 모르는 사람도 생기겠다.

2 서울특별시는 현재 공식 영문명을 'Seoul Metropolitan Government'라고 해서 'special'이라는 단어를 쓰지 않는다. 영문명에 'special'을 쓰는 것이 부자연스럽다는 것을 알기 때문이리라. 그럼 세종특별자치시, 제주특별자치도는 영문으로 어떻게 표기할까. 세종특별자치시는 Sejong Special Self-governing City, 제주특별자치도는 Jeju Special Self-governing Province로 표기한다. 'Special Self-governing'은 특별자

치라는 용어를 충실히 번역한 것이기는 한데, 어째 어색하다.

3 서울 명칭에 관한 이야기는 주로 손정목 서울시립대 명예교수의 칼럼 '서울 만들기'와 〈연합뉴스〉, "〈8.15 64주년〉 '서울특별시' 명칭 유래는?", 2009. 8. 13. 기사를 참조하여 정리한 것이다.

4 국가의 통제를 받아야 할 사항인 경우 서울시는 총리실 관할, 광역시는 안전행정부 관할이라는 직제의 차이가 있지만 그에 따른 실질적인 차이는 거의 없다.

5 단 교육과 달리 소방의 경우는 지자체가 인사와 예산권을 갖고 있다.

6 도시계획, 도로 개설, 상·하수도, 대중교통 행정, 지역경제 육성 등이 여기에 포함된다.

7 2013년 말 기준으로 전국 3478개 읍·면·동 중에서 주민자치센터는 읍에 142개, 면에 612개, 동에 1980개가 설치되어 있다. 동은 주민센터(동사무소)와 혼동되는 것을 피하기 위해 서울은 '자치회관', 부산은 '주민자치회'라고 명칭을 변경했다. 다른 지역은 그대로 '주민자치센터'라는 명칭을 사용하고 있다.

8 물론 시·군·구 아래 단계에 읍·면·동이 존재한다. 그런데 읍·면·동은 시·군·구에 속하는 말단의 집행기관이지 별개의 지방정부는 아니다. 따라서 논외로 한다.

9 김대순, '마스트리트 유럽동맹조약에 나타난 보충성의 원칙에 관한 연구', 〈국제법학회논총〉, 39권 2호. 1994. 70쪽에서 재인용.

2장_ 왜 지방자치를 하나

1 도입부로 쓰기에는 너무 심오한 감도 있지만 좋아하는 말이라서 인용했다. 재미있는 것은 그의 이름 슈마허는 영어로 'shoemaker', 즉 구두수선공을 뜻한다.

2 말은 이렇게 했지만 현실에서는 정치와 행정이 밀접하게 연관되어 있어서 둘의 역할을 분명히 구분 짓기는 어렵다. 사실 정책 결정은 정치, 집행은 행정이라고 하는 것은 백 년 전 미국에서 통용되던 개념이다. 현대사회에서는 정책 결정도 행정에서 이루어지는 것이 많다.

3 정확히 말하면 지방자치가 재개된 역사다. 지방자치는 대한민국 정부 수립 이후 1952년에 처음 실시되었다가 5.16쿠데타로 중단되었다. 1987년 민주화 이후 부활 논의가 시작되었고 그 결과 1991년 지방의회 구성, 1995년 단체장 선거가 이루어 졌다.

4 국회는 입법조사처와 예산정책처가 있어서 의원들의 법률 제정과 예산심의를 지원 한다. 결정적으로 국회의원에게는 1인당 아홉 명의 보좌관이 있다. 그러나 지방의 원에게는 이런 지원체계가 모두 없다. 단지 지방의회마다 소수의 전문위원이 있을 뿐이다. 지방의원들은 모든 것을 스스로 해야 하기 때문에 충실한 조사와 감시가 어 렵다고 말한다. 그래서 의원 개인별 보좌관이 있어야 한다고 주장한다. 원칙적으로 는 맞는 말이다. 기초의회는 아니라도 광역의회는 제대로 역할을 수행하려면 의원 보좌관이 필요하다. 그래서 최근 지방자치 주무부처인 안전행정부에서도 광역의원 보좌관제를 적극 검토했다. 그러나 여론이 너무 부정적이라서 결국 포기했다. 지방 의회가 줄기차게 요구해도 받아들여지지 않는 것은 자업자득이라고 봐야 한다. 하 지만 지방자치 개선을 포기한 것이 아니라면 언젠가는 광역의회에는 보좌관을 둬야 할 것이라고 생각된다.

5 서울을 가장 크게 변화시킨 시장은 누구일까. 역대 서울 시장 중에서 누가 서울을 가장 크게 변화시켰을까. 이명박이나 오세훈 시장을 떠올리는 독자들이 많겠다. 하 지만 전문가들이라면 이구동성으로 한 명을 지적할 것이다. 김현옥 시장이다. 김현 옥 시장은 1966년부터 4년 조금 넘게 재임했다. 불도저 시장으로 불리던 그는 재임 기간 내내 각종 SOC 건설에 매달렸다.

그는 특히 4.19, 5.16 등 기념일에는 수십 건의 기공식을 열었다. 가령 1966년 5월 16일 하루에만 도로 확장공사 등 건설 공사 10건, 가압펌프장 16개소, 공동수 도 94개소의 기공식을 가졌다. 수많은 건설공사를 한꺼번에 벌인 통에 자재 부족 파 동이 일어났고 외국에서 자재를 들여와 겨우 수습하기도 했다. 그는 1970년 4월, 지 은 지 4개월 된 와우아파트가 붕괴하자 사고의 책임을 지고 물러났다. 그가 재임기 간 동안 수행한 건설사업 중 큼직한 것만 적어보자.

- 세종로, 명동 등의 지하도, 자동차 전용 고가도로, 주요 간선도로 확장 포장

- 세운상가, 파고다 아케이드, 낙원상가 등 도심 재개발

- 한강개발사업, 남산1·2호 터널, 시민아파트 400여 동 등 건설

- 영동1·2지구, 화양·망우지구, 시흥·신림지구 등 대규모 구획정리

임명직이었음에도 개발연대의 시장은 선출직 시장보다도 훨씬 더 적극적이었다!

3장 _ 적게 걷고 많이 쓴다

1 내용으로 구분한 7 대 3에는 다양한 가정과 오차가 개입된 것이므로 개략적인 규모로 이해해야 한다. 가령 전체 예산 중 사업비를 제외한 나머지 운영비도 사업비 비중으로 구분했다든가, 교육사업의 경우도 일반행정과 유사한 비중으로 가정했다든가, 보조사업의 성격은 거의 전부 대행사업으로 간주했다든가 등등에 의해 추정한 것에 불과하다.

2 1970년대 말 일본에서 지방자치 강화 주장이 대두되면서 지금의 지방자치는 3할 자치에 불과하다고 했는데, 이 표현을 빌려 쓴 것으로 보인다. 일본에서 3할은 지방세의 비중뿐만 아니라 지방사무의 비중을 지적한 것이다. 우리나라에서도 지방세 비중뿐만 아니라 권한 역시 2할이라고 말한다. 그러나 권한이 2할이라는 것은 근거가 미약하다.

3 OECD National Accounts 통계표에서 인용했다.

4 자체수입에는 조세 이외에 세외수입도 포함된다. 세외수입을 포함해도 대략 평균 정도다.

5 6억 원 이하 1%, 6억 원 초과~9억 원 이하 2%, 9억 원 초과 3%다.

6 지방교육세는 좀 독특해서 각종 지방세에 부가해서 징수된다. 구체적으로 보면 등록세액의 2%, 레저세액의 60%, 균등할주민세액의 25%, 재산세액의 20%, 자동차세액의 30%, 담배소비세액의 50%다. 레저세액을 제외하고 나머지는 지자체 조례에 따라 표준세율의 50% 범위 내에서 가감할 수 있다.

7 소득에 부가되는 주민세는 2014년부터 소득세에 통합되었다.

8 시민들이 지방공기업에 내는 돈은 포함되지 않는다. 예를 들어 지방공기업인 지하철공사 회계는 지방재정에 포함되지 않기 때문에 우리가 내는 지하철요금은 서울시 세외수입으로 잡히지 않는다.

9 물론 양도소득세 면제 대상이면 양도소득세는 부과되지 않는다.

10 조세의 효율성이란 과세로 발생하는 비효율성을 최소화해야 한다는 의미다. 세금을 부과할 때 그러지 않았을 때보다 일을 덜하거나 투자를 덜하게 된다면 이는 비효율적이라고 보는 것이다. 조세의 형평성이란 담세 능력이 클수록 더 많이 세금을 낸다는 수직적 공평성, 담세 능력이 같으면 같은 세금을 내야 한다는 수평적 공평성으로 구분된다.

11 종부세를 시행했을 때 대표적인 반발 논리가 아파트 한 채뿐 별다른 소득도 없이 살고 있는 노부부한테 '세금 폭탄'을 던진다는 것이었다. 오래전부터 살아온 아파트인데, 가격이 올랐다고 어느 날 갑자기 세금을 내라는 건 부당하다는 논리였다.

12 달리 생각하면 이건 '노력'이라기보다는 마땅히 '해야 할 일'이다. 과거 지방재정에 다소 여유 있을 때 이런 '노력'을 하지 않았다는 게 오히려 직무유기일 것이다.

13 이 인상분은 취득세 감소분 보전용이기 때문에 지역별 세수가 해당 지자체로 들어가는 게 아니라 지방교부세처럼 국가가 정한 별도의 규칙대로 배분된다.

14 정확히는 각 지역에 거주하는 주민의 소비지출액에 비례해 배분한다. 가령 서울 사람이 제주도에 가서 소비해도 서울의 소비지출액으로 잡힌다.

15 2013년 말 지방채와 지방공기업채 인수 재원으로도 활용하도록 용도를 늘렸다.

16 인구에 정비례하는 것은 아니고 지역에 따라 약간 가중치가 주어진다.

17 공동세 제도 시행 직전인 2007년 서울시 자치구의 재산세수 격차는 최고 강남구와 최저 강북구 간 열일곱 배였지만, 공동과세 시행 직후인 2008년 여섯 배로 차이가 크게 감소했다.

18 의존재원은 그대로 두고 지방세 비중만 높이는 대안도 생각해볼 수는 있다. 하지만 이 경우는 중앙정부 지출이 줄어야 한다. 중앙정부가 이를 수용할 리도 없거니

와 바람직하지도 않다. 재정의 가장 기본은 한정된 재원을 '대한민국 전체의 행복 극대화'라는 기준으로 나눌 때 정부와 민간의 몫을 정하고, 정부 중에서 중앙과 지방의 몫을 정하는 것이다. 그런데 중앙 대 지방 비를 현행 4 대 6보다에서 중앙의 지출을 더 줄이고 지방의 지출을 더 늘린다? 그다지 타당할 것 같지는 않다. 그럼 정부의 몫을 늘리고 민간의 몫을 줄이는 것은? 우리의 경제사회 여건상 향후 싫든 좋든 현행보다는 정부 몫이 늘어날 수밖에 없다.

4장 _ 중앙이 주는 돈이 문제가 된다

1 국세 중 목적세와 다른 법률에 의해 특별회계 재원으로 사용되는 세목을 제외한 것을 말한다.

2 〈연합뉴스〉, "靑 '변양균, 홍덕사에 특별교부세 지원요청'", 2007. 9. 19.

3 〈파이낸셜뉴스〉, "교과부 고위직 특별교부금 13억 원 부당지원", 2008. 12. 21.

4 한국교육개발원, 〈2012 지방교육재정 분석 종합보고서〉, 2012. 11, 74쪽

5 외부경제는 특정인의 행위로 다른 사람이 대가를 지불하지 않고 이득을 보는 것을 말한다. 어떤 집주인이 발코니에 예쁜 꽃을 심은 화분을 두었다. 이 사람은 순전히 자신의 감상용으로 그렇게 한 것이지만, 지나가는 행인도 이 예쁜 꽃을 보고 기분이 좋아졌다면 이 행인에게는 외부경제가 발생한 셈이 된다. 경제학 교과서에서는 외부경제가 존재할 경우 이를 보상해주지 않으면 사회적으로 필요한 규모보다 적게 해당 행위가 이뤄진다고 설명한다.

6 감사원, 〈대규모 국고보조사업 등 집행실태 감사결과보고서〉, 2013. 9, 28~32쪽

7 미야모토 켄이치, 김귀곤 옮김, 《보조금의 정치경제학》, 1996, 원광대학교 출판국

8 이 사례는 송상훈, '국고보조금제도가 변해야 재정이 산다'(《이슈&진단》, No.122, 2013, 경기개발연구원)에서 인용했다.

9 이 사례는 〈세계일보〉, "줄줄 새는 혈세, 구멍 뚫린 감시망 ③ 난립하는 국가보조사업", 2013. 10. 2. 기사에서 인용했다.

1 지방정부 재정이 파산 지경에 이르렀을 때 법원까지 가기 전에 상위 정부로부터 지원을 받으면서 강제적으로 재정 건전화 조치를 이행하기도 한다. 상위 정부 역시 하위 지방정부 재정이 극도로 악화되면 자체적으로 조사하고 필요한 개입을 할 수 있다. 실제는 이런 경우가 공식적으로 법원에 파산보호를 신청하는 경우보다 더 많다.

2 이 사례는 전상경, 《현대지방재정론》, 2011, 박영사, 466~486쪽에서 인용했다.

3 전상경, 《현대지방재정론》, 2011, 박영사, 486~488쪽

4 감사원 평가연구원, 〈일본의 지방재정개혁 및 재정분석·평가에 관한 연구〉, 2007, 35~41쪽

5 〈중앙일보〉, "[글로벌 아이] 홋카이도 유바리 시민의 절규", 2010. 3. 4.

6 이정원, "지방자치단체의 적정한 재정집행을 위한 정책대안 II" 토론회 자료집, 2013.

7 〈연합뉴스〉, "오투리조트 '밑 빠진 독에 물 붓기' 언제까지", 2013. 12. 24.

8 〈중앙일보〉, "두 달 새 180도 바뀐 오투리조트 계획서", 2013. 12. 16.

9 〈한국경제〉, "'용인경전철' 전·현직 시장에 1조 주민소송", 2013. 9. 22.

10 〈연합뉴스〉, "'경전철 재앙' 용인시… 내년 교육예산 편성 먹구름", 2013. 7. 29.

1 감사원, 〈지방자치단체 국제행사 유치 및 예산집행실태 감사결과보고서〉, 2011, 36쪽

2 전라남도 본청의 자체사업비 비중은 2013년도 일반회계 예산 4조 8600억 원의 17.5%인 8500억 원에 불과하다. 재정고(http://lofin.mospa.go.kr/).

3 국회 국제경기대회지원특별위원회, 〈포뮬러원 국제자동차경주대회 지원법안 심사보고서〉, 2009. 4.

4 감사원, 〈지방자치단체 국제행사 유치 및 예산집행실태 감사결과보고서〉, 2011,

32~42쪽

5 국회예산정책처, 〈국제스포츠행사 지원사업 평가〉, 2013, 28~30쪽

6 그나마 이 정도는 겸손한 분석이다. 현대경제연구원이 분석한 바에 따르면 평창올림픽의 직간접적인 경제적 효과는 무려 65조 원에 달한다!

7 국회예산정책처, 〈국제스포츠행사 지원사업 평가〉, 2013, 63~67쪽

8 국회입법조사처, 〈경전철 사업의 문제점과 개선방안〉, 2012, 26~27쪽 및 별표3

9 감사원, 〈경전철 건설사업 추진실태 감사결과보고서〉, 2013, 8~12쪽

10 〈기호일보〉, "헛바퀴는 이제 그만…", 2014. 1. 2.

11 SCS에서는 운영수입이 비용을 초과하면 일부를 환수할 수도 있지만 실효성은 별로 없다.

12 원래 예측치와 실제치는 틀리게 마련이다. 즉 예측에는 항상 오차가 발생한다. 그런데 예측의 오차는 실제보다 큰 것(+)일수도 실제보다 작은 것(-)일수도 있다. 수요 예측이 순수했다면, (+)오차와 (-)오차가 비슷하게 존재해야 한다. 그런데 우리나라 민자사업의 수요예측치에는 하나같이 (+)오차만 있지 (-)오차는 찾아볼 수 없다.

13 서울특별시, 〈세빛둥둥섬 감사결과 보고〉, 2012, 10쪽

14 물론 예외는 있다. 가령 민자사업을 할 경우 자회사를 만들어서 사업 주체로 삼은 뒤 비싼 이자로 돈을 빌리게 하거나 주주들에게 많은 배당을 하는 경우가 있다. 그래야 수익보장(MRG) 또는 비용보전(SCS)을 하는 정부로부터 더 많은 이익을 얻어낼 수 있기 때문이다. 하지만 이 경우도 결국은 '모회사+자회사' 전체 입장에서 더 많은 이득을 얻기 위함이다.

7장 _ 이렇게 함부로 써도 되는가

1 국회입법조사처, 〈지역축제 성과의 영향요인 분석과 개선방안〉, 2013, 2쪽

2 솔직히 분석이 얼마나 정확한지는 내가 분석 내용을 검토해보지 않아서 잘 모르겠

다. 안전행정부의 평소 실력을 보면 솔직히 액수 자체는 의심스럽다. 다만 적자 폭이 크다는 것만은 맞을 것 같다.

3 관광객용 축제의 목적을 잘 보여주는 사업이 있다. 문화관광체육부에서 전국의 지역축제 중 일정 숫자를 매년 '문화관광축제'로 선정·지원하는 사업이다. 그런데 선정 기준이 '외국 관광객 유치 등 관광 상품성이 높거나 지역 경제 유발 효과가 큰 축제인가'이다. 2013년에는 42개 축제가 선정되어 67억 원을 지원받았다.

4 〈SBS〉, "기네스 기록 뭐길래… 지자체 헛돈 '펑펑'", 2013. 12. 1.

5 〈한겨레〉, "'7대 경관' 전화투표비만 268억 썼다", 2012. 2. 9.

6 〈경기신문〉, "안성 '장군' 평택 '명군'… 안성 나들목 홍보전", 2014. 2. 26.

7 〈한겨레〉, "'투명유리' 시장의 구속이 남긴 것", 2006. 5. 11.

8 성남청사 관련 내용은 다음 기사들을 참조했다. 〈서울신문〉, "성남시청사 '얼음폭탄' 대피 소동", 2010. 1. 7., 〈연합뉴스〉, "'찜통청사' 성남시청사에 등장한 얼음주머니", 2013. 7. 15., 〈연합뉴스〉, "'호화' 논란 성남시청사 실내 강화유리 '와장창'", 2013. 6. 27., 〈경인일보〉, "호화청사 맞나? 성남시청사 의회건물 누수", 2013. 8. 29.

9 〈서울신문〉, "거제시장실 바닥 '비밀 銅板' 깐 까닭은", 2011. 3. 1.

10 〈경기일보〉, "날씨가 더워지니 경기도가 이상해졌다", 2013. 6. 13.

11 〈대전일보〉, "예산만 낭비, 애물단지 된 괴산군 초대형 가마솥", 2014. 1. 9.

12 〈한겨레〉, "내근 공무원들도 출장비 챙겨갔다", 2012. 2. 16.

13 2011. 7. 15. 전국공무원노동조합 대구경북지역본부 성명서 "출장여비, '허위 청구, 착복' 매도 중단하라―관내출장여비, 시간외 수당, 수십 년간 조정·합의 거친 인정경비(임금)"

14 원래의 글을 현대 감각에 맞게 다소 의역했다.

15 〈KBS〉 '시사기획 쌈', "추적! 위장전입 광풍, 견제 없는 소왕국"(2008. 4. 22.)을 비롯한 시리즈 보도.

16 〈연합뉴스〉, "당진군내 읍면들 전입자로 북새통", 2008. 4. 3.

17 〈경향신문〉, "당진군 시 승격 무리수… 공무원 동원 위장전입 시도", 2008. 4. 1.

18 〈한국일보〉, "자치단체 인구 늘리기 위장전입 극성", 2008. 4. 3.

19 〈YTN〉, "'인구 늘리기' 공무원이 위장전입 주도", 2012. 9. 18.

20 2014년 5월 3일 타계했다.

21 시민이 만드는 밝은 세상, '광주·전남 국공립 초등학교 학습준비물 집행 실태에 관한 입장', 2014. 3. 4.

8장 _ 복지 시대, 왜 지방이 중요한가

1 일반 주민보다는 소위 지방토호로 불리는 지역 건설업자와 대규모 부동산 소유주가 원한다는 게 더 중요할 것이다. 이에 대해서는 10장에서 다룬다.

2 2008년부터는 정부의 예산 분류 체계가 바뀌어서 이전과 시계열로 이어서 비교하기 곤란하여 생략했다. 그러나 사회개발비 비중이 올라가는 추세는 계속 이어졌다.

3 그림을 보면 복지지출(사회개발비) 비중이 늘어난 반면 경제개발비와 일반행정비 비중은 감소했다. 여기에는 대행 복지사업 분담금 마련 때문에 다른 분야 지출을 줄인 것도 일부는 반영되었을 것이다. 그러나 그보다는 경제개발비와 일반행정비 증가에 비해 복지사업비 증가가 워낙 커서 상대적으로 비중이 줄어든 측면이 더 많다.

4 2014년 복지 분야 국가예산 규모는 약 105조 원이다. 이 중에서 복지 분야로 보기 어려운 주택 분야 일부 예산은 빼고, 제외된 건강보험(조세분 제외)과 지방비를 더한 것이다. 국민연금이나 고용보험 같은 사회보험과는 달리 건강보험은 정부 기금이 아니다. 그래서 통상의 정부 예산에서 건강보험 예산은 제외된다. 그러나 이는 예산 분류 상 그런 것일 뿐, 건강보험이 정부의 중요한 복지사업임은 물론이다.

5 이 비중은 지방교육청 예산을 포함해서 계산한 것이다.

6 건강보험이나 공무원연금 등 사회보험이라도 조세가 일부 재원을 구성하는 경우가 있다. 그러나 주된 재원은 사회보험료다.

7 국가보훈처는 지방에 특별행정기관을 설치해서 집행한다. 그 밖에 장애인고용공단, 보훈복지의료공단처럼 중앙정부 소관 부처가 공단을 만들어 집행하는 경우도 있다.

8 출산장려금은 소득 수준에 상관없이 지급하므로 '보편-현금'에 해당한다고 할 수 있다. 그러나 이건 지방정부 자체사업이지 대행사업은 아니다.

9 의사결정의 1종 오류와 2종 오류, 영화 〈해운대〉 사례와 이어지는 복지 수급에서 의사 결정 오류는 내 저서인 《국가는 내 돈을 어떻게 쓰는가》(웅진지식하우스, 2013) 에서 다룬 것이다. 하지만 복지 전달체계와 관련해 중요한 문제이고 또 그때는 짧게 다뤄서 의미가 제대로 전달되지 않은 측면도 있어서 이번에 좀 더 상세하게 다시 다룬 것이다.

10 '송파 세 모녀'는 실제 수급 신청을 하지는 않았다. 그러나 신청을 했더라도 자격 미달로 탈락했을 것이라는 게 전문가들의 의견이다. '봉고차 모녀'는 실제 신청했으나 탈락했다. 일부 언론에서는 '송파 세 모녀'의 경우는 기초생활보장 대상자는 될 수 없었어도 긴급복지 혜택은 받을 수 있었을 것이라고 한다. 그런데 전문가들은 긴급복지 역시 실제 운영은 엄격하게 이뤄지기 때문에 혜택을 받지 못했을 가능성이 더 크다고 말한다. 또 긴급복지 대부분 신청할 경우 선별해서 주는 것이지, '송파 세 모녀'처럼 신청하지도 않았는데 구청이 스스로 힘든 형편을 알아내고 지원했을 가능성은 거의 없다고 한다.

11 사실 우리나라 공무원 규모는 다른 국가와 비교하면 상당히 작다. 특히 복지 분야는 훨씬 심하다. 복지예산 비중도 OECD 평균의 절반에 못 미치는 작은 규모지만 복지담당 공무원 규모는 10분의 1에도 못 미친다. 가장 큰 이유는 외국과는 달리 보육이나 요양 돌봄 서비스를 대부분 민간이 제공하기 때문이다. 하지만 대상자 선정 등 복지서비스 관리 업무를 담당하는 공무원 규모도 외국에 비하면 매우 적다. 이에 대한 설명은 나의 다른 저서인 《국가는 내 돈을 어떻게 쓰는가》에 상세히 설명되어 있다.

12 한국보건사회연구원, 〈복지전달체계 개편 우수사례 매뉴얼〉, 2013. 이 보고서에서는 현원 숫자에 휴직자 여덟 명을 포함하여 5.1%로 계산하고 있으나 여기서는 휴직을 제외하고 다시 계산하였다.

13 그리고 군 지역은 도시 지역에 비해 주민들이 분산되어 몇 개 면을 관할하는 희망

복지지원단이라는 것을 설치하고 있다. 이 밖에 고용노동부 등 중앙부처와 지자체가 공동으로 고용복지종합센터를 기초자치단체 단위로 설치해서 고용 및 복지 지원을 통합 제공하는 것도 최근 중점 추진하고 있는 복지전달 체계 개편이다.

14 동주민센터의 변신은 고무적이다. 문제는 행정이란 것이 취지는 그럴싸해도 실제는 변변찮은 경우가 많다는 데 있다. 줄어든 일반행정 업무를 여유롭게 처리하며 품위 있는 공직 생활을 하던 직원들에게 일도 '빡세고' 민원인도 골치 아픈 복지 업무를 맡으라면 흔쾌히 하려 할까? 마지못해 한다고 해도 복지 업무는 나름 전문성이 필요한데 과연 적시적소에 제대로 복지서비스가 전달될까? 통상 동장 자리는 그동안 '바쁘게' 공무원으로서 일했으니 이제 좀 쉬면서 남은 공직 생활을 마무리하라고 보내는 곳이다. 그런데 '복지동장'이라는 타이틀을 붙여주고는 통장 복지도우미를 진두지휘해서 관내의 어려운 사람을 빠짐없이 살피고 필요한 지원을 하라고 한다면 성심껏 그렇게 할까. 졸지에 복지도우미가 된 통장들이 약간의 수당을 준다고 해서 열심히 불우한 이웃들을 챙길까? 많이 걱정되는 것도 사실이다.

15 여기까지 두 문단은 나의 이전 저서인《국가는 내 돈을 어떻게 쓰는가》에서 인용한 것이다.

16 의료의 경우 혜택은 현금이 아니라 서비스로 받는다. 그러나 앞서 말했듯이 적정한 의료 서비스 보장은 의료보험 정책보다는 훨씬 범위가 큰 의료 정책의 틀에서 다루어진다. '의료보험'만 놓고 본다면 질병으로 병원에 갔을 대 병원비 부담을 경감해주는 것이라고 할 수 있다.

17 보다 근본적으로 '지방자치'와 '대행사업'은 상충되는 면이 있으므로 이를 조정하는 것도 필요하다.

9장 _ 누구를 위해 무엇을 할 것인가

1 1998년부터 2001년까지 콜롬비아 수도 보고타의 시장이었던 엔리케 페날로사는 전임 시장 안타나스 모쿠스(Antanas Mockus)와 함께 부패와 폭력의 도시였던 보고타

를 짧은 기간 안에 긍정과 행복의 도시로 변화시켰다. 그는 세계 각국 도시를 돌면서 '행복도시 운동'을 전파했다. 인용한 부분은 그가 2006년 세계도시포럼(World Urban Forum)에서 했던 연설의 일부다. 단, 마지막 단락은 페날로사 시장이 어느 언론인과 인터뷰했던 내용으로 《우리는 도시에서 행복한가》(찰스 몽고메리 지음, 윤태경 옮김, 미디어월, 2014)에 제시된 내용을 수정, 인용한 것이다. 페날로사와 모쿠스가 보고타를 어떻게 변화시켰는가는 〈Bogota Change〉(2009)라는 다큐드라마에 잘 나와 있다.

2 계속 읽어보면 알겠지만 이번 장에서 논의하는 지방정부 역할은 주로 광역단체에 해당한다. 그리고 앞 장에서 논의한 복지 역할은 주로 기초단체에 해당한다. 이는 지방정부의 주요 기능을 복지와 (경제)개발로 구분할 때, 복지는 기초가 중심, 개발은 광역이 중심이 되기 때문이다(물론 수원이나 성남 같이 거의 광역에 필적하는 기초단체는 개발도 상당 부분 중요한 역할이 될 수 있다). 한편 뒤에 나오는 '교육'의 경우 우리는 광역 단위로 자치를 하지만, 외국에는 우리의 기초 단위에서 자치가 이루어지는 곳도 많다.

3 한명숙 후보 쪽도 이걸 몰랐을 리는 없다. 그 당시 지방선거에서 민주당 당론으로 채택했을 뿐이다. 지방선거에서 전국적 어젠다(agenda)를 내세우는 것을 어떻게 봐야 할지는 좀 생각해볼 문제이긴 하다.

4 주택정책은 복지 영역이기도 하다. 그러나 일반인이 주로 관심 갖는 주택 가격 관련 정책은 경제 영역에 더 가깝다.

5 일본은 우리와 교육행정 체계가 유사하지만, 교육감 직선제는 하지 않는다.

6 그나마 타협을 해서 일부 바꾼 것이 교육위원회를 지방의회의 상임위원회로 만든 것이다. 이로 인해 지방의회가 어느 정도 영향력을 행사할 수는 있지만 이는 본질이 아니라서 좋은 교육 정책을 만드는 데 별 도움이 안 된다.

7 이 부분의 구성에서는 나와 같은 과에 있는 이용숙 교수의 도움을 크게 받았다. 이 교수께 감사드린다.

8 조정래, 《허수아비춤》, 문학의문학, 2010.

9 이 개념은 Jennifer Robinson, *Ordinary Cities: Between Modernity and Development*, 2006 이후 주목 받기 시작했다.

10 천호균 외, 《도시 기획자들》, 소란, 2013, 110~111쪽

11 강상중, 〈도시재생을 위한 뉴욕 하이라인 공원의 산업유산 활용 사례 연구〉(한국디자인문화학회지, 2011)에서 인용. 이 논문을 소개해주신 허정도 선생님께 감사드린다.

12 최근 발표된 광주 지하철 2호선 건설 예정 구간을 보면 일부가 푸른길 공원과 겹친다. 예정대로 진행되면 푸른길 공원의 상당 부분이 훼손될 전망이다. 지하철 건설도 중요하겠지만 모처럼 시민을 위한 공간이 마련되었는데 아쉽다.

10장 _ 토호냐 주민이냐, 부동산이냐 공동체냐

1 〈국민일보〉, "얽히고설킨 지방토호 세력이 황제노역 만들었다", 2014. 3. 30.

2 서울발 기차가 강릉에 도착해서 동해안을 따라 남쪽(부산 방향) 또는 북쪽(원산 방향)으로 운행할 경우, 금광리역에서는 곧바로 남북 방향으로 운행할 수 있지만 강릉역으로 연장하면 다시 돌아와서 가야 하므로 시간이 20~30분 더 걸린다고 한다.

3 이와 관련하여 성향이 다른 강릉 지역 언론인 두 명과 인터뷰를 했다. 그들의 말에서 한 가지는 일치했다. 강릉 시민 입장에서는 강릉역까지 연장한 것이 더 이득이라는 점이었다. 한편 국가 전체적인 관점에서 손익계산을 물었더니 한 명은 그건 잘 모르겠다고 했고, 또 한 명은 국가 전체로는 손해일 것 같다고 했다. 또 도심에 부동산을 소유한 지역 유지의 이익을 위한 것이냐는 질문에 한 명은 전혀 아니라고 했고, 또 한 명은 그런 측면이 있을 것이라고 했다.

4 참여가 폭넓게 이루어진다는 것은 참여하는 인원이 많다는 것보다는 다양한 계층·집단에서 참여가 이뤄진다는 의미다.

5 김주완, 《토호세력의 뿌리》, 2005, 불휘

6 혜원출판사의 김중일 역해본(2003) 내용을 현대 감각에 맞게 다소 수정했다. 7장에서 인용한 목민심서 내용도 이 역해본을 참조한 것이다.

7 성장기구론은 하비 몰로치(Haryey Molotch) 교수가 1976년 *American Journal of Sociology*에 게재한 논문 〈The City as Growth Machine〉에 처음 등장했고, 이후 존 로건 (John Logan) 교수와 공저한 *Urban Fortunes:the Political Economy of Place*라는 책을 통해 널리 알려졌다.

8 정부 지원금은 세금으로 특정 단체를 돕는 것이므로 정부 재정지출의 형평성 측면에서 문제가 되나 그렇다고 지방자치에 직접적으로 부정적인 영향을 준다고 하기는 어렵겠다.

9 서대문구 동별 주민회의에는 적게는 50명, 많게는 200명이 모인다. 첫 번째 회의에서 주민들이 요구사항을 제안하고, 두 번째 회의에서는 제안된 요구사항 중에서 우선순위를 정한다. 또 장애인, 여성 등 특정 계층과 분야별로 조직된 주민회의에서 나온 요구사항도 수렴한다. 주민 개개인이 인터넷 등으로 의견을 개진하기도 한다. 이렇게 다양한 경로로 수렴된 주민 의견을 50여 명으로 구성된 주민위원회에서 검토해 다음 해 예산안에 포함될 주민제안 사업을 선정한다.

10 만 명이면 굉장히 큰 규모다. 은평구 주민이 약 50만 명이니 2%에 해당한다. 이 업무에 관여하는 분 말로는 은평구 주민이 아닌 사람이 투표에 참여해도 이를 가려내지 못한다고 한다. 즉 만 명 중 일부는 은평구 주민이 아닐 수도 있다는 얘기다. 그렇더라도 대부분은 은평구 주민이거나 직간접으로 관련된 사람일 텐데(전혀 상관없는 사람이 은평구 사업에 투표할 이유는 없으므로) 이렇게 많이 참여하다니 놀랍다.

11 〈경향신문〉, "'충남도민 정상회의' 주민자치 진일보", 2010. 10. 20.

12 경기개발연구원, 〈경기도 마을 만들기 지원방안 연구〉, 2012. 11, 10~11쪽

13 〈한겨레〉, "박원순 '제2 성미산' 15곳 만든다", 2011. 11. 3.

14 〈아시아경제〉, "20년 '함께'의 힘… 마을을 명물로 만든 대단한 '성미산'", 2013. 11. 22.

15 구자인 외, 〈마을 만들기, 진안군 10년의 경험과 시스템〉, 국토연구원, 2011. 12, 62쪽

16 권단 외 6인, 《모두를 위한 마을은 없다》, 삶창, 2014, 114~115쪽에서 토씨 등을

수정하여 인용했다.

17 이에 대한 논의는 Vogel, Ronald K and Bert E. Swanson, "The Growth Machine versus the Antigrowth Coalition: The Battle for Our Communities", *Urban Affairs Review* 25(1), 1989를 참조하였다.

나가는 글

1 〈이키루〉라는 영화를 소개해주고 좋은 토론을 해준 같은 과 윤견수 교수께 감사드린다.

2 이 문장은 선대인의 《세금혁명》(더팩트, 2011)에도 인용되었다. 《세금혁명》을 읽지 않은 후배에게 〈시티홀〉 중에서 지방 정치와 관련된 명대사를 뽑아보라고 했더니 같은 문장을 뽑았다. 사람들이 좋다고 느끼는 건 비슷한 듯하다.

3 김지섭·김윤형, 《아파트 관리비의 비밀》, 지식공간, 2014, 160~162쪽의 내용인데 중간 중간 일부 건너뛰었다.

4 주인이 대리인의 행위를 100% 완벽하게 파악하면 아예 문제가 발생할 소지조차 없다. 주인-대리인 문제가 발생하는 이유는 주인이 대리인 행위를 낱낱이 파악할 수 없기 때문이다. 그러나 정부의 문제는 기업이라면 공개될 대리인 행위에 대한 통상적인 수준의 정보조차 주어지지 않는다는 데 있다. 일단 일정 수준의 정보가 제공되어야 다른 방안들도 가능하다.

5 말미에 인용한 책 《트러스트》(프랜시스 후쿠야마, 구승회 옮김, 한국경제신문, 1996) 뒤표지 홍보 문구에서 발췌했다.

6 장후석·고승연, "OECD 비교를 통해 본 한국 사회자본의 현황 및 시사점", 현대경제연구원 경제주평, 2014. 5. 26. 그나마 2012년 자료를 기준으로 한 것이라 꼴찌는 면했지만 지금 시점에서 조사하면 맞아 놓고 꼴찌일 것 같다.

7 여기서 '사회공학(social engineering)'은 사회를 마치 기계처럼 의도적으로 설계하고 고칠 수 있다고 믿는 관점을 말한다. 20세기 역사에는 사회공학적인 시도가 여럿 있

었다. 가장 극단적인 형태는 사회주의 혁명일 것 같다.

8 이 용어는 1980~90년대 미국 사회학자 콜맨(James Coleman)과 정치학자 퍼트남 (Robert Putnam)의 저서를 통해 유명해졌다.

9 시민권과 좋은 시민 논의는 박종민·장용진(2012) "좋은 시민과 좋은 정부", 〈정부 학연구〉18권 1호를 참고했다.

1 Alexander Pope의 원문 "For Forms of Government let fools contest; whatever is best administered is best"를 조금 의역했다.

2 그 외에도 여성과 소수당의 진출에 유리하다는 것도 장점으로 꼽힌다.

3 읍·면에서 군으로 기초자치단체가 바뀐 것은 5.16 직후였다. 그러나 이때는 지방 자치를 실시하지 않았기 때문에 별 의미가 없다. 서울을 제외한 다른 지역의 구는 대부분 1960년대 이후 생겼다.

4 부분적인 행정체제 개편은 지방자치 부활과 함께 논의되었다. 1995년 첫 민선 단 체장 선출에 앞서 40개 시와 38개 군을 통합하여 39개 도농복합시를 만들었다.

5 세종특별자치시는 실질적으로 광역이라고 하기 어려우니 논외로 한다.

6 대대적인 도농복합시 전환은 본격적인 지방자치 이전에 이뤄져서 저항이 적었다.

주석   **351**

재정은 어떻게 내 삶을 바꾸는가

초판 1쇄 발행 2014년 7월 27일
4쇄 발행 2020년 7월 31일

지은이 김태일·좋은예산센터

발행처 코난북스
펴낸이 이정규
출판신고 2013년 9월 12일 제 2013-000275호
전화 070-7620-0369 **팩스** 0505-330-1020
이메일 conanpress@gmail.com